释禅波罗蜜次第法门

中国佛学经典宝藏

39

黄连忠 释译

星云大师总监修

人民东方出版传媒

東方出版社

总序

星云

自读首楞严，从此不尝人间糟糠味；

认识华严经，方知己是佛法富贵人。

诚然，佛教三藏十二部经有如暗夜之灯炬、苦海之宝筏，为人生带来光明与幸福，古德这首诗偈可说一语道尽行者阅藏慕道、顶戴感恩的心情！可惜佛教经典因为卷帙浩瀚、古文艰涩，常使忙碌的现代人有义理远隔、望而生畏之憾，因此多少年来，我一直想编纂一套白话佛典，以使法雨均沾，普利十方。

一九九一年，这个心愿总算有了眉目。是年，佛光山在中国大陆广州市召开“白话佛经编纂会议”，将该套丛书定名为《中国佛教经典宝藏》[①]。后来几经集思广

① 编者注：《中国佛教经典宝藏》丛书，大陆出版时改为《中国佛学经典宝藏》丛书。

益，大家决定其所呈现的风格应该具备下列四项要点：

一、启发思想：全套《中国佛教经典宝藏》共计百余册，依大乘、小乘、禅、净、密等性质编号排序，所选经典均具三点特色：

1. 历史意义的深远性
2. 中国文化的影响性
3. 人间佛教的理念性

二、通顺易懂：每册书均设有原典、注释、译文等单元，其中文句铺排力求流畅通顺，遣词用字力求深入浅出，期使读者能一目了然，契入妙谛。

三、文简意赅：以专章解析每部经的全貌，并且搜罗重要的章句，介绍该经的精神所在，俾使读者对每部经义都能透彻了解，并且免于以偏概全之谬误。

四、雅俗共赏：《中国佛教经典宝藏》虽是白话佛典，但亦兼具通俗文艺与学术价值，以达到雅俗共赏、三根普被的效果，所以每册书均以题解、源流、解说等章节，阐述经文的时代背景、影响价值及在佛教历史和思想演变上的地位角色。

兹值佛光山开山三十周年，诸方贤圣齐来庆祝，历经五载、集二百余人心血结晶的百余册《中国佛教经典宝藏》也于此时隆重推出，可谓意义非凡，论其成就，则有四点可与大家共同分享：

一、佛教史上的开创之举：民国以来的白话佛经翻译虽然很多，但都是法师或居士个人的开示讲稿或零星的研究心得，由于缺乏整体性的计划，读者也不易窥探佛法之堂奥。有鉴于此，《中国佛教经典宝藏》丛书突破窠臼，将古来经律论中之重要著作，做有系统的整理，为佛典翻译史写下新页！

二、杰出学者的集体创作：《中国佛教经典宝藏》丛书结合中国大陆北京、南京各地名校的百位教授、学者通力撰稿，其中博士学位者占百分之八十，其他均拥有硕士学位，在当今出版界各种读物中难得一见。

三、两岸佛学的交流互动：《中国佛教经典宝藏》撰述大部分由大陆饱学能文之教授负责，并搜录台湾教界大德和居士们的论著，借此衔接两岸佛学，使有互动的因缘。编审部分则由台湾和大陆学有专精之学者从事，不仅对中国大陆研究佛学风气具有带动启发之作用，对于台海两岸佛学交流更是帮助良多。

四、白话佛典的精华集萃：《中国佛教经典宝藏》将佛典里具有思想性、启发性、教育性、人间性的章节做重点式的集萃整理，有别于坊间一般“照本翻译”的白话佛典，使读者能充分享受“深入经藏，智慧如海”的法喜。

今《中国佛教经典宝藏》付梓在即，吾欣然为之作序，并借此感谢慈惠、依空等人百忙之中，指导编修；吉广舆等人奔走两岸，穿针引线；以及王志远、赖永海等大陆教授的辛勤撰述；刘国香、陈慧剑等台湾学者的周详审核；满济、永应等“宝藏小组”人员的汇编印行。他们的同心协力，使得这项伟大的事业得以不负众望，功竟圆成！

《中国佛教经典宝藏》虽说是大家精心擘划、全力以赴的巨作，但经义深邈，实难尽备；法海浩瀚，亦恐有遗珠之憾；加以时代之动乱，文化之激荡，学者教授于契合佛心，或有差距之处。凡此失漏必然甚多，星云谨以愚诚，祈求诸方大德不吝指正，是所至祷。

一九九六年五月十六日于佛光山

原版序

敲门处处有人应

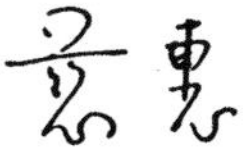

《中国佛教经典宝藏》是佛光山继《佛光大藏经》之后，推展人间佛教的百册丛书，以将传统《大藏经》精华化、白话化、现代化为宗旨，力求佛经宝藏再现今世，以通俗亲切的面貌，温渥现代人的心灵。

佛光山开山三十年以来，家师星云上人致力推展人间佛教，不遗余力，各种文化、教育事业蓬勃创办，全世界弘法度化之道场应机兴建，蔚为中国现代佛教之新气象。这一套白话精华大藏经，亦是大师弘教传法的深心悲愿之一。从开始构想、擘划到广州会议落实，无不出自大师高瞻远瞩之眼光，从逐年组稿到编辑出版，幸赖大师无限关注支持，乃有这一套现代白话之大藏经问世。

这是一套多层次、多角度、全方位反映传统佛教文化的丛书，取其精华，舍其艰涩，希望既能将《大藏经》

深睿的奥义妙法再现今世，也能为现代人提供学佛求法的方便舟筏。我们祈望《中国佛教经典宝藏》具有四种功用：

一、是传统佛典的精华书

中国佛教典籍汗牛充栋，一套《大藏经》就有九千余卷，穷年皓首都研读不完，无从赈济现代人的枯槁心灵。《宝藏》希望是一滴浓缩的法水，既不失《大藏经》的法味，又能有稍浸即润的方便，所以选择了取精用弘的摘引方式，以舍弃庞杂的枝节。由于执笔学者各有不同的取舍角度，其间难免有所缺失，谨请十方仁者鉴谅。

二、是深入浅出的工具书

现代人离古愈远，愈缺乏解读古籍的能力，往往视《大藏经》为艰涩难懂之天书，明知其中有汪洋浩瀚之生命智慧，亦只能望洋兴叹，欲渡无舟。《宝藏》希望是一艘现代化的舟筏，以通俗浅显的白话文字，提供读者遨游佛法义海的工具。应邀执笔的学者虽然多具佛学素养，但大陆对白话写作之领会角度不同，表达方式与台湾有相当差距，造成编写过程中对深厚佛学素养与流畅白话语言不易兼顾的困扰，两全为难。

三、是学佛入门的指引书

佛教经典有八万四千法门，门门可以深入，门门是无限宽广的证悟途径，可惜缺乏大众化的入门导览，不易寻觅捷径。《宝藏》希望是一支指引方向的路标，协助十方大众深入经藏，从先贤的智慧中汲取养分，成就无上的人生福泽。

四、是解深入密的参考书

佛陀遗教不仅是亚洲人民的精神归依，也是世界众生的心灵宝藏。可惜经文古奥，缺乏现代化传播，一旦庞大经藏沦为学术研究之训诂工具，佛教如何能扎根于民间？如何普济僧俗两众？我们希望《宝藏》是百粒芥子，稍稍显现一些须弥山的法相，使读者由浅入深，略窥三昧法要。各书对经藏之解读诠释角度或有不足，我们开拓白话经藏的心意却是虔诚的，若能引领读者进一步深研三藏教理，则是我们的衷心微愿。

大陆版序一

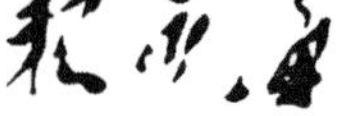

《中国佛教经典宝藏》是一套对主要佛教经典进行精选、注译、经义阐释、源流梳理、学术价值分析，并把它们翻译成现代白话文的大型佛学丛书，成书于二十世纪九十年代，由台湾佛光文化事业有限公司出版，星云大师担任总监修，由大陆的杜继文、方立天以及台湾的星云大师、圣严法师等两岸百余位知名学者、法师共同编撰完成。十几年来，这套丛书在两岸的学术界和佛教界产生了巨大的影响，对研究、弘扬作为中国传统文化重要组成部分的佛教文化，推动两岸的文化学术交流发挥了十分重要的作用。

《中国佛学经典宝藏》则是《中国佛教经典宝藏》的简体字修订版。之所以要出版这套丛书，主要基于以下的考虑：

首先，佛教有三藏十二部经、八万四千法门，典籍浩瀚，博大精深，即便是专业研究者，穷其一生之精力，恐也难阅尽所有经典，因此之故，有“精选”之举。

其次，佛教源于印度，汉传佛教的经论多译自梵语；加之，代有译人，版本众多，或随音，或意译，同一经文，往往表述各异。究竟哪一种版本更契合读者根机？哪一个注疏对读者理解经论大意更有助益？编撰者除了标明所依据版本外，对各部经论之版本和注疏源流也进行了系统的梳理。

再次，佛典名相繁复，义理艰深，即便识得其文其字，文字背后的义理，诚非一望便知。为此，注译者特地对诸多冷僻文字和艰涩名相，进行了力所能及的注解和阐析，并把所选经文全部翻译成现代汉语。希望这些注译，能成为修习者得月之手指、渡河之舟楫。

最后，研习经论，旨在借教悟宗、识义得意。为了将其思想义理和现当代价值揭示出来，编撰者对各部经论的篇章品目、思想脉络、义理蕴涵、学术价值等所做的发掘和剖析，真可谓殚精竭虑、苦心孤诣！当然，佛理幽深，欲入其堂奥、得其真义，诚非易事！我们不敢奢求对于各部经论的解读都能鞭辟入里，字字珠玑，但希望能对读者的理解经义有所启迪！

习近平主席最近指出：“佛教产生于古代印度，但传入中国后，经过长期演化，佛教同中国儒家文化和道家文化融合发展，最终形成了具有中国特色的佛教文化，给中国人的宗教信仰、哲学观念、文学艺术、礼仪习俗等留下了深刻影响。”如何去研究、传承和弘扬优秀佛教文化，是摆在我们面前的一个重要课题，人民东方出版传媒有限公司拟对繁体字版的《中国佛教经典宝藏》进行修订，并出版简体字版的《中国佛学经典宝藏》，随喜赞叹，寥寄数语，以叙因缘，是为序。

二〇一六年春于南京大学

〔附表〕

禅定教学组织架构图

- 研究发展委员会
- 教学理论委员会
- 教学事业委员会
- 建设委员会
- 翻译出版委员会
- 行政事务委员会

- 会长
  - 理事长
  - 常务理事
  - 理事会

- 学术研究部门
  - 禅定学研究
  - 教学理论研究
  - 其他宗派预定研究
- 教学部门
  - 技术——禅修训练班
  - 教理
    - 初级班
    - 中级班——师资班
    - 高级班——师资班
    - 研究班——师资班
- 图书部门
- 教会—支部
  - 壮年部
  - 青年部
  - 禅定教师—组—班—会员
  - 妇女部
  - 僧伽部
- 行政事务部门
  - 公关部
  - 人事部
  - 企划部
- 财务部门
- 宣传部门
  - 出版社
  - 出版编辑部
  - 新闻编辑部
  - 出版业务部
  - 文宣传播部
- 建设部门

大陆版序二

依空

身材高大、肤色白皙、擅长军事的亚利安人，在公元前四千五百多年从中亚攻入西北印度，把当地土著征服之后，为了彻底统治这里的人民，建立了牢不可破的种姓制度，创造了无数的神祇，主要有创造神梵天、破坏神湿婆、保护神毗婆奴。人们的祸福由梵天决定，为了取悦梵天大神，需要透过婆罗门来沟通，因为他们是从梵天的口舌之中生出，懂得梵天的语言——繁复深奥的梵文，婆罗门阶级是宗教祭祀师，负责教育，更掌控了神与人之间往来的话语权。四种姓中最重要的是刹帝利，举凡国家的政治、经济、军事、文化等等都由他们实际操作，属贵族阶级，由梵天的胸部生出。吠舍则是士农工商的平民百姓，由梵天的膝盖以上生出。首陀罗则是被踩在梵天脚下的土著。前三者可以轮回，纵然几世轮转都无法脱离原来种姓，称为再生族；首陀罗则连轮回的因缘都没有，为不生族，生生世世为首陀罗，子孙也倒霉跟着宿命，无法改变身份。相对于此，贱民比首陀罗更为卑微、低贱，连四种姓都无法跻身其中，只能从事挑粪、焚化尸体等最卑贱、龌龊的工作。

出身于高贵种姓释迦族的悉达多太子，为了打破种姓制度的桎梏，舍弃既有的优越族姓，主张一切众生皆平等，成正等觉，创立了佛教僧团。为了贯彻佛教的平等思想，佛陀不仅先度首陀罗身份的优婆离出家，后度释迦族的七王子，先入山门为师兄，树立僧团伦理制度。佛陀更严禁弟子们用贵族的语言——梵文宣讲佛法，而以人民容易理解的地方口语来演说法义，这就是巴利文经典的滥觞。佛陀认为真理不应该是属于少数贵族、知识分子的专利或装饰，而应该更贴近普罗大众，属于平民百姓共有共知。原来佛陀早就在推动佛法的普遍化、大众化、白话化的伟大工作。

佛教从西汉哀帝末年传入中国，历经东汉、魏晋南北朝、隋唐的漫长艰巨的译经过程，加上历代各宗派祖师的著作，积累了庞博浩瀚的汉传佛教典籍。这些经论义理深奥隐晦，加以书写的语言文字为千年以前的古汉文，增加现代人阅读的困难，只能望着汗牛充栋的三藏十二部扼腕慨叹，裹足不前。

如何让大众轻松深入佛法大海，直探佛陀本怀？佛光山开山宗长星云大师乃发起编纂《中国佛教经典宝藏》。一九九一年，先在大陆广州召开“白话佛经编纂会议”，订定一百本的经论种类、编写体例、字数等事项，礼聘中国社科院的王志远教授、南京大学的赖永海教授分别为中国大陆北方与南方的总联络人，邀请大陆各大学的佛教学者撰文，后来增加台湾部分的三十二本，是为一百三十二册的《中国佛教经典宝藏精选白话版》，于一九九七年，作为佛光山开山三十周年的献礼，隆重出版。

六七年间我个人参与最初的筹划，多次奔波往来于大陆与台湾，小心谨慎带回作者原稿，印刷出版、营销推广。看到它成为佛教徒家中的传家宝藏，有心了解佛学的莘莘学子的入门指南书，为星云大师监修此部宝藏的愿心深感赞叹，既上契佛陀“佛法不舍一众”的慈悲本怀，更下启人间佛教“普世益人”的平等精神。尤其可喜者，欣闻现大陆出版方东方出版社潘少平总裁、彭明哲副总编亲自担纲筹划，组织资深编辑精校精勘；更有旅美企业家鲁彼德先生事业有成之际，秉“十方来，十方去，共成十方事”之襟怀，促成简体字版《中国佛学经典宝藏》的刊行。今付梓在即，是为序，以表随喜祝贺之忱！

二〇一六年元月

《中国佛学经典宝藏》

华人佛学界顶级专家团队编撰。大陆首次引进简体中文版。

读得懂，买得起，藏得下的“白话精华大藏经”。

《中国佛学经典宝藏》白话版系列丛书，共计132册，由星云大师总监修，大陆、台湾百余专家学者通力编撰而成。

丛书依大乘、小乘、禅、净、密等性质编号排序，将古来经律论中之经典著作，依据思想性、启发性、教育性、人间性的原则，做了取其精华、舍其艰涩的系统整理。每种经典都按原文、注释、译文等体例编排，语言力求通俗易懂、言简意赅，让佛学名著真正做到雅俗共赏；还以题解、源流、解说等章节，阐述经文的时代背景、影响价值及在佛教历史和思想演变上的地位角色。丛书还开创性地收录了一些有代表性的现代读本。

星云大师总监修

“人间佛教”的践行本

专家推荐

星云大师常常说，佛学不是少数人的专利，它应该是每一个人都能够接触的。这套书推动了白话佛学经典的完成。

——依空法师

佛光山长老，文学博士，印度哲学博士

星云大师对编修《中国佛学经典宝藏》非常重视，对经典进行注、译，包括版本源流梳理，这对一般人去看经典、理解经典的思想，是有帮助的。

——赖永海

南京大学教授，旭日佛学研究中心主任

《中国佛学经典宝藏》精选了很多篇目，是能够把佛法的精要，比较全面地给予介绍。

——王志远

中国社会科学院研究生院导师，中国宗教协会副会长

传统大藏经 VS 中国佛学经典宝藏

	传统大藏经		中国佛学经典宝藏
第一回合	**卷帙浩繁** 普通人阅读没头绪、没精力、看不懂。	VS	**精华集萃** 星云大师亲选132种书目，提纲挈领，方便读经。
第二回合	**古文艰涩 繁体竖排** 佛经文辞晦涩，多用繁体竖排版：读经门槛高。	VS	**白话精译 简体横排** 经典原文搭配白话精译，既可直通经文，又可研习原典。
第三回合	**经义玄奥 难尝法味** 微言大义，法义幽微，没有明师指引难理解。	VS	**专家注解 普利十方** 华人佛学界顶级专家精注精解，一通百通。

《中国佛学经典宝藏》目录

编号	书名
1	中阿含经
2	长阿含经
3	增一阿含经
4	杂阿含经
5	金刚经
6	般若心经
7	大智度论
8	大乘玄论
9	十二门论
10	中论
11	百论
12	肇论
13	辩中边论
14	空的哲理
15	金刚经讲话
16	人天眼目
17	大慧普觉禅师语录
18	六祖坛经
19	天童正觉禅师语录
20	正法眼藏
21	永嘉证道歌 · 信心铭
22	祖堂集
23	神会语录
24	指月录
25	从容录
26	禅宗无门关
27	景德传灯录
28	碧岩录
29	缁门警训
30	禅林宝训
31	禅林象器笺
32	禅门师资承袭图
33	禅源诸诠集都序
34	临济录
35	来果禅师语录
36	中国佛学特质在禅
37	星云禅话
38	禅话与净话
39	释禅波罗蜜次第法门
40	般舟三昧经
41	净土三经
42	佛说弥勒上生下生经
43	安乐集
44	万善同归集

编号	书名
45	维摩诘经
46	药师经
47	佛堂讲话
48	信愿念佛
49	精进佛七开示录
50	往生有分
51	法华经
52	金光明经
53	天台四教仪
54	金刚錍
55	教观纲宗
56	摩诃止观
57	法华思想
58	华严经
59	圆觉经
60	华严五教章
61	华严金师子章
62	华严原人论
63	华严学
64	华严经讲话
65	解深密经
66	楞伽经
67	胜鬘经
68	十地经论
69	大乘起信论
70	成唯识论
71	唯识四论
72	佛性论
73	瑜伽师地论
74	摄大乘论
75	唯识史观及其哲学
76	唯识三颂讲记
77	大日经
78	楞严经
79	金刚顶经
80	大佛顶首楞严经
81	成实论
82	俱舍要义
83	佛说梵网经
84	四分律
85	戒律学纲要
86	优婆塞戒经
87	六度集经
88	百喻经

编号	书名
89	法句经
90	本生经的起源及其开展
91	人间巧喻
92	大乘本生心地观经
93	南海寄归内法传
94	入唐求法巡礼记
95	大唐西域记
96	比丘尼传
97	弘明集
98	出三藏记集
99	牟子理惑论
100	佛国记
101	宋高僧传
102	唐高僧传
103	梁高僧传
104	异部宗轮论
105	广弘明集
106	辅教编
107	释迦牟尼佛传
108	中国佛教名山胜地寺志
109	敕修百丈清规
110	洛阳伽蓝记
111	佛教新出碑志集萃
112	佛教文学对中国小说的影响
113	佛遗教三经
114	大般涅槃经
115	地藏本愿经外二部
116	安般守意经
117	那先比丘经
118	大毗婆沙论
119	大乘大义章
120	因明入正理论
121	宗镜录
122	法苑珠林
123	经律异相
124	解脱道论
125	杂阿毗昙心论
126	弘一大师文集选要
127	《沧海文集》选集
128	《劝发菩提心文》讲话
129	佛经概说
130	佛教的女性观
131	涅槃思想研究
132	佛学与科学论文集

目　录

题　解　001

经　典　011

1　卷五　013

四禅　013

2　卷六　099

四无量心　099

四无色定　145

3　卷七　183

六妙门　183

十六特胜　200

4　卷八　238

修证通明观　238

源　流　305

解　说　311

附　录　319

参考书目　351

题解

《释禅波罗蜜次第法门》，简称为《释禅波罗蜜》《禅波罗蜜》《渐次止观》《次第禅门》。凡十卷，是隋代天台智顗（智者大师。公元五三八—五九七年）撰述，弟子法慎记成三十卷，其后灌顶（公元五六一—六三二年）再加以编辑整理删定成十卷，目前收于《大正藏》第四十六册。本书是智者大师在金陵（南京）的八年（公元五六七—五七五年）所完成的前期代表著作之一。其主要特色是将禅定法门的修行系统，由浅渐次入深地加以组织与建构，使之成为一套完整的体系。这在中国佛教禅定学的发展史上，从理论与实践禅修并重的观点来看，可以算是结合了小乘与大乘禅观的权威代表性著作，也可以说是原始的印度佛教禅定学结合了后期的大乘佛教的禅定学，经过了智者大师的努力，融合成兼具有中国佛教特色与完密系统的禅定学，此书的价值，不言可喻。

智者大师的天台禅定学，一般称为天台止观，是通指天台教学的理论与实践，主要是以四部止观与四种三昧，建构纵横交错的组织体系。其中四部止观，兹列表如下：

性质种类	书目名称	内容特色
圆顿止观	《摩诃止观》	说明圆顿禅法的妙观
渐次止观	《释禅波罗蜜次第法门》	说明由浅入深修习禅定的次第
不定止观	《六妙门》	说明浅深不定通大通小的禅法
小止观	《童蒙止观》（修习止观坐禅法要）	说明初机修习禅定的方法

至于四种三昧，分别是：常行三昧、常坐三昧、半行半坐三昧、非行非坐三昧。前者的著作是为了说明后面的四种三昧的修行方法。因此，若从著作的性质来看，《六妙门》与《童蒙止观》适合初级学人入门修习之用，《摩诃止观》适合作为老参专研禅定学理论与进阶专修禅定的参考。至于《释禅波罗蜜》恰好没有过偏于理论层面或实践层面，反而兼收两者之长，架构了天台止观的禅定学一个理论与实践并重之体系。全文十卷，由浅至深，次第井然，系统严密，其学术价值在这一方面，甚至可能超越了号称天台三大部之一的《摩诃止观》。

当然，《摩诃止观》成书于智者大师晚年思想的成熟期，讲述于隋代开皇十四年（公元五九四年），自然是智者大师著作中体系最圆熟的论书，此书详述圆顿止观的禅法与智者大师独特的宗教实践及体验，受到历来祖师的重视，因此注释的书籍甚多，学术的地位也不容置疑。可是，若是从修习禅法次第的完整性、系统性、可读性与实践可能性看，无疑地，《释禅波罗蜜》应该是凌驾在《摩诃止观》之上，由此可以确立《释禅波罗蜜》特殊的学术价值。

既然《释禅波罗蜜》在次第系统上犹胜一筹，本文试将此书的十卷的内容大意与次第系统，做一表解如下：

- 第一卷（上）
  - 初释修禅波罗蜜大意（说明十种行人、大悲正观、中道正观、诸法实相、四弘誓愿等）
  - 释禅波罗蜜名（说明禅波罗蜜、各种禅定三昧的名称）
  - 明禅波罗蜜名（说明世间禅门、出世间禅门、出世间上上禅门等）
- 第一卷（下）
  - 辨禅波罗蜜诠次（说明各种禅法的次第）
  - 简禅波罗蜜法心（说明有漏禅、无漏禅、亦有漏亦无漏禅、非有漏非无漏禅的分别）

- 释禅波罗蜜
  - 第二卷
    - 分别禅波罗蜜前方便之外方便（二十五方便）
      - （1）具五缘
      - （2）诃五欲
      - （3）弃五盖
      - （4）调五事
      - （5）行五法
  - 第三卷（上）
    - 分别禅波罗蜜内方便之止门（之一）
      - 不净观门
      - 阿那波那门
  - 第三卷（下）
    - 分别禅波罗蜜内方便之验知虚实善恶根相（之二）
  - 第四卷
    - 分别禅波罗蜜内方便之安心法、治病法、觉魔事（之三、四、五）
  - 第五卷
    - 修证世间禅的四禅
      - 初禅（释名、明修习、明证相）
      - 二禅（释名、明修习、明证相）
      - 三禅（释名、明修习、明证相）
      - 四禅（释名、明修习、明证相）
  - 第六卷
    - 修证世间禅的四无量心、四无色定
      - 四无量心

- 慈无量心
- 悲无量心
- 喜无量心
- 舍无量心

四无色定
- 空处定
- 识处定
- 无所有处定
- 非有想非无想处定

第七卷

修证亦世间亦出世间禅的六妙门、十六特胜
- 六妙门（数、随、止、观、还、净）
- 十六特胜

第八卷

修证亦世间亦出世间禅的通明观

第九卷

修证出世间禅·初对治无漏·观禅之一

观坏法
- （1）九想
- （2）八念
- （3）十想

第十卷

修证出世间禅·初对治无漏·观禅之二及炼禅、熏禅、修禅

- 观不坏法
  - （4）八背舍
  - （5）八胜处
  - （6）十一切处
- 炼禅（7）九次第定
- 熏禅（8）师子奋迅三昧
- 修禅（9）超越三昧

不　说（未说）

- 修证出世间禅·二缘理无漏
- 修证非世间非出世间禅相
- 显示禅波罗蜜果报
- 从禅波罗蜜起教
- 结会禅波罗蜜归趣

由上表及《释禅波罗蜜》的内容可以得知，本书主要的叙述部分有三项：一、绪论部分（包含了卷一的释名与简别，卷二、卷三与卷四的内外方便）；二、正文部分（包含了卷五至十，分别是世间禅、出世间禅与亦世间亦出世间禅）；三、结语归趣（可惜未说）。因此，本书的注释工作就节选了其中最重要的两个部分：第一，世间禅。第二，亦世间亦出世间禅。为了方便理解，列表于下：

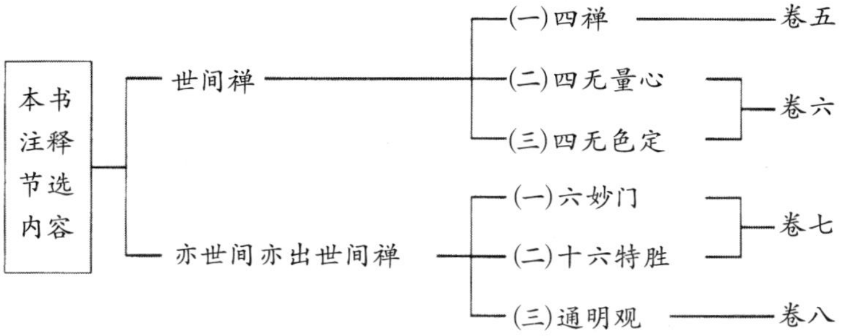

从上表可以看出，虽然是节选四卷文字，但是却是《释禅波罗蜜》的核心部分，也能够独立成为一个完整的系统，待将来时节因缘成熟，笔者必定发心完成全部《释禅波罗蜜》的注释工作。此外，本书所采用的版本，系《大正藏》第四十六册诸宗部三，并参阅《乾隆大藏经》与由“中华佛教文献编撰社”出版发行的《释禅波罗蜜》现代标点本等。

经典

1　卷五

四禅

原典

今据正禅[1]而论，但说有四：第一，释初禅修证，如经偈[2]说：

> 离欲及恶法，有觉并有观，离生及喜乐，
> 是人入初禅。已得离淫火，则获清凉定！
> 如人大热闷，入冷池则乐。如贫得宝藏，
> 大喜觉动心，分别则为观，入初禅亦然！

依此偈中，具明修证初禅之相，但意难见。今当分别就明初禅中，开为三别：第一，释名。第二，明修习。第三，明证相。

第一，释名：所言初禅者，禅名支林[3]。行者初得支林之法，故名初禅。复次，觉观等法，名之为支。行者修初禅觉观之法，必于前发，故说觉观，名为初禅。

问曰：若言在前发得，故为初禅者，欲界、未到地[4]（定），最在前发，何故不得受初禅之名？

答：禅名功德丛林[5]。欲界、未到等，未有功德支林之法，虽复前发，不名初禅。复次，《摩诃衍》[6]说，欲界、未到、中间，智多而定少，是处非乐，既非正地，是故不得受初禅之名。复次，言初禅者，亦名"有觉有观三昧"，为有人疑言，觉观心中无定，是故佛说觉观三昧。《地持论》[7]说：名觉观俱禅，此禅发时，必与觉观俱发，亦名圣说法定。此定内有觉观，语言道未断，故与说法之名，如是等种种名字不同。

第二，明修习。复开为二：前明所修之法，后辨能修之心。第一，明所修法者，即是"阿那波那"[8]，为修习根本初禅之法。就中即有三意：一、释息名。二、辨息相。三、明用息不同。

第一，所言"阿那波那"者，此是外国语，秦言[9]阿那为入息，波那为出息。《安般守意三昧经》[10]言："安"之言生，"般"之言灭。若约息生灭明义，如上说。若约心生灭为语，是则不定。今用入出息为正番[11]。二、辨息相中，有四：一、风。二、喘。三、气。四、息。分别四种之相，具如调息中说。但数风则散，数喘则结，数气则劳，数息则定。行者应当舍三存息，善取不声，不结[12]，绵绵若存、若亡之相而用之。三、明用息不同者，一师教系心数出息，所以者何？数出息，则气不急，身不胀满，身心轻利，易入三昧。有师教数入息，何故尔数入息？一者易入定，随息内敛故。二断外境故。三易见内三十六物故。四身力轻盛故。五内实息贪恚故。有如是等胜利非一，应数入息。有师教数入出无在，但取所便而数。无的偏用，随人心安，入定无过。即用三师所论，皆不许出入，一时俱数。何以故？以有息遮病，生在喉中，犹如草叶，吐则不出，咽则不入，此患生故。又师依四时用数，今所未详。

第二，辨能修之心，亦为三意：（一）明能数之心。（二）明转缘。（三）料拣[13]。

（一）明能数之心者。以细念之心，摄心对息，从一至十，令心不散，故名数息。若数不满十，名数减；若至十一，名数增。然增减之数，并非得定之道。若从一至十，恒具十，无有间一之失，故名数法成就。若于中间，心窃异缘，数法则乱，是故心觉散乱义强。若以一为数者，一则无间，若有异缘，便不时觉，是以但缘一息，不能除乱。若过十者，更一法起，一心缘二，即有乱生，故名为增。夫数息者，但细心、约息记数而已，不得多取数相。若息多则气满，腹胀体急，坐欲不安。

（二）转缘者。初数于息，觉息微微，当置数息，便随于息，任运出入。若心欲静，便舍随，凝心止住。心若暗忽，即便静照色息；心若浮动，即便舍观，归数及随止也，是故名还。心不驰荡，凝神寂虑，故名为净。行者若能如是，善巧摄录，心则易定。

（三）料拣。息为初门者。问曰：一切法门，悉可为初，何故但说阿那波那，以为初门？答曰：不然。今依佛教，如经说阿那波那，是三世诸佛入道初门。是故释迦初诣道场，欲习佛法，内思安般，一数、二随，乃至还净，具如《瑞应经》[14]所说。……

注释

① **正禅**：此处所谓的“正禅”，主要是区别“邪禅”与“不定禅”。“邪禅”是违逆正法之禅，又称魔禅；“不定禅”，则是指欲界定、未到地定与中间禅等，因为不具备支林功德之法，同时智多定少，未得稳定。因此，正禅即是指根本四禅，有初、二、三、四等四种。

② 此段引文经偈参见《大智度论》卷十七，《大正藏》第二十五册，页一八五下。

③ **支林**：支，指支持、要素、重点或成分；林，指

事物的汇聚。支林是指构成修行佛法的内容要素之汇聚。

④ **未到地**：梵语 Anāgamya-samādhi，又译作未至地、未到定、未到地定。在色界初、二、三、四禅的根本四禅定中，说明即将发得初禅之前的状态，可以视为准备进入初禅之定境。

⑤ **功德丛林**：主要是指禅法能够生起种种智慧、神通、四无量心等功德，有如功德的树木集结成丛林。

⑥ **《摩诃衍》**：梵语 Mahāyāna，音译为摩诃衍那，意译为大乘。主要是指大乘的教法，在此似指《大智度论》。

⑦ 此段引文参见《菩萨地持经》卷六，《大正藏》第三十册，页九二二上。

⑧ **阿那波那**：梵语 Ānāpāna，音译作阿那阿波那、安那般那，略称为安般。是指数息观法的入息与出息，为原始佛教修行的主要法门之一。

⑨ **秦言**：古时西域人称中国为秦，后世遂以秦为汉族或汉地的代称。故秦言即是汉语。

⑩ 此段引文参见《大安般守意经》卷上，《大正藏》第十五册，页一六五上。

⑪ **正番**：番指顺序的次第，正番即是正确的顺序。此处指阿那波那念的阿那为入息，波那为出息，故说入出息是正确的次第。

⑫ **不结**：此处指呼吸时避免凝滞不畅的情况。

⑬ **料拣**：又作料见、料简、量简、量见、了简等。指善能分别抉择正法，有厘清疑义与辨正歧说的功能及目的。

⑭ 参见《太子瑞应本起经》卷上，《大正藏》第三册，页四七六下。

译文

此处根据色界根本禅定而加以论述，但说有初、二、三、四等四禅。第一，首先解释初禅的修证系统，正有如《大智度论》卷十七中所说的偈语：

离开贪欲的渴望与恶法的覆障，开始有了觉悟的察照所缘的身与观照的细心分别，此时离开欲界的贪欲、恶不善法而获得无量的欢喜及快乐，这样的修行者已经入了初禅的境界。已经离开淫欲的烈火燥热，获得身心清凉的禅定！就好像人在极为热闷的天气里，进入清凉的水池中而安稳快乐。也好比贫穷的人获得宝藏一般。此时心中的大喜动心而有所察觉，再加以细心的分别则为观法，进入初禅的修行者也是如此的。

依据此偈语的解释，具体明确地说明修行证得初禅的相貌状态，但是真实的意义及状态难以了解。此处应当分别说明初禅的境界中，分为三项要点说明：第一，解释初禅的名词。第二，说明修习的观念及方法。第三，说明修证过程与结果的相貌状态。

第一，解释初禅的名词：所谓“初禅”的“禅”，是指修行佛法的要领。修行的人刚开始得到修行要领的境界，所以称为“初禅”。再者，“觉”与“观”等法门，称之为修行佛法支持的要领。修行者修习初禅的“觉”与“观”的法门，一定是各种禅定前最早发起的，所以说有觉与有观的境界，名称为初禅。

有人问说：若是各种禅定前最早发起的，所以称为初禅的话，那么“欲界定”与“未到地定”才是最前发起的定境，为何不能够受有初禅的名称呢？

回答是：“禅”被称为能够生起种种智慧、神通、四无量心等功德，有如功德的树木结集成丛林一般。然而，“欲界定”与“未到地定”等，并未有修行佛法的要领与功德境界，虽然两者是最早发起的，但因此不被称为“初禅”。再者，在大乘的教法（似指《大智度论》）中说，欲界定、未到地定与各禅间的中间禅等，智慧力多而定力少，在这样的境界中并非安稳的快乐，也并不是正确稳定的禅定境界，因此不能够受有初禅的名称。再者，称为初禅的境界，亦称为“有觉有观三昧”，是有人曾经怀疑，在“觉”与“观”的境界中心中无定，所以佛说初禅是“觉观三昧”。在《菩萨地持经》卷六中说：觉与观具足时为初禅，此初禅发起时，一定是与“觉”与“观”一起发起，也被称作“圣说法定”。在此初禅的境界中有觉有观，语言并未断灭，所以给予说法的名称，以上等有名称的不同。

第二，说明修行的观念及方法。再开示为两种：前面说明修行初禅的方法，后面明辨能够修行的心地。第一，说明修行的方法，就是“阿那波那”的数息法，是修习根本初禅的方法。在此之中有三项意义：一是解释数息中的呼吸名称。二是辨明呼吸的相貌。三是说明数呼吸的不同方法。

第一，所说的“阿那波那”，这是外国的语言，汉语“阿那”是入息的意思，“波那”是出息的意思。在《安般守意三昧经》中说：“安”是指“生”，“般”是指“灭”。若是以呼吸的生灭的意义来明白，就如以上的说法。若是以心的生灭来说，则是不一定的。在此用呼吸的入息与出息为正确的顺序。二、辨明呼吸的相貌中，有四项情况：一是“风”的呼吸声音清楚如风吹。二是“喘”的呼吸急促如喘息。三是“气”的呼吸强烈如生气。四是“息”的呼吸自然温柔而若有若无。以下解释四种呼吸的相貌，具体的在调息的方法中说明。在数呼吸时的呼吸如风吹时则容易散乱，数急促的呼吸则容易凝滞不畅，数强烈的呼吸则容易疲劳，数自然温柔的呼吸则容易入定。修行者应该舍弃“风”“喘”“气”三种呼吸方法，使用“息”的呼吸法，并且能够善取没有呼吸的声音，没有凝滞不畅的呼吸方法，绵绵密密好像有又好像没有的状态来数呼吸。第三项说明数呼吸的不同方法。首先是有的老师教导专心数呼吸的出息，为什么呢？数呼出的息，则是气息不急促，身体不会有胀满的感觉，身心轻安快利，容易进入三昧的境界。也有其他老师教导数呼吸的入息，为何他数入息呢？第一个原因是容易入定，随着呼吸的吸入而内敛的缘故。第二，断除外境的影响。第三，容易看见身体内部三十六物的缘故。第四，身心的情况与力量轻盈而充盛的缘故。第五，心中容易息灭贪欲与嗔恚的缘故。有以上种种殊胜的利益不能一一说尽，所以应该数呼吸的入息。也有其他的老师教导修行者数呼吸入出不存在，但取方便就好。没有目的偏用，随个人的心安自在，入定也没有过错。即使用前面三师所说的方法，都不许数出入息的情况，同一时间也数入、出及不存在的情况。为什么呢？因为有呼吸则有遮病，有如草叶生在喉咙中，吐又吐不出来，吞又吞不下去，就是因为执着在呼吸上。又有其他的老师依据四段时间来数呼吸，现在已经不清楚了。

第二，明辨能够修行的心地。也有三项意义：首先说明能数之心，接着说明转修的方法，最后厘清各项问题与辨正歧说。

首先说明能数的心。在此以微细的心念，摄心看清楚数呼吸，从一数到十，令心念不散乱，所以称为数呼吸。若是没有数满十，称为“数减”的不足；若是数到十一，称为“数增”的超过。然而数息的增减不足或超过，并不是得定的方法。若是从一数到十，一直都具足十数，没有间断的过失，因故称为数数目法的成功。若是在此中间，心里窃自想到其他的事，数的方法则混乱了，因此心觉察散乱的意义明显。若是以一为数目的情况，由于一没有中间，若是有其他的妄念生起，便不会及时发觉，所以只是缘系在“一”的呼吸上，不能够灭除心中的散乱。若是超过“十”这个数字，再有其他的心念生起，就会一心二用，产生散乱，所以称为超过了标准。至于数息的方法，但以细致的心依据着呼吸记持着数目而已，不应该多取数目字。若是执着呼吸的数目则气息会充满，此时腹肠胀满而身心急躁，坐立都不安稳。

第二，转修其他法门的方法。刚开始数呼吸的时候，发现呼吸已经非常微细，就应该舍去数呼吸的方法，采用心跟随呼吸的方法，自然任运地呼吸出入。若是心中希望更安静稳定，就舍去“随息”的方法，凝止心念安住在一稳定的境界。此时若是心境昏暗恍惚，就要安静地观照呼吸的出入相貌；若是心境浮躁不安，就要舍去观照的方法，回归还照能数能随的心，所以称为“还”。若是心境不会奔驰放荡，能够凝止心神寂灭思虑，因此称为“净”。修行的人如果能够如此修持，善巧地摄心安止，就容易入定。

第三，抉择与厘清疑义。数息法门是初学者入门的修行方法。有人问说：佛法中的一切法门，都可以是初入门修行的方法，为何只说“阿那波那”的数息法，以为初入门的法门呢？回答说：并不是如此的。在此依据佛陀的教法，如同佛经中说“阿那波那”的数息法，是过去、现在、未来三世诸佛入道的最初修习法门。因此，释迦牟尼佛刚开始希望修持佛法的时候，心中注意入出息的生灭，一开始数息，接着随息，乃至于还照自心净除妄念的法门，具体的说明如同在《瑞应经》中所说。……

原典

第三，明证禅相，通方便论证，自有三阶：一、证欲界定相。二、证未到定相。三、正明证初禅相。

一、明证欲界定，自有二意：一、正明证相。二、明得失。今说欲界中，自有三：一、粗住心。二、细住心。三、证欲界定。一、粗住相者：因前息道诸方便修习，心渐虚凝，不复缘虑，名为粗住。细住相者：于后其心，泯泯[①]转细，即是细住心。当得此粗细住时，或将得时，必有持身法[②]起，此法发时，身心自然正直，坐不疲倦。如物持身，若好持身，但微微扶助身力而已！若是粗持身者，坚急劲强，来则苦急坚强，去则宽缓困人，此非好法。心既细已，于觉心自然明净，与定相应，定法持心，任运不动。从浅入深，或经一坐，无分散意，所以说此名欲界定。入此定时，欲界报身，相未尽故。二、明得失者：入欲界定，法心既浅，未有支持，难得易失，易失因缘，是事须识。失定有二种：

（一）从外缘失：谓得定时，不善用心，内外方便，中途违犯，则退失禅定。复次，若行者当得定时，或向人说，或现定相，令他知觉，或卒有事缘相坏，如是等种种外事，于中不觉不识，障法既生，则便失定。若能将护，本得不失，障不得生，故名为得。

二者，约内论得失者：有六种法能失禅定：一、希望心。二、疑心。三、惊怖。四、大喜。五、重爱。六、忧悔。未得禅有一，谓希望心；入禅有四，谓疑怖喜爱；出禅多有忧悔，此则能破定心令退失。若通论此六，皆得在未入住出中，俱有此六法，能退失定。若能离此六法，即易得定，以不失故名得也。此虽近事，若不说者，则人不知。若善取其意，则知遮障。

注释

①**泯泯：**形容心境清澈的状态。

②**持身法：**维持坐禅身相正直的持续力量或能量。此乃修持禅坐时最前发起的境界，多由下盘发动一股暖流往上窜涌，使修行者的身心自然端坐正直，并且维持长久的禅坐而不疲累，故称为持身法。

译文

第三，说明修证过程与结果的相貌状态。依据一般方便的方式论证，自然有三个阶段：一、证得欲界定的相貌。二、证得未到地定的相貌。三、正式说明证得初禅的相貌。

一、说明证得欲界定的过程与相貌，自有二种意义：一、正式说明证得相貌。二、明白修证得失。在此说明欲界定的修持中，自有三项过程：一、粗略状态安住身心。二、细致状态安住身心。三、证得欲界定。一、粗略状态安住的相貌是：前面提及数息法的息道方便法门修习的缘故，修行者的心境逐渐虚凝，不再攀缘思虑，名称为粗略的安住。细致状态安住的相貌是：在前面修行的基础之上，逐渐清澈转变成细微，即是细致的状态安住身心。正当得到如此粗住或细住的身心状态时，或是将要得到的时候，必定有维持坐禅身相的力量暖流发起，在此持身法发起的时候，身心自然会保持端正稳直，长坐也不会感到疲倦。就好像有外物靠持身体，若是好的持身法发起，只是轻微地由内扶助身体而已！若是粗糙的持身法发起时，坚硬急速而劲道强势，发起的时候若是急促坚强，退失的时候就会宽延缓失而令人困扰，如此就不是好的持身法。如果心境微细，于是觉察的心地自然明白清净，与禅定相应，禅定的境界支持心地，任运而不动摇。从浅的定力进入深的定力，有的经过一次禅坐，没有分散意志，所以说此种境界称为“欲界定”。进入此欲界定的时候，在欲界的报身，其身相并未终止。二、明白修证得失：进入欲界定，定法的力量尚且浅薄，并未有足够的支持力量，很难修得但容易失去，容易失去的原因，这件事情必须认识。失去欲界定有两种情况：

（一）从外在的因缘看失去的情况：在得到欲界定的时候，不会善巧地用心，以方便的方法解决内心外事，造成修行的过程中违背佛法的原则，就会退失禅定。再者，若是修行者正当要得到此欲界定时，或是向别人说，或是故意现出入定的相貌，让别人发现，或是突然有外在的事情来破坏，如是等种种外在的事情，在心中未能觉察也不了解，障碍的情况既然生起，则会失去欲界定。若是能够预先防范护持，本来得到的就不会失去，障碍就不会生起，因此称为得到欲界定。

（二）以内心的因缘看得失的情况：有六种情况能够失去禅定：一、希望的心。二、怀疑的心。三、惊讶恐怖的心。四、大喜的心。五、很执着的爱。六、忧虑后悔的心。在尚未得到禅定时有一项是希望得到的心；进入禅定后失去禅定的心有四项，是怀疑、恐怖、大喜、重爱；离开禅定的时候多半有忧虑后悔的心，这些都是能够破除定心而让禅定力退失。若是通论这六项情况，在未入禅定、住在禅定与离开禅定的时候，都有这六项情况，能够退失禅定力。若是能够离开这六项情况，就会容易得到欲界定，因为没有失去而被称为得到欲界定。这些虽然是琐屑而浅明易懂的事，若是不说的话，一般人就不知道。若是好好地了解其意，就会知道修禅定的阻隔与障碍。

原典

二、明证未到地定相：因此欲界定后，身心泯然虚豁，失于欲界之身，坐中不见头、手、床敷，犹若虚空，此是未到地定。所言未到地者，此地能生初禅故，即是初禅方便定，亦名未来禅，亦名忽然湛心。证此定时，不无浅深之相，今不具明。

复次，此等定中，或有邪伪，行者应证，其相非一。略出二事：一、定心过明。二者，过暗。并是邪定。明者，入定时，见外境界，青黄赤白，或见日月星辰、宫殿等事。或一时日乃至七日不出禅定。见一切事，如得神通，此为邪，当急去之！二者若入此定，暗忽无所觉知，如眠熟不异，即是无心想法[①]，能令行人生颠倒心，当急却之。此则略说邪定之相，是中妨难，非可具以文传。复次，若依《成论》《毗昙》分别二定，为不便也。今依尊者瞿沙[②]所明，分别二定有异，亦应无失。具如前引《摩诃衍》中释，而多见坐人证定之时，实有两种定相不同，是故今说欲界未到二定各异。

注释

① **无心想法：**修行者修禅定时，心中休止意识作用，却呈现近似昏迷的心境状态。

② **瞿沙：**梵名 Ghoṣa，音译又作惧沙、巨沙，意译为妙音，是印度佛教说一切有部的论师，曾造《甘露味论》二卷，又作《阿毗昙甘露味论》，汉译本收于《大正藏》第二十八册，译者佚名。瞿沙与法救、觉天、世友等共为印度佛教四大论师。

译文

二、说明证得未到地定的相貌：因为修证得到欲界定之后，身心清澈空虚豁然，失去欲界身相的执着，在禅坐中看不见头、手、床敷等物，就好像虚空一般，这就是未到地定。所谓未到地的名称，因为此“地”能够生出发起初禅，即是初禅的方便定，也称为“未来禅”，亦称为“忽然湛心”。证得此项禅定的时候，是有深浅的分别相貌，在此并不具体说明。

再者，在这类禅定之中，或许有邪伪的情况，修行者应该验证明白，入定的状态并非只有一种。简略地说明两种情况：一、入定时心境过于明亮。二、过于暗昧。都是邪定。过于明亮的情况，入定的时候，看见外在境界有青、黄、红、白，或是看见日月星辰与宫殿建筑等。有的两小时、一天乃至七天都不出禅定。能够看见一切事情，好像得到神通，这是邪法，应该快速地离开！第二种情况是如果进入此禅定，暗昧得无法觉察知道，好像睡得很熟一般，这是近似昏迷的心境状态，能够使修行人生起颠倒心，应该快速地离开！这些都是简略地说明邪定的状况，其中的妨碍障难，不是用文字可以具体说明的。再者，若是依据《成实论》、《阿毗昙》（小乘）等论书分别欲界、未到地定两种定相，是不便利的。在此依据瞿沙（妙音）尊者所说明的，分别欲界、未到地定两种定相有差别，也是正确无失的。具体的有如前文所引到《摩诃衍》（大乘）中的解释，多见坐禅人证入禅定的时候，实际上有两种定相的不同，所以在此说明欲界与未到地定是不同的。

原典

三、明证初禅相，自有六种：（一）明初禅发相。（二）明支。（三）明因果体用。（四）明浅深。（五）明进退。（六）明功德。

第一，正明初禅发相中，复为四意：一、正明初禅发相。二、简非禅之法。三、释发因缘。四、分别邪正。

第一，初禅发相者：行者于未到地中，证十六触[①]成就，即是初禅发相。云何是证？若行者于未到地中，入定渐深，身心虚寂，不见内外，或经一日，乃至七日，或一月，乃至一年。若定心不坏，守护增长，于此定中，忽觉身心凝然，运运而动。当动之时，还觉渐渐有身，如云如影动发。或从上发，或从下发，或从腰发，渐渐遍身。上发多退，下发多进，动触发时，功德无量。略说十种善法眷属，与动俱起。其十者何？一定。二空。三明净。四喜悦。五乐。六善心生。七知见明了。八无累解脱。九境界现前。十心调柔软。如是十法，与动俱生，名动眷属，胜妙功德，庄严动法。若具分别，则难可尽，此则略说初动触相。如是或经一日，或经十日，或一月四月，如是一年，此事既过，复有余触，次第而发，故名初禅。余触发者，谓八触也：一动。二痒。三凉。四暖。五轻。六重。七涩。八滑。复有八触，谓：一掉。二猗。三冷。四热。五浮。六沉。七坚。八软。此八触，与前相虽同，而细分别，不无小异，更别出名目，足前合为十六触。此十六种触发时，悉有善法功德眷属，如前动触中说。

行者因未到地，发如是等种种诸触，功德善法，故名初禅、初发，并是色界清净四大。依欲界身中而发，故《摩诃衍》云：色界四大造色，着欲界身中。……

注释

①**触**：有三意。其一，梵语 Sparśa，是心所之一。在俱舍宗以为是十大地法、七十五法之一。唯识宗以为是五遍行、百法之一。其二，梵语 Spraṣṭavya，是五境之一、十二触之一、十八界之一。其三，指修习禅定时，身心感受到地、水、火、风四大变换交乘时所产生的实际状态。

译文

三、说明修证初禅的相貌，其中有六项重点：（一）说明初禅发起的相貌。（二）说明初禅发起时的要素。（三）说明初禅因果体用的关系。（四）说明初禅境界的深浅状况。（五）说明修证初禅的进步与退步情况。（六）说明修证初禅的功德。

第一，正确阐明初禅发起的相貌中，也有四项重点：一、正确地说明初禅发起的相貌。二、抉择厘清非禅的法相。三、解释发起的因缘。四、分别邪正的禅相。

第一，初禅发起的相貌：修行者在未到地定的时候，证得十六种身心的触受（觉受）完成时，就是初禅发起的相貌。如何是修证获得初禅呢？若是修行者在未到地定中，入禅定逐渐加深，身心空虚寂静，看不见身内与外境，有的人经过一天，乃至七天，有的人一个月，乃至一年的时间。若是定心没有被破坏，守护定境并且增长，在这样的定境中，忽然觉得身心安定集中，运行转动。正当运动的时候，回过头来逐渐发觉有身相，如此的状态好像云彩或是影子在流动。有的人从头上发起，有的人从下盘发起，有的人从腰部发起，逐渐遍满全身。头上发起的多半是退步，下盘发起的多半是进步，这种运动的触受发起的时候，功德无可限量。在此简要地说明十种随伴发起的好境界，与运动的触受同时发起。有哪十种呢？一安定。二空灵。三光明清净。四喜悦。五快乐。六善心生起。七对佛法的正确认识明白了解。八没有负担的解脱。九境界当下呈现。十心调和柔软。如是十种情况，与运动的触受同时生起，称为动触的伴侣，有殊胜微妙的功德，庄严的动触境界。若是具体地分别说明，则难以说尽，在此则简略地说明初禅动触的相貌。如此有的经过一天，有的经过十天，有的一月或是四月，或是一年，这样的情况经过之后，再有其他的动触觉受，依照顺序次第而发起，因此称为初禅。其余动触发起的情况，是八种动触：一运动的触受。二发痒的触受。三清凉的触受。四温暖的触受。五轻身安宁的触受。六沉重的触受。七干涩凝滞的触受。八湿滑流动的触受。另外还有八种触受，有：一掉举浮动的触受。二偏倚不正的触受。三寒冷的触受。四暖热的触受。五轻浮的触受。六沉落的触受。七坚硬的触受。八柔软的触受。这里八种触受，与前面的八触的相貌相同，然而仔细分别，有一些小的差异，只是另外列出不同的名称，将两项合足为十六种触受。这十六种触受发起的时候，都有善法功德的眷属伴侣，如同前面运动的触受中说明。

修行者因为入未到地定，发起这些种种的触受，以及功德善法的境界，因此称为初禅、开始发起（禅定），同时也是色界清净的地、水、火、风四大。依靠欲界中的身体而发起，因此《摩诃衍》（《大智度论》）说：色界地、水、火、风四大创造清净的物质，附着在欲界的身体之中。……

原典

第二，料简非禅之相者。问曰：行者于初坐中，未得定心，亦发如是冷、暖、动等触，既无如上所说功德之事，有人言：此是病法起。所以者何？如重涩等，是地大病生；如轻动触，是风大病生；如热痒等触，是火大病生；如冷滑等触，是水大病生。

复次，因暖、热、痒等生贪欲盖，因重、滑、沉等触生睡眠盖，因动、浮、冷等生掉悔盖，因强、涩等生疑盖，又因重、坚、涩等生嗔盖。当知触等发时，能令四大发病，及生五盖障法①。或言是魔所作，若发动时，如上所说，皆魔触发。云何以此为初禅耶？答曰：不然。若如汝向所说触发之相，此是生病、生盖之触，若如上说及增者，亦是魔触发相。今说不尔，若未得未到地定，而先发触者，多是病触，是生盖及魔所作。若触发时，无如上所说十种功德眷属者，亦是病触生盖及魔触也。今所说触发者，要因未到地定发，亦具足有诸功德眷属俱发故，以此为初禅发相，何可疑哉？

问曰：未到地前发触，但是生病生盖及魔触，亦有治病除盖，非魔触否？答曰：亦有此义。问曰：若尔与初禅触，复云何异？答曰：有异。欲界虽有治病除盖及非魔触，而非初禅触者，此犹是欲界中四大色法，不能发定，无诸功德支林善法，故不名初禅。此则略出欲界善不善触法。但行人初坐，或有证此一两，或都不证，然既有此法，故略出之耳。问曰：未到地中，亦发欲界善不善触否？答曰：非无此义。

注释

① **五盖障法：**梵语 Pañca Āvaraṇāni，盖即是烦恼、覆盖之意。指覆盖心性，使善法不生的五种烦恼，分别是贪欲盖、嗔恚盖、惛眠盖、掉举盖与疑盖。以上五种烦恼状态是覆盖与障碍禅定修持的恶法。

译文

第二，抉择厘清不是禅定的相貌。有人问说：修行者在刚开始禅坐的时候，尚未得到定心，也发起这些寒冷、温暖、运动等触受，也没有如上文所说的功德发起等情况，有人说，这是病法生起。这是什么原因呢？像是沉重、干涩等情况，是地大方面生病了；像是轻浮、运动的触受生起时，是风大方面生病了；像是燥热、发痒等触受生起时，是火大方面生病了；像是寒冷、湿滑等触受，是因为水大方面生病了。

再者，因为温暖、燥热、发痒等触受生出贪欲盖的烦恼，因为负重、湿滑、沉落等触受生出睡眠盖的烦恼，因为运动、浮举、寒冷等触受生出掉悔盖的烦恼，因为坚强、干涩等生出疑盖的烦恼，又因为负重、坚硬、干涩等生起嗔盖的烦恼。应该知道触受等发起时，能够使四大发起病况，以及生出以上五种覆盖与障碍禅定修持的烦恼恶法。有的人说是魔所作，若是发动各触受时，如同上文所说的情况，都是魔触发起，为何以此为初禅呢？答道：不是的。若是如同你所说的触动发起的相貌，这是生出病态与覆盖障碍的触受，若是如同上文所说与增长的情况，也是魔触发起的相貌。在此说不是这样子的，若是尚未得到未到地定，却先发生各种触受的情况，多半是病态的触受，是生出烦恼与魔所作使。若是触受发起时，没有上文所说的十种功德眷属伴随发起时，也是病态触受生起烦恼与魔触的情况。在此所说的触动发起的情况，主要是因为未到地定的发起，也同时具有各项功德眷属伴随发起的缘故，以此为初禅发起的相貌，又有什么好怀疑的呢？

有人问说：在入未到地定之前发起触受，只是生出病态、生出烦恼与魔触，也有治疗病况除去烦恼覆盖而非魔触的情况吗？回答说：也有这样的意义与说法。有人问说：若是在未到地前发起触受与初禅的触受，又有哪些差别呢？回答说：有差别。在欲界定中虽然有治疗病症除去烦恼与不是魔触的情况，而不是初禅触受的情况，这是因为欲界中的四大地、水、火、风的物质境界，不能发起定力，没有各种功德支持重点的善法，因此不称为初禅。在此则是简略地说明欲界善或不善的触法。只是修行人刚开始禅坐，有些人会证得这一二触，或是都没有证得，然而既是有此法相，所以简略地说明而已。有人问说：在未到地定之中，也有发起欲界善或不善的触受吗？回答说：并非没有这样的情况。

原典

三、明禅发因缘，有二：一者，从初修禅以来，不计勤苦，既有善心，功力成就，自然感报。如《法华》中说：随功赏赐，乃至禅定根力等事。复次，有师言：是十善[①]相应，此意难见。二者，色界五阴，住在欲界身中，粗细相违，故有掉动八触等事。譬如世人，忧愁烦恼，内起结滞，壅塞不通，令四大受诸热恼。从心而生，乃至得病至死，不从外来，而有苦也。

今此禅中有触乐之事，亦从心有，由数息故，使心软细，修诸定法。色界定法，住在欲界身中，色定之法，与欲界报身相触，故有十六触，次第而生。亦不从外来而能觉知，故名为触。此八虽有十六，并约四大而发，因四大生。地中四者：重沉坚涩；水中四者：凉冷软滑；火中四者：暖热猗痒；风中四者：动掉轻浮。故《金光明》云：地水二蛇，其性沉下；风火二蛇，性轻上升。

问：若因四大，但应有四，何得十六？答曰：相兼②故得尔。如热是火体，兼水故有暖；兼风故有痒；兼地故有猗。兼三之时，失本热相，故说有四。余三大各兼三义，类此可知。

复次，此十六触，各有十种功德善法，合则有一百六十法，而初坐发法之人，未必发尽，或发三五，故略出之。

问曰：此八触为当发有次第、为无次第？诸触之中，先发何等？答曰：若论其次第，亦无定前后。虽四大因缘合时，强者先发，而多见有人，从动而发，事如前释。

注释

①**十善：**此处所说的十善，并非初禅发起时的十

项功德善法，而是指十善业，梵语 Daśākuśala-karmapathāni，分别是不杀生、不偷盗、不邪淫、不妄语、不两舌、不恶口、不绮语、不贪欲、不嗔恚与不邪见十种善法。

②**相兼**：四大互相兼乘，共有十六种组合而产生十六触，分别是：1. 地性为主；2. 地性为主兼有水；3. 地性为主兼有火；4. 地性为主兼有风；5. 水性为主；6. 水性为主兼有地；7. 水性为主兼有火；8. 水性为主兼有风；9. 火性为主；10. 火性为主兼有地；11. 火性为主兼有水；12. 火性为主兼有风；13. 风性为主；14. 风性为主兼有地；15. 风性为主兼有水；16. 风性为主兼有火。

译文

三、说明初禅发起的因缘，有两项：一者，从修行者刚开始修习禅定以来，不计较勤劳忧苦，既有善法用心，坐禅的功力成就时，自然感得初禅的报应。如同《法华经》中所说的：随着功德赏赐，乃至于禅定的根本力量获得等情况。再者，有老师说：是修行者十种善业相应，这样的说法很难成立。二者，色界五蕴住在欲界的身相中，粗法与细法相互违逆，因此有掉举、运动等八种触受的事情。譬如世间一般人，忧愁烦恼，内心生起心结滞碍，壅塞而不通达，使地、水、火、风四大受到各种燥热烦恼。从自心生起，乃至得到病症而死亡，不是从外面进来，而有如此的痛苦。

在此初禅中有触受快乐的情况，也是从自心生起，数息的缘故，让心柔软细致，修习各种禅定的方法。色界的定法，住持在欲界的身体之中，色界定境的状态，与欲界的报身相接触，因此有十六种触受，依照顺序而生起。也不是从外面进来而心中能够觉察知晓，因此称为“触”。这里八触虽有十六触，都是以四大为对象而发起的，因为四大而生出的。地大之中有四项性质：厚重、沉落、坚硬、干涩；水大之中有四项性质：清凉、寒冷、柔软、湿滑；火大之中有四项性质：温暖、燥热、偏倚、发痒；风大之中有四项性质：运动、掉举、轻巧、浮动。所以，《金光明经》说：地水二蛇，两者的性质沉落向下；风火二蛇，性质是轻浮上升。

有人问说：若是四大的原因，只是应该有四项，为何有十六种触受呢？回答说：因为四大互相兼乘所以如此。像“热”是火的体性，兼有水性所以有暖相；兼有风性所以会发痒；兼有地性所以有偏倚。同时兼有其他三相时，就会失去本体的热相，所以说有四种。其余三大各自兼有其他三种的意义，类似的情况是可以知道的。

再者，在此十六种触受中，各自有十种功德善法，合起来则有一百六十种功德善法，然而刚开始禅坐发起功德善法的人，未必都会完全发起，有的发起三五项触受，所以简略地说明。

有人问说：在这八种触受发起的时候是有顺序次第，还是没有顺序次第？各种触受当中，首先发起哪些？回答说：若是讨论其顺序次第，也没有一定的前后顺序。虽然四大因缘和合的时候，强盛者首先发起，而多半看见有些人，从动触而先行发起，情形如同前面所解释的。

原典

四者辨邪正之相，具如前内方便中，验善恶根性相，明虚实中说。是中应广分别。

第二，明支义，亦开为三：一、释支名。二、释支义。三、辨支相。

第一，释支名者。初禅有五支：一、觉支。二、观支。三、喜支。四、乐支。五、一心支。觉者，初心觉悟，名为觉。观者，后细心分别，名为观。庆悦之心，名为喜。恬澹之心，名为乐。寂然不散，名一心。所以制五支者，若对不善，即为破五欲、五盖。若对善法，即对行五法[①]，故《释论》云：离五盖，行五法，具五支，入初禅。

第二，释支义者。如《缨络经》说[②]：禅名支林。

此即据总别之明义也。言支者，支离为义。如因树根茎，则有枝条，根茎是一，枝条有异。禅中支义亦尔，从一定心出生五支，此是总中别义。所言林者，如林因众多树，得有林名。禅义亦尔，五支和合，总受禅称，此即据别中之总，故知。若说禅，即知有五支，如闻林名，必知有树，及以枝条。

复次，有人言：枝持为义，如欲界未到地中，虽有单静定心，未有觉观等五支，共相枝持，则定心浅薄易失。若得初禅，即有觉观等法，则定心安稳，牢固难坏。

三、辨支相。若数人辨相，正约二十二心数去取，辨五支相，具出彼义云云。今家所明略为二：一者，别。二者，通。一、别释五支相者，云何名觉？觉名触觉，有二种：一、成禅觉。二、坏禅觉。如有风能成雨，有风能坏雨。如上所说十六触中，一触有十种善法，眷属安稳庄严者，是成禅觉。如上说：一触有二十恶法，是坏禅觉。

复次，觉者，觉属身根，为身有情，异乎木石，所以对触故生觉，如经说见、闻、觉、知义。见属于眼，闻属于耳鼻，触觉属于身，知属于意，亦对舌也，有增用故。

问曰：如经中说，六触因缘生受，何得觉触，但属于身耶？答曰：此对通说，若通时，见中亦说闻，余义类尔。

今就别义论：

一、觉支者，正对身也。于未到定中，发十六触，触于身根生识，觉前触相，故名觉支。复次，觉名惊悟，行者得初禅，未曾所得善法诸功德故，心大惊悟。昔常为欲火所烧，得初禅时，如人入清凉池。但此觉生时，与欲界身根生觉有异，何以故？与定等善法，一时俱发，是以偈言：如贫得宝藏，大喜觉动心。故言初心、粗念名为觉。此与数人明义，应有小异，料简云云。

二、释观支者，后细心分别名为观。既分别触发已，正念之心，思量分别，向触生时，与欲界中善法，及未到等法大有异，所以者何？于此触中，有种种善法珍宝，与触俱发，欲界所无。

复次分别者：分别十六触中，法宝之相亦不同，知粗则离，知善则修，此细心分别，故名观支。故经说：分别则为观。问曰：若尔，觉有何等异？答曰：如《论》说：粗心在缘名为觉；细心分别名为观。又问：如《毗昙》中说：觉观在一心中，今云何为二？答曰：二法虽在一心，二相不俱，谓觉时，观不明了；观时，觉不明了。譬如撞钟，钟声虽一，而粗细有异，一心中觉观亦如是。

复次，身根身识相应名为觉。意根意识相应名为观。身识是外钝，故名粗；意识是内利，故能分别明细。此虽同缘一触，而二相不俱，故为观支。

三、明喜支者，见细心分别，思量觉知十六触等，微妙珍宝，昔所未逢，是以心喜庆悦。又知所失欲乐甚少；今得初禅功德，其乐甚多。如是觉观，利我不少，深心庆悦，踊跃无量，故名喜支。

四、乐支者，行者于欢喜以后，其心恬然！受于触中之乐，乐法娱心，安稳恬愉，故名乐支。

问曰：喜乐有何异？答曰：如上觉观分别，今喜乐亦尔。粗乐名喜，细乐名乐。亦可言粗喜为喜，细喜为乐。

复次，喜乐虽俱是欢悦之相，而二相有异。喜根相应，故名喜；乐根相应，故名乐。踊跃心中，故名喜，恬静心中，故名乐。

复次，行者初缘得乐，心生欢喜，未及受乐名喜；后缘喜情既息，以乐自娱，故名乐。譬如饥人得食，初得欢喜；未及受其味，故名喜；后得食之，方受味中之乐，故名乐。又如三禅有乐而无喜，故知二根有异。

五、一心支者，经久受乐，心息虽有觉触等事，而心不缘，既无分散，定住寂静，故名一心支。此则略说初禅五支，次第而发，并据成就，立于支义。

问曰：若尔，约十六触，一触皆有五义否？答曰：实尔。故知初禅对缘，即有众多支也。虽复对触有多，终不出五支。譬如五阴，若对五根，根根说五，虽复众多，而不可说言有第六阴，五支亦尔。……

注释

① **五法：**有五种异称。其一，指五种迷法、悟法的本质，又称五事、五相等名为五法，参见《入楞伽经》卷七所说的名、相、分别、正智、真如。其二，指佛地之五法，又称作理智五法，依据《佛地经》说，五法是指清净法界与大圆镜智、平等性智、妙观察智、成所作智等四智。其三，在《俱舍论》中称五蕴为五法。其四，另指七十五法中的五位，即色法、心法、心所法、不相应法与无为法。其五，在智者大师《摩诃止观》卷四下中说二十五种方便，其中有欲、精进、念、巧慧与一心，为行之五法。因此，本文在此的五法，应该是指最后一项的欲、精进、念、巧慧与一心。

② 此经文出处参见《缨络经》卷上，《大正藏》第二十四册，页一〇一五上。

译文

四、辨明邪正的相貌，具体正如前面内方便中，检验善恶根性的相貌，明白虚与实的道理，其中应该广加分别。

（二）明示支的意义，也开列三项要目：一、解释“支”的名称。二、解释“支”的意义。三、辨明“支”的相貌。

一、解释“支”的名称。初禅有五项支持的重点：一、觉支。二、观支。三、喜支。四、乐支。五、一心支。所谓的“觉”，刚开始心中觉悟，名称为觉。所谓的“观”，是后来细心地分别，名称为观。庆悦的心，名称为喜。恬然淡泊的心，名称为乐。寂然而不散乱的情况，名称为一心。所以制定五支的名称及相貌，若是应对不好的境界，即是为了破除五欲、五盖等烦恼。若是应对好的境界，即是应对产生欲、精进、念、巧慧与一心等五法，所以在《大智度论》中说：离开五盖，修行五法，具备觉、观、喜、乐、一心等五支，进入初禅。

二、解释“支”的意义。正如《缨络经》所说：禅被称为构成修行佛法的要素、功德的汇集。在此即是根据总相与别相来说明其意义。所谓的“支”，支持罗列是它的意义。好像因为有树木根茎，就会有枝条，根茎是一个，枝条有不同的分别。禅的“支”的意义也是如此的，从专一稳定的心中出生五种支持的重点，这是在总体中的其他分别的意义。所谓“林”的意思，是有如树林因为很多树木的集合，所以得到树林的名称。禅的意义也是如此的，五支和合的时候，总体接受“禅”的名称，在此是依据分别中的总称，所以知道。若是说明“禅”，就知道有五种支持的重点，就好像听到树林的名称，必然知道有树林，以及知道有枝条支持着。

再者，有人说：有条枝的支持是其意义，就好像欲界定、未到地定之中，虽然有单独的静定心，尚未有觉、观等五支，共同相互条枝支持，于是定心浅薄容易失去。若是得到初禅，就有觉、观等法，就会定心安稳，牢固而难以破坏。

三、辨明“支”的相貌。若是数人辨别相貌，正确的要以二十二种心数去说明，辨别五种支持重点的相貌，具体有如其意义的说明。在此简明扼要地说明两点：第一，别。第二，通。一、分别解释五种支持重点的相貌，为什么被称为“觉”呢？“觉”称为“触觉”，有二种：一、成就禅觉。二、破坏禅觉。就好像有风能够形成雨，也有风能够破坏雨。如同上文所说的十六触之中，一触有十种善法功德，伴起的眷属安稳庄严的时候，就是成就禅觉。如同上文所说，一触有二十种恶法的烦恼，是破坏禅觉。

再者，所谓的觉，觉属于身根，因为身体有情识，不同于木石，所以应对触因此生出觉的感受。如同佛经所说看见、听闻、觉悟、知道的意义。见的功能属于眼睛，听闻的功能属于耳鼻，触觉的功能属于身体，知道的功能属于意念，也对应舌头，有增用的缘故。

有人问说：如同佛经中说的，六触因为有缘而生起接受，为何只有“觉触”只是属于身体呢？回答说：在此是应对通义来说的，若是通义的时候，见的功能中也说听闻，其他的意义相类比也是如此。

在此就分别的意义来论述：

一、说明“觉支”，正对应身体。在未到地定之中，发起十六种触受，触动于身根而生起身识，觉察前面触动的相貌，因此称为觉支。再者，“觉”名称为惊醒悟明，修行者得到初禅的境界，获到从来都没有的善法的各项功德的缘故，心里有很大的惊悟。从前经常被欲火所焚烧，进入初禅的时候，就好像人跳入清凉的水池。但是此项觉触生起的时候，是与在欲界中的身根中生起的觉触不同的。为什么呢？因为（觉触）与“定”等好的境界，同一时间全部发起，所以经偈说：好像贫穷的人得到宝藏，大喜的觉触动荡心志。因此，说“刚开始得到初禅的心境”“比较粗糙的心念”名称为觉。这是与数人明白义理，应该有小的差异，加以抉择分别而已。

二、解释“观支”，后来细心分别名称为观。既然分别触动发起完毕，正念现前的心，思量分别的状况，寻向触动生起的时候，与欲界中好的境界，以及未到地定中等境界有很大的差异，为什么有此差异呢？在此触动之中，拥有种种善法的珍宝，与触动同时全部发起，是欲界所没有的。

再次说明分别的情况：分别十六种触动之中，法宝的相貌也不同，知道粗糙则离开，知道善好的则修习，这种细致心念分别的状态，所以称为“观支”。因此佛经说：分别就是观照。又有人问说：像《毗昙》（论部）中说：“觉”“观”在同一心之中，现在为何分开为二呢？回答说：觉观两种法虽然在一心之中，两种相貌不会同时具备，说觉察的时候，观照并不明白清楚；观照的时候，觉察并不明白清楚。譬如撞钟的情况，钟声虽然是一体，然而粗大与细小是有差异的，在一心中的觉察与观照也是如此的。

再者，在身根与身识相应的情况名称为“觉”。意根与意识相应的情况名称为“观”。身识是外在钝暗，因此被称为粗；意识是内在快利，因此能够分别明白粗细。这些虽然共同因缘一个触受体，然而两种相貌并不同时具备，因此称为“观支”。

三、说明“喜支”的情况，看见细致心念的分别，思量有关觉知的十六种触动等，有如微妙的珍宝，从前所没有遇到的，因此内心欢喜愉悦。又知道在欲界中失去的快乐是很少的；于今得到初禅的功德，其中快乐非常多。如是的觉悟与观照，帮助我很多，内心庆祝欢悦，欢喜踊跃无可限量，因此被称为“喜支”。

四、说明“乐支”的情况，修行人在欢喜以后，其心恬淡适然！感受到触动中的快乐，快乐的境界娱乐自心，安心稳定恬淡欢愉，因此被称为“乐支”。

有人问说：“喜”与“乐”有何差异？回答说：如同上文觉与观的分别，在此喜与乐也是如此的。粗糙的快乐称为“喜”，细致的快乐称为“乐”。也可以说是粗糙的喜悦称为“喜”，细致的喜悦称为“乐”。

再者，喜与乐虽然都是欢乐愉悦的相貌，然而两种相貌是有差异的。喜的根性相应，因此称为喜；乐的根性相应，因此称为乐。踊跃的心境，因此称为喜；恬淡安静的心境，因此称为乐。

再者，修行者刚开始得到快乐，心中生起欢喜，还来不及感受快乐称为喜；后来缘触欢喜情况既然停息，以快乐自娱，因此被称为乐。譬如饥饿的人得到食物，刚开始得到欢喜，来不及感受它的味道，因此称为喜；

后来吃了它，方才感受食物味道的快乐，因此称为乐。又好像三禅有“乐”而没有“喜”，因此知道“喜”与“乐”二根是有差异的。

五、说明“一心支”的情况，经过很久感受到快乐，心里虽然感受到有觉察触动等情事，然而心不攀缘，没有分散的情况，安定稳住寂静的境界，因此被称为“一心支”。在此则略加说明初禅的五支，依照次第而发起，并依据成就，建立“支”的意义。

有人问说：若是如此，规定十六种触动，每一触都有觉、观、喜、乐、一心等五种意义吗？回答说：实际上是如此。因此知道初禅的对缘，就有很多的支义。虽然对触有很多，终究不离开五支。好像五蕴（阴），若是对照五根，每一根都说五蕴，虽然很多，然而不可以说有第六蕴，五支也是如此的。……

原典

第三，明体用，即为二意：一者，明因果。二者，明体用。

一、因果者，远而论之，行内外方便，及入未到地等为因，感得初禅为果，今就近释。但据初禅，自有因果。有人言：四支为因，后一心支为果。此即无文。今依《缨络》解禅支[①]：五支为因，第六默然心为定体，即以体为果。若通论因果，支支相因，悉得辨因果也。

二、明体用，还以默然心为定体。从默然触更动，发起五支，此则为用。何以故？从体起用，用则在后，因则据前。

问曰：因用体果，即无分别？答曰：不然。虽同据五支明因用，就默然为体果，然义意有异，所以者何？因中五支，为感默然之果，因默然之果，起五支之法。此就默然为体，五支为用。例如三十七品，道前为因，道后为用。

问曰：有时从默然体，发胜品五支，后得增胜默然，此义云何？答曰：若尔，即还应说因果。若无胜品，但是体用。

第四，明浅深者。初禅发时，五支及默然心，前后不无粗细之异，故有浅深，应须分别。所以者何？如论云：佛弟子修诸禅时，有下、中、上，名为三品。离此三品，一品为三，故有九品浅深之相。若细而论，则应有无量品。外道得定，亦有浅深，而不作品说者，以其心粗，于定中不觉故。亦以不修无漏观慧照了，则心不觉知。

就立品明浅深中，自为二意：一、约同类。二、约异类。一、同类者，如一动触发时，渐渐觉深，乃至九品。二、约异类者，如动触谢后，即发余触，虽触相不同，而觉定渐深胜于上。

复次，若约五支中明浅深者，亦有二：一、同类者，如触发五支时，即有浅深之相。二、异类者，若五支次第增长，一一支中，亦各自有浅深之相。

问曰：为当要发十六触等具足，方名初禅？为当亦发一一触，亦名初禅？答曰：初禅有二种：一、具足。二、不具足。若具发十六触，此即是具足。初禅为胜，若发一两触等，亦得名初禅，何以故？以一触具有十种定法眷属，五支成就故。但此初禅，不名具足。

第五，明进退者。证初禅时，有四种人根性不同：一者，退分。二者，住分。三者，进分。四者，达分。

一、退分者。若人得初禅时，或有因缘，或无因缘，而便退失。失有二种：一者，更修还得。二者，更修不得。所谓过去今世障法起故，末世之中，此退分多。

二、住分者。有人得初禅已，即不退失，定心安稳。住分亦有二种：一者，任运自住。二者，守护乃住。

三、进分者。有人得初禅时，即便进得胜品，乃至进得上地[②]。进有二种：一者，不加功力，任运自进。二者，勤修乃进。

四、达分者。有人得初禅时，于此定中，即发见思无漏，达到涅槃。达亦有二种：一者，任运自达。二者，修观乃达。……

注释

① 此段引文参见《缨络经》卷上，《大正藏》第二十四册，页一〇一五上。

② **上地：** 在此指比初禅更高的境界，如二禅、三禅等。

译文

第三，说明体用的关系，就有两种意义：一者，明白因果。二者，说明体用的关系。

一、因果的部分，从较远的立场来说，修行内外的方便法门，以及进入未到地定等因素，感应获得初禅为果报，在此仅就近因来解释。但是依据初禅，自然有其因果。有人说：觉、观、喜、乐等四支是因素，最后一心支为果报。在此并无解释。今依据《缨络经》解释禅支说明：五支是因素，第六默然的心境为定的本体，即是以本体为果报。若是通论因果的关系，每一支互相为因，都得到辨明因果的情况。

二、说明体用的关系，还是以默然心为定的本体，从默然的触动，发起五支的现象，这就是作用。为什么呢？从本体生起作用，作用则在后发，因素则应该在前面。

有人问说：因素作用本体果报，是没有分别的吗？回答说：不是如此的。虽然同样是依据五支说明因素的作用，就以默然为本体果报，然而意义是有差别的，为什么如此呢？因素中有五支，都是感受默然的果报，因为默然的果报，生起五支的境界。在此是就默然为本体，五支是作用。例如三十七道品，修道之前为因素，修道之后为作用。

有人问说：有时从默然的本体，发起殊胜的五支，后来得到增胜的默然，这是什么意思呢？回答说：若是如此，就要回过头来说明因果，若是没有胜品，也只是体用的关系了。

第四，说明浅深的情况。初禅发起的时候，五支与默然的心境，前后有粗细的差别，因此有浅有深，应该加以分别。为什么呢？如同佛教经论中说：佛弟子修习各种禅定的时候，有下、中、上等称为三品。分析这三品之中，任一品又有三种，因此有九品浅深的相貌。若是仔细说明，则是应该有无量品。外道得到禅定，也有深浅的情况，然而不作品第说明的原因，是心境粗糙，在定境中不能觉察的缘故。同时也因为没有修习无漏观慧观照明了，所以心里不能觉知。

根据建立品第浅深的情况，自然有两种意义：一、就同类来说。二、就异类来说。一、同类的情况，像是一种动触发起的时候，逐渐地觉察深刻，乃至于九品。二、就异类来说，像是动触停止后，就发起其他的触动，虽然触动的相貌不相同，然而觉得定境逐渐深刻胜于前相。

再者，若是依五支说明浅深的情况，也有两种：一、同类的情况，像是触动发起五支的时候，就有浅深的相貌。二、异类的情况，若是五支次第增长，在每一支之中，也各自有浅深的相貌。

有人问说：为什么必须发起十六种触动等具足之后，方才称为“初禅”？为什么当时也发起一触接着一触，也称为初禅呢？回答说：初禅有两种情况：一、具备充足的情况。二、不具备充足。若是完全发起十六种触动，这就是具备充足。初禅是很殊胜的，若是发起一两种触动等，也可以称为初禅，为什么呢？因为一种触动具备十种禅定境界的眷属，觉、观、喜、乐与一心等五支成就的原因。但是这样的初禅，不被称为具备充足。

第五，说明进退的情况。修证得到初禅的时候，有四种人的根性不相同：一者，退步的情况。二者，安住的情况。三者，进步的情况。四者，通达的情况。

一、退步的情况。若是有人得到初禅的时候，有的有因缘，有的没有因缘，然而就退失禅定。失去禅定有两种情况：一者，再修行就会复得。二者，再修行也不会复得。所谓过去生、现在生的障碍境界生起的缘故，末法时代之中，这种退步的情况比较多。

二、安住的情况。有人已经得到初禅的时候，就不会退失，禅定的心境安稳。安住的情况也有两种：一者，任其运动而自在的情况。二者，守护才安住的情况。

三、进步的情况。有人得到初禅的时候，当时就进步得到更好的品第，乃至于进步得到二禅或更高的境界。进步的情况有两种：一者，不特别施加功力，自然任其运动而自己进步的情况。二者，勤劳修持才进步的情况。

四、通达的情况。有人得到初禅的时候，在此禅定之中，当下发起见惑、思惑等断除的无漏慧，达到涅槃的境界。通达的情况也有两种：一者，任其运动而自己达到的情况。二者，修习观慧才达到的情况。……

原典

第六，明初禅功德者。如前偈说，已得离淫火，则获清凉定。此偈自可为二功德：一者，离过德。二者，善心德。此对止行二善，亦可类于智断二德。故《大集经》[①]云：初禅者，亦名为离，亦名为具。

所言离者，谓离五盖；所言具者，谓具五支。今释所以得初禅时，离贪欲盖者，欲界之乐粗浅，今得初禅之乐细妙，以胜夺轻，故能离五欲。离嗔者，欲界苦缘逼迫，故生嗔，得初禅时，无有诸逼迫，乐境在心，故无嗔。能离睡眠者，得初禅时，身心明净，定法所持，心不昏乱，触乐自娱，故不睡也。所以能离掉悔者，禅定持心，任运不动，故能离掉。由掉故有悔，无掉即无悔。离疑者，未得初禅时，疑有定无定，今亲证定，疑心即除，故得离疑。是故得初禅时，具有离过之德。得初禅时，具足善心功德者，约五支明功德善法，义如前说。复次，若得初禅，即具信、戒、舍、定、闻、慧等善心也。

注释

① 此段引文参见《大集经》卷二十二，《大正藏》第十三册，页一六一上。

译文

第六，说明初禅的功德。如同前文的偈语所说，已经离开了淫欲的燥火，则获得了清凉的禅定。这段偈语本身可以是两种功德：一者，离开过失的功德。二者，修习善心的功德。这是应对“安止”与“修行”两种善法，也可以类似于“智慧”与“断除”两种功德。因此在《大集经》中说：初禅的情况，也称为“离”（离开欲界烦恼），也称为“具”（具足初禅的功德）。

所谓“离”的情况，是指离开五盖的烦恼；所谓“具”的情况，是指具备初禅的五支。在此解释所以得到初禅的时候，离开贪欲盖的烦恼，欲界的快乐粗浅，于今修得初禅的快乐细致妙好，以殊胜夺过轻浅，因此能够离开五欲。离开嗔恚的情况，欲界的痛苦因缘逼迫，所以生出嗔恚，得到初禅的时候，没有各种逼迫，快乐的境界在心中，因此没有嗔恨。能够离开睡眠的烦恼，得到初禅的时候，身心明了清净，禅定的境界护持，心中不会昏乱，触动的快乐自娱，因此不会昏睡。所以能够离开掉悔的烦恼，禅定支持自心，任运而不动摇，因此能够离开掉悔。由“掉”因此有“悔”，没有“掉”就没有“悔”。离开怀疑的烦恼，没有得到初禅的时候，怀疑有没有定境，如今亲自证得禅定，怀疑心就消除，因此离开怀疑。因此得到初禅的时候，具有离开过失的功德。得到初禅的时候，具备完足善心功德，以五支说明功德善法，意义如同前文所说。再者，若是得到初禅，就具备信、戒、舍、定、闻、慧等善心。

原典

次明第二禅者。如偈说[①]：知二法乱心，虽善而应离。如大水澄静，波荡亦无见。譬如人大极，安稳睡眠时，若有唤呼声，其心大恼乱。摄心入禅时，以觉观为恼。是故除觉观，得入一识处。内心清净故，定生得喜乐。得入此二禅，喜勇心大悦。佛以此偈中，广明中间禅[②]二禅相。今明二禅有三义：一者，释名。二者，明修行。三者，明证相。

第一，释名者。次初禅后，故说二禅，既离觉观，于第二心，得胜支功德，故名二禅。亦名无觉无观三昧。所以者何？得中间禅断觉，二禅内净发故，断观。亦名圣默然定。以觉观语言灭故，故名默然。若得无漏正慧，入此定故，即名圣默然。《地持论》中，说名喜俱禅。此定生时，与喜俱发故。

第二，修习。即为二：一者，明修习方法。二者，明证中间禅。今明修二禅者，若凡夫人，亦当先修六行[③]，佛弟子多修八圣种[④]，圣种义如前说。

六行者，谓于初禅第六默然心中，厌离觉观，观初禅为下苦，知二法动乱，逼恼定心，故为苦。从觉观生喜乐定等，故为粗。此觉观法，障二禅内净，故名障。攀上胜者，二禅内净安稳，胜初禅觉观动乱之定。妙者，喜定因内净而发，是为微妙。出者，若得二禅，即心得出离觉观等障。

复次，行者既知初禅之过，障于二禅，今欲远离，当依三种方便：一、不受不着故得离。二、诃责故得离。三、观析故得离。譬如世人共事后，见其过失，心欲令去，亦用三法：一者，上人利智，不与颜色，前人自去。二者，若不去，应须数责，彼即自去。三者，若不去，当与杖加之，自便去也。若得此三意，可以离初禅觉观之过。

第三，明中间禅发相。行者既能深心，诃责初禅觉观，觉观既灭，五支及默然悉谢，以离初禅。二禅未生，于其中间，亦有定法，亦得名禅。但不牢固，无支等扶助之法，所以其心蔑蔑屑屑然。诸师多说为转寂心，转初禅默然也。《释论》说名观相应。此定以六行观为体，住此定中。若离六行观者，则多生忧悔，忧悔心生，则永不发二禅，乃至转寂亦失。或时还更发初禅，或时合初禅亦失。因是无法自居，到此定时，为山之功，而少一篑，当善自慎。经中说为无觉有观三昧。初禅及默然已谢，但住观相应心中，修二禅故。

注释

①此段引文参见《大智度论》卷十七，《大正藏》

第二十五册，页一八五下。

② **中间禅：**梵语 Dhyānāntara，又译作中间静虑、中静虑、中间定、中定、中间三昧与静虑中间等。是指初禅与二禅之间的禅定。主要是初禅为“有寻有伺定”，二禅以上的七种禅定为“无寻无伺定”，中间只有“无寻唯伺定”，其境界胜初禅而不及二禅，故称为中间禅。若修此禅定能够得到大梵天（初禅天之王）的胜果。因此，在四禅之中，摄于初禅。

③ **六行：**在此指修行者以有漏的智慧次第断除烦恼的时候，所修厌弃下地欣慕上地的观法，故又称为六行观。主要是厌离下地的苦、粗、障，欣慕上地的胜、妙、出，依据此六法修行，是为六行观。分别是：1. 厌粗观：厌离欲界五尘的众恶烦恼；2. 厌苦观：厌离欲界报身种种病苦；3. 厌障观：厌离烦恼障覆真性；4. 欣胜观：欣喜初禅上胜禅定的快乐；5. 欣妙观：欣喜初禅心定不动的妙乐；6. 欣出观：欣喜初禅时心得出离，获得五通之身而自在。

④ **八圣种：**指本书卷六说明识处定的“八圣种观”，分别是四项事观——如病、如痈、如疮、如刺；四项理观——无常、苦、空、无我。下文有详细的解释，请参阅。

译文

接着说明“第二禅”的部分。如同偈语所说：知两种境界动乱心志，虽然是好的而应该离开。像是大水澄定安静，波浪的摇荡也看不见。譬如有人太过疲劳，安稳睡眠的时候，若是有呼唤的声音，他的心就会烦恼散乱。摄持心念进入禅定的时候，就以“觉”与“观”为烦恼。所以除去“觉”与“观”，可以进入稳定的意识状态。由于内心的清净，从禅定中生起与得到喜乐的境界。得到进入这二禅的境界，喜悦的心涌动而有很大的悦乐。佛以这段偈语，广泛地说明初禅与二禅间的中间禅与二禅的相貌。在此说明二禅有三种意义：一、解释二禅的名称。二、明示修习的路径。三、明示证入二禅的相貌。

第一，解释二禅的名称。在初禅之后，因此说明二禅，离开“觉”与“观”，在第二个心境中，得到殊胜的支持功德，因此称为二禅。也称为“无觉无观三昧”。为什么呢？得到中间禅时断除觉察，二禅是内心清净发起的缘故，断除观照。也称为“圣默然定”。“觉”与“观”的语言停灭的原因，所以称为“默然”。若是得到无漏的正确的智慧，进入这项禅定的缘故，就叫作“圣默然”。在《地持论》中，它的说法称为“喜俱禅”。这项禅定生起的时候，是与欢喜一同发起的缘故。

第二，明示修习的路径。在此有两项：一者，说明修习的方法。二者，说明证得中间禅的部分。在此说明修习二禅的人，若是一般凡夫，也应该先修习厌粗观、厌苦观、厌障观、欣胜观、欣妙观与欣出观等六行，佛弟子多是修行八圣种观，圣种的意义如前文所说。

六行的意义是指在初禅五支之后的第六项默然心的境界中，厌离“觉”与“观”的作用，观照初禅是下地的苦障，知道“觉”与“观”两种境界的动乱，逼迫损恼禅定的心境，因此是苦障。从“觉”与“观”生出喜、乐与定等境，因此为粗糙。这项“觉”与“观”的方法与境界，障碍二禅内心的清净，因此称为障碍。攀缘上地殊胜的时候，二禅的内心清净安稳，胜过初禅的“觉”与“观”之动乱的禅定。微妙的情况是：欢喜的禅定因为内心清净而发起，就是微妙的境界。出离的情况是：若是得到二禅，当下心境得到出离觉、观等障碍。

再者，修行者既然知道初禅的过错，障碍于二禅，此时希望能够远离，应当依据三种方便法门：一、不接受、不执着因此得以离开。二、呵斥责难因此得以离开。三、观照分析因此得以离开。譬如世俗人共事以后，看见他（对方）的过失，内心希望他离开，也用三种方法：一者，上等明利有智慧的人，不给他难看的眼色，那人会自动走开。二者，若是对方不离开，应该必须数次责备，他就会自己离开。三者，若是再不离开，就应该用棍杖打他，他就会离开了。若是得到这三种要领，可以离开初禅觉与观的过错。

第三，说明中间禅发起的相貌。修行者既然能够深心，呵斥责备初禅的觉与观，觉、观既已消失，初禅的五支与第六项的默然心都消失了，以此离开初禅。二禅尚未生起的时候，在此中间，也有禅定的境界，也得到禅的名称。但是并不牢固，没有“支”（支持，如初禅五支）等扶助的境界，所以中间禅的心境疲劳无神而有细碎烦琐的样子。历来学禅的老师多半说是转变寂静的“转寂心”，是指转变初禅的默然心。在《大智度论》中说名称为“观相应”。这项禅定以六行观为本体，安住在此禅定之中。若是离开六行观的时候，则是多半生起忧虑后悔，忧虑后悔的心境生起的时候，则是永远不发起二禅，乃至于“转寂心”也会消失。有的时候回过头来再度发起初禅，有的时候就连初禅也会失去。就因为是没有办法自己安住，进入这项中间禅的时候，好像堆土成山一般，就缺少了一箩筐的土而功亏一篑，应当好好自己谨慎。有佛经中说是“无觉有观三昧”。初禅与默然心都已经消失，但是安住“观相应”的心中，开始修习二禅缘故。

原典

第三，明二禅发相。亦开为六意：一、明禅发。二、明支义。三、明因果体用。四、明深浅。五、明进退。六、明功德。

第一，明二禅发相者：行者于中间禅，心不忧悔，一心加功，专精不止。于后其心澹然澄静，无有分散，名未到地。故《论》偈云：得入一识处，即是二禅方便定发。

问曰：如《论》中唯说初禅前有未到地，今二禅前，何故复说有未到地？答曰：论总明故说一。

若《舍利弗毗昙》，说有四未到地、四中间禅。今用此义，故更说有未到地及中间也。经久不失不退，专心不止，于后其心豁然，明净皎洁，定心与喜俱发。亦如人从暗室中出，见外日月光明，其心豁然，明亮内净，十种功德眷属俱发之义，具如初禅发相。但以从内净定，俱发为异耳。

复次，二禅喜乐等发，不从外来，一心澄净，大喜美妙，清净胜初禅。故《论》[①]云：内心清净故，定生得喜乐，得入此二禅，喜勇心大悦！云何名为内净？远而言之，对外尘故说内净。近而言之，对内垢故说内净。所以者何？如初禅中，得触乐时，身即明净，兼令心净。触是身识相应，故名外净。今待初禅外净，故说二禅心识相应为内净。亦令身净，净身故名外净。内净是心净，净从心出，令身亦净，故名内净。今言待内垢故说内净者，初禅之中，心为觉观所动故，名为内垢。今得二禅，内心无有觉观之垢，故名为内净。

言定生得喜乐者。上于初禅说离生，今此说定生，义意云何？正言初禅离欲界，生色界定法故。二禅既无此义，但说定生。问曰：若尔，虚空定亦应说离生耶？答曰：不然。前已受名，故不应重说。又且虚空离色界，但发定之时，而无支林等法生，故不说离生。

问曰：初禅亦有喜乐，与此何异？答曰：彼从觉观生喜乐，与身识相应，此中喜乐，从内心生，还与意识相应，以此为异。

第二，明支义者。二禅有四支：一、内净。二、喜。三、乐。四、一心。今明支义，例有通别，支持、支离之义，类如前说。

一、所言内净支者，既离觉观，依内净心发定，皎洁分明，无有垢秽，故名内净支。二、喜支者，定与喜俱发，行者深心自庆，于内心生喜定等，十种功德善法故，悦豫无量，故名喜支。三、乐支者，行者受于喜中之乐，恬澹悦怡，绵绵美快，故名乐支。四、一心支者，受乐心息，既不缘定内喜乐，复不缘外念思想，一心不动，故名一心支。

问曰：《缨络经》何得于一心前立猗支[②]耶？答曰：犹是内净，于喜乐后，立异名说，所以者何？猗名为纵，纵名为任，既内无垢累，猗任自在，不虑声刺及觉观所牵，故言猗。

问曰：《大集经》中，何故但立三支无内净耶？答曰：彼经以存略不说，二禅名为喜俱定。既离觉观说喜，必知有内净定，通别立支之意，类前可知。

第三，明体用因果者。如《缨络经》[③]说，二禅四支为因，第五默然心为定体，翻覆明因果，体用之义，不异初禅。

第四，明深浅者。例如初禅，从“初品”乃至“次第发胜品”，此为深浅之相可见，今不别明。

第五，明进退之义，例如初禅。

第六，明功德中，即还为二意：一者，离过德。二者，善心德。故《大集经》[④]云：二禅者，亦名为离，亦名为具。所言离者，离五盖。所言具者，谓具四支。若言离过者，离觉观过。具者，从内净喜心，具足生信、敬、惭愧等及六善法也。

注释

①此段引文参见《大智度论》卷十七，《大正藏》

第二十五册，页一八六中。

② **猗支**：又作猗觉支、轻安觉支，是七觉支（梵语 Saptabodhyaṅgāni）之一，主要是指身心轻快安稳的境界。

③ 此段引文参见《缨络经》卷上，《大正藏》第二十四册，页一〇一五上。

④ 此段引文参见《大集经》卷二十二，《大正藏》第十三册，页一六一上。

译文

第三，说明二禅发起的相貌。也开列成六项意义：一、说明二禅发起的情况。二、说明二禅四支的意义。三、说明二禅的因果体用。四、说明二禅的深浅情况。五、说明二禅的进退情况。六、说明二禅的功德。

第一，说明二禅发起的相貌：修行者在中间禅的时候，心里不忧虑也不后悔，专一心志用功修持，专注精进而不停止。在此之后他的心境淡然恬淡澄明安静，没有分心散乱的情况，称为二禅前的未到地定。因此佛教经论的偈语说：得到进入一项八识中的一识的地方，就是二禅的方便定的发起。

有人问说：就像经论中只说初禅之前有未到地定，在此二禅之前，为什么再说有未到地定呢？回答说：经论总体说明因此说一项未到地定。

若是在《舍利弗毗昙》的论典中，说有四种未到地定、四种中间禅。在此用此项意义，因此才说有（二禅前）未到地定及中间禅等。经过很久修持不失去不退步，专注心志而不停止，在此之后修行者的心豁然开朗，明亮清净皎洁，禅定的心境与欢喜同时发起。也好像有人从黑暗的房间之中走出来，看见外面日月的光明，他的心豁然开朗，明亮内心清净，十种功德眷属全部发起的意义，全部具体得有如初禅发起的相貌。但是因为从内心清净发定，同时全部发起是不同的。

再者，二禅的欢喜快乐等发起，并不从外面而来，一心澄明清净，心中大喜庆乐美妙，清净的程度胜过初禅。所以，在《大智度论》中说：内心清净的缘故，在禅定中生起得到欢喜与快乐，得以进入二禅，喜悦的心涌泉般生起而大悦！为什么称为“内净”呢？从比较远的地方来说，对比外在的尘境因此说内心清净。从近的地方来说，对比内心的烦恼污垢所以说内心清净。为什么呢？如同在初禅之中，得到触动快乐的时候，身体即是光明清净，同时也让心灵清净。触动是身识相应，因此称为外在清净的“外净”。在此等到初禅外在清净，因此说明二禅是心识相应为内心清净。同时也让身体清净，净化身体所以称为外在清净。内在清净是心灵清净，清净是从心中生出，让身体也清净，因此称为内心清净。在此说明对比内心尘垢所以说内心清净的情况，初禅的境界中，心境被“觉”与“观”所摇动的缘故，称为内心尘垢的“内垢”。于今得到二禅，内心没有因为“觉”与“观”摇动的尘垢，所以称为内心清净的“内净”。

说明从禅定中生起得到欢喜快乐的情况。在上文中说明初禅离开欲界所生，在此说禅定所生，有什么意义呢？正式地说明初禅离开欲界，生起色界的禅定境界的缘故。二禅既没有此项意义，只是说禅定生起。有人问说：若是如此，虚空等禅定也应该说是离开欲界所生吗？回答说：不是如此的。前面已经接受此项名称，因此不应该重复地说明。又因为虚空离开色界，在发起禅定的时候，也没有支林等境界生起，因此不说是离欲界所生的“离生”。

有人问说：初禅也有喜乐，与二禅有什么差别呢？回答说：初禅是从“觉”与“观”中生起喜乐，与身识是相应的，二禅中的喜乐，从内心生起，同时也与意识相应，以此为差别。

第二，说明二禅的支林的意义。二禅有四项禅支：一、内心清净。二、欢喜。三、快乐。四、专注一心。在此说明禅支的意义，案例有通说与别说，也有支持、支离的意义，类似前文所说。

一、所谓内心清净的禅支，既然离开“觉”与“观”，依据内在清净心发起禅定，皎洁而分明，没有尘垢污秽，因此称为内心清净的禅支。二、欢喜的禅支，禅定与欢喜同时发起，修行者内心高兴，在内心生起欢喜禅定等境界，具有十种功德善法的缘故，有无量的心悦适豫，因此称为欢喜的禅支。三、快乐的禅支，修行人感受到欢喜中的快乐，恬然愉悦而怡人，绵绵不绝的美好快乐，因此称为快乐的禅支。四、专注一心的禅支，感受到快乐的心境止息，既不攀缘禅定中的喜乐，也不攀缘外在念头的思想，专注一心而不动摇，因此称为专注一心的禅支。

有人问说：在《缨络经》中为什么在“一心支”前面立有轻安觉支的猗支呢？回答说：也是内心清净，在喜乐之后，建立不同的说法，为什么如此呢？“猗”名称为纵放，纵放名称为任心，既然内心没有尘垢的负担，轻安任心自在，也不用担心受到声音的刺激与觉观的牵动，因此说偏猗的轻安。

有人问说：在《大集经》中，为什么只是立有三项禅支而没有“内净”这项禅支呢？回答说：这部经典保留简略不加以说明，二禅称为“喜俱定”（欢喜与禅定的结合）。既然离开觉观说明欢喜，必然知道有内心清净的禅定，通说别列建立禅支的意义，类似前文可以知道。

第三，说明本体作用的因果。如同《缨络经》中所说，二禅的四项禅支是因素，第五项默然心为禅定的本体，回过头来说明因果，本体作用的意义，与初禅相同。

第四，说明二禅的深浅情况。例如初禅一般，从“初品”乃至于“次第发胜品”，在此是深浅的相貌可以看见，在此不特别说明。

第五，说明二禅进步或退步的情况，与初禅同例。

第六，说明二禅的功德。其中有二种意义：一者，离开过失的功德。二者，善心的功德。因此，在《大集经》中说：二禅的境界，也称为“离”，也称为“具”。所谓的“离”，是指离开五盖烦恼。所谓的“具”，是指具备四项禅支。若是说明离开过失的情况，是指离开觉、观的过失。具备的情况，是指从内心清净的欢喜心，具足生起信心、恭敬心、惭愧心等具备六种善法。

原典

次明第三禅相，禅义如偈[①]说：

摄心第一定，寂然无所见；患苦欲弃之，亦如舍觉观。

由爱故有苦，失喜则生忧；离苦乐身安，舍念及方便。

此偈中，具明三禅修证之相。今释三禅义，亦开为三：一、释名。二、明修习。三、明得证。

第一，释三禅名者。行者于第三心中，得五种支林功德，定中之善法，故名三禅也。若依《地持论》②，名为乐俱禅，此定功德眷属，与遍身乐俱发。故犹是无觉无观三昧，圣默然定之所摄。但名通于前，二禅中已受名，今不重释。

第二，释修习三禅方法。如前一行半偈说：摄心第一定，寂然无所见，患苦欲弃之，亦如舍觉观。由爱故有苦，失喜则生忧。此偈广说诃二禅喜相。今行者观二禅为过失，欲得三禅时，是中应具足明六行方法。今但略出二禅过罪相，六行之义。此二禅定，虽从内净而发，但大喜勇动，定不牢固，类如前说。但诳心念着安稳处，如人知妇是罗刹女，则弃之，不生恋着，一心专念三禅功德，尔时即舍大喜及与默然。当如上用三法遣之：一、不受。二、诃责。三、观心。穷检既不受喜，喜及默然则自谢。三禅未生，中间有定，亦如是说。但浅深有异，行者是时慎勿忧悔，过同前说。

第三，明三禅发相。亦类前为六意：一、正明三禅发相。二、明支义。三、明因果。四、明浅深。五、明进退。六、明功德。第一，明三禅发相者，加功不止，一心修习，其心湛然安静。尔时乐定未发，而不加功力，心自澄静，即是三禅未到地。于后其心泯然入定，不依内外，与乐俱发。当乐发时，亦有功德眷属，具如前辨。但无动勇之喜为异，而绵绵之乐，从内心而发，心乐美妙，不可为喻。乐定初生，既未即遍身，中间多有三过：一者，乐定既浅，其心沉没，少有智慧用。二者，乐定微少，心智勇发，故不安稳。三者，乐定之心与慧力等，绵绵美妙，多生贪着，其心迷醉。故经言是乐圣人得舍，余人舍为难。三禅欲发，有此三过，则乐定不得增长遍身，行者当善调适。云何调适？当用三法：一者，心若沉没，当用念、精进、慧等法策起。二者，若心勇发，当念三昧定法摄之。三者，心若迷醉，当念后乐及诸胜妙法门，以自醒悟，令心不着。行者若能善修三法，调适乐定，当知乐法，必定增长，遍满身分。是故经言：三禅受遍身乐。

问曰：若乐充满遍身，身具五根，五根之中，悉有乐否？答：乐遍身时，身诸毛孔，悉皆欣悦。尔时五情，虽无外尘发识，而乐法内出，充满诸根，五根之中，皆悉悦乐。但无外尘对，则不发五识，情依于身，身乐既满，情得通悦。乐与意识，相应以识内满故，则遍身而受。所以佛说三禅之乐，遍身而受。

复次，初禅乐从外而发，外识相应，意识不相应，内乐不满。二禅之乐，虽从内发，然从喜而生，喜根相应，乐根不相应。乐依于喜，喜尚不遍，况于乐耶？今三禅之乐，从内发，以乐为主。内无喜动，念慧因缘，令乐增长，遍身内外充满恬愉快乐，世间第一乐中之上。故佛说行慈果报，遍净地中。

问曰：佛说三禅，有二时乐：一、受乐。二、快乐。约何义说耶？答曰：实尔。快乐乐者，乐定初发，未遍身也。受乐乐者，乐既增长，遍身受，譬如石中之泉，从内涌出，盈流于外，遍满沟渠，三禅之乐，亦复如是。

注释

① 此段偈语参见《大智度论》卷十七，《大正藏》第二十五册，页一八五上。

② 参见《菩萨地持经》卷六，《大正藏》第三十册，页九二二上。

译文

接着说明第三禅的相貌，三禅的意义如同（《大智度论》）偈语所说：

摄持心念是第一禅定，寂静安然对外境不执着；
遭遇痛苦希望抛弃它，也如同舍弃觉察与观照。

由于爱欲因此有苦恼，失去欢喜就会生起忧虑；
离开痛苦快乐身安住，舍去念头执着与方便法。

在这项偈语中，具体地说明三禅修证的相貌。在此解释三禅的意义，也开列为三项：一者，解释名词。二者，说明修习的方法。三者，说明得到证入的情况。

第一，解释三禅的名称。修行者在第三种境界的心中，得到五种支林的功德，以及禅定中的好境界，因此称为三禅。若是依据《地持论》的说法，称为“乐俱禅”（快乐与禅定的结合），这项禅定的功德眷属伴侣，与遍及全身的快乐一起发起。因此，犹然是“无觉无观三昧”，由圣默然的禅定所摄持。但是名称相通于前文，二禅已经接受这项名称，在此不再重复解释。

第二，解释修习三禅的方法。如同前文偈语所说的：摄持心念是第一禅定，寂静安然对外境不执着；遭遇痛苦希望抛弃它，也如同舍弃觉察与观照。由于爱欲因此有苦恼，失去欢喜就会生起忧虑。这项偈语广泛地说明诃弃二禅的欢喜相貌。如今修行者观察二禅是过失的境界，希望得到三禅的时候，其中应该具足六行观的方法。在此只是简略地说明二禅过失的相貌，以及六行观的意义。在此二禅的境界中，虽然是从内心清净而发起，但是很大的欢喜如涌泉般涌出，禅定的境界并不牢固，类似前文的说法。只有虚诳心念执着安稳的地方，如同有人知道妇人是罗刹女，就会抛弃她，不会生起爱恋执着，专一心念三禅的功德，那时候就会舍弃大喜悦以及默然。应当如同上文所用的三种方法排遣这种情况：一、不接受。二、呵斥责备。三、观照自心。穷尽检查既不接受欢喜，欢喜与默然则会自己消失。在三禅尚未生起的时候，有中间禅的禅定，也是如同前文所说。只是深浅的境界有差别，修行者这个时候要谨慎不要忧虑后悔，过失如同前文所说。

第三，说明三禅发起的相貌。也类似前文有六项意义：一、正式说明三禅发起的相貌。二、说明禅支的意义。三、说明因果。四、说明浅深。五、说明进退。六、说明功德。第一，说明三禅发起相貌的情况，修行人加行用功不停止，专一心志修习，他的心湛然清明安静。那个时候快乐的禅定境界尚未发起，而且不加以用功修持，心境自然澄明安静，就是三禅之前的未到地定。在此之后修行者的心境泯然一体而进入禅定，不依靠内外因缘，与快乐一起发起。正当快乐发起的时候，也有功德的亲属伴随，具体的情况如同前文辨明。但是没有涌动的欢喜是不同的地方，然而绵绵密密的快乐，从内心而发起，心中快乐的感受、美妙的感觉，是无法比喻的。快乐的禅定刚开始生起，既未能即时遍布全身，在此中间多有三种过失：一者，快乐的禅定力既然浅薄，修行者的心境就会沉没不起，很少有智慧的作用。二者，快乐的禅定力微弱短少，然而心智像涌泉般发出，因此不能安稳。三者，快乐的禅定的心境与慧力均等，绵密不绝的美妙，多半生起贪恋执着，修行者的心境沉迷陶醉。所以佛经中说这样的快乐，圣人必得舍离，其他一般人舍弃是困难的。三禅将要发起的时候，有以上三项过失，于是三禅的乐定不能够增长遍及全身，修行者应当善加调适。什么叫作“调适”呢？应该用三种方法：一者，心境若是低沉没落，应该用正念、精进、智慧观照等方法策励发起。二者，若是心境如涌泉般发起，应该念三昧的禅定方法摄持它。三者，心境若是沉迷陶醉，应当念及以后的禅悦与各种殊胜微妙的法门，让自己警醒觉悟，使心中不执着。修行者如果能够好好地修持以上三种方法，调御适当三禅的乐定，就会知道快乐的境界，必然会有所增长，遍满全身。因此佛经中说：三禅的境界是感受到遍身的快乐。

有人问说：若是快乐充满遍及全身，身体具备了五根（眼、耳、鼻、舌、身），在五根当中，是不是都有快乐呢？回答说：快乐遍满全身的时候，身体上的毛孔，全部都欢欣愉悦。那时候由身体的五根所生起的五种情识，虽然没有外在尘境发动五识，然而快乐的境界在内心涌出，充满在五根之中，所以五根里都非常地愉悦快乐。只是没有外尘相对，就不会发起五识，情识依靠身体，身体的快乐既然满足，情识得以通达怡悦。快乐与意识，相应的时候是情识在内心充满的缘故，所以遍及全身而感受。因此佛陀说三禅的快乐，遍满全身而感受。

再者，初禅的快乐从外在而发起，与外识是相应的，与意识是不相应的，内心的快乐并不充满。二禅的快乐，虽然从内心发起，然而是从欢喜而生起，欢喜与根性相应，然而快乐与根性并不相应。快乐是依附在欢喜上的，欢喜尚不能遍身，何况是快乐呢？如今三禅的快乐，从内心发起，以快乐为主。内心并无欢喜的发动，由念正念与智慧的因缘，让快乐增长，遍及全身的内外都充满了恬然愉悦的快乐，是世间第一快乐中的最上。因此，佛陀说修行慈悲的果报，遍布清净的禅定之中。

有人问说：佛陀说三禅，有两种快乐的情况：一、感受的快乐。二、快感的快乐。以何种意义来说明呢？回答说：实际上是如此的。所谓快感的快乐，由于快乐的禅定刚开始发起，未能遍满全身。所谓感受的快乐，快乐既已增长，遍身感受到，例如石头中的泉水，从里涌出来，充满流落在外面，遍布整个水沟河道，三禅的快乐，也是如此的。

原典

第二，明支义。开为二意：一、明支义。二、明前后不同。

今明支者，三禅有五支，其五云何？一、舍。二、念。三、智。四、乐。五、一心。一、舍支者，得三禅乐定生时，舍喜心不悔，亦得言舍离三过。二、念支者，既得三禅之乐，念用三法守护，令乐增长。三、智支者，善巧三法，离三过。四、乐支者，快乐、乐遍身受。五、一心支者，受乐心息，一心寂定，相貌并如二禅发相中说。就此支中，约义自有四意：

一者，三为方便支，二为证支。用念慧智三支，调适乐定，令速得增长遍身，故说为方便支；受身乐，一心二支为证。此二一时发，是三禅之正主也。

二者，四是自地立支，一望下地立。慧念乐一心，约自地立。舍支约舍下地喜，不悔立也。

三者，五支通得说作方便支。三如上说，下二何故亦得名方便耶？正言修乐增长，能感后乐故，一心亦尔。复望第六默然定体，五支例得名，因例得名方便。

四者，五支通得说为证支。所证乐定时，自然生舍爱念乐定。如母护子不由人劝，等智自发筹量调适，五支俱皆属证。

问曰：若尔，前说并是方便，后说是证得，此意岂不硕相违反耶？答曰：并有其义，细寻自见。

第二，明支前后不同者，诸经及论，各异立次第。如《成实论》明五支次第者：舍、念、智、受乐、一心。《阿毗昙》明次第：慧、念、乐、舍、一心。《大集》所出次第者：念、舍、慧、安、定。《缨络经》中明次第：乐、护、念、智、一心。《释论》明次第，文则不定，或与《成论》同，或与《缨络》同。

问曰：何独此明支次第不定，余禅不然耶？答曰：初禅等，唯有一乐故。今三禅有二种乐，故由此二乐，前后异故，中间回互不定，是故诸经次第，各立不同，而悉有意，必须得所以。

第三，明体用，如《缨络经》[①]云：五支为因，第六默然心为体。

第四，明浅深。第五，明进退。并如前释。

第六，明功德者，具有离过善心二德。如《大集经》[②]说：所言离者，谓离五盖；具者，谓具五支。据别则但三禅，独有离喜过之德，余义类上可知。

注释

① 此段引文参见《缨络经》卷上，《大正藏》第二十四册，页一〇一五上。

② 此段引文参见《大集经》卷二十二，《大正藏》第十三册，页一六一上。

译文

第二，说明三禅禅支的意义。开示有两种大意：一、说明禅支的意义。二、说明前后修习的不同。

在此说明禅支的情况，三禅有五项禅支，有哪五项呢？一、舍离支。二、正念支。三、智慧支。四、快乐支。五、一心支。一、舍离支的情况，是得到三禅快乐禅定生起的时候，舍离欢喜心而不后悔，也可以说舍离了三种过失。二、正念支的情况，既已得到三禅的大乐，心念使用三种方法守护，让快乐增长。三、智慧支的情况，善巧地运用上文所说的三种方法，离开三种过失。四、快乐支的情况，快感的快乐与彻底的大乐遍满全身而感受。五、一心专注支的情况，感受快乐的心止息，专注一心寂静安定，这时相貌状态也如同二禅发起时的状态。就此一心支之中，本身有四项意义：

一者，前面三项是方便支，后面两项为证入支。使用舍离、正念、智慧三支，调整适切快乐的三禅，使它快速地增长遍布全身，因此说是方便的禅支；遍身感受到的快乐，以及专注一心的禅支是证得三禅的本体。快乐的禅支与专注一心的禅支是同时发起的，也是三禅正式的主人。

二者，后面四项禅支是本身的境界建立禅支的意义，包括了正念、智慧、快乐与一心的禅支，都是以自身的境界安立支名。舍离支是以舍离二禅等下地的欢喜，所以成立的。

三者，三禅的五支通达地说都是方便支。前面三项的情况如同前文所说，后面两种禅支是为何原因也被称为方便的禅支呢？正式地说明修行的快乐增加长进，能够感受引发后面的快乐的缘故，一心的禅支也是如此的。再看看第六项默然禅定的本体，五禅支因为例证得到如此的名称，因为例证得到方便的名称。

四者，五禅支通达地说都是证得的禅支。三禅所证快乐禅定的时候，自然会生起舍离爱欲而正念现前快乐的禅定，如同母亲护念孩子一般自然而不用别人劝导，平等的智慧自然发起而运筹思量自我调适，五禅支全部都是属于证得果报的禅支。

有人问说：若是如此，前面的说法都是方便说，后面的说法是究竟证得说，这样的意义岂不是有很大的互相违反吗？回答说：其实同时有两种意义，仔细地思考自然会了解。

第二，说明五支前后不同的情况，各种佛教经论中，或存在次第顺序的不同。像是《成实论》说明五支的次第顺序是：舍离、正念、智慧、受乐、一心。在《阿毗昙》中说明的次第是：智慧、正念、快乐、舍离、一心。在《大集经》中所出现的次第是：正念、舍离、智慧、安住、禅定。在《缨络经》中说明的次第是：快乐、守护、正念、智慧、一心。在《大智度论》中说明的次第，说法就不一定，有的与《成实论》相同，有的与《缨络经》相同。

有人问说：为什么只有三禅的五支次第在各经论中说法不一定，其他初、二、四等禅就不会如此呢？回答说：初、二、四禅等，只有一支是快乐禅支的缘故。如今三禅的五支中有两种快乐的禅支，正因为有这两种乐支，前后的次第不同，在此中间循回不定，因此在经论中的次第，各个建立的次序不相同，而且都有它的意义，因此必须说明其原因。

第三，说明三禅体用的关系，像是《缨络经》中说：三禅的五支是“因”，第六项默然心是“体”（果）。

第四，说明三禅的浅深。第五，说明三禅的进退。都如前文的解释。

第六，说明三禅的功德，具备有“离开过失”与“善妙心境”两种功德。如同《大集经》中说：所谓的“离”，是指离开五盖的烦恼；所谓的“具”，是指具备三禅的五支。依据分别则是只有三禅，单独拥有离开欢喜的过失的功德，其他的意义类似前文的说法可以知道。

原典

次释第四禅相，如经偈[①]说：

圣人得能舍，余人舍为难；若能知乐患，见不动大安。
忧喜先已除，苦乐今亦断；舍念清净心，入第四禅中。
第三禅中乐，无常动故弃；欲界中断忧，初二禅除苦。
是故佛世尊，第四禅中说；先已断忧苦，今则除苦乐。

今此四行偈，具明修证四禅之相。今释第四禅，开为三意：一、释名。二、明修习方法。三、明发相。

第一，释四禅名者，禅名支林。四禅揽四支成定，于第四心中证得，故名四禅。犹是无觉无观三昧[②]圣默然摄，亦名不动定。《地持经》[③]说：名舍俱禅[④]。此定发时，体无苦乐，与微妙舍受俱发。此定与舍根相应，故名舍俱禅。

第二，明修习方法者，如上一行偈说，是乐圣人得能舍，余人舍为难。若能知乐患，见不动大安。佛此偈具明修四禅方便。所以者何？行者欲得四禅，当应深见三禅过患。云何见过？初欲得乐，一心勤求，大为辛苦。既得守护爱着，是亦为苦，一旦失坏，则复受苦。

是故经说：第三禅中乐，无常动故苦。

又此乐法覆念，令不清净。行者既深见三禅乐有大苦之患，应一心厌离，求四禅种不动定。尔时于三禅边地，当修六行方法，例如前说。亦应用于三法除遣：一、不着。二、诃责。三、观析。行此三法，即三禅谢灭，而四禅未到中间，必有定前发，与观相应等，相貌并如上说。不同忧喜，过如前说。

第三，释四禅发相，此如上三行偈，说证例前，开为六意：一、正明证四禅。二、明支义。三、明体用。四、明浅深。五、明进退。六、明功德。

第一，明四禅发相。行者因中间禅，修行不止，得入未到地。心无动散，即四禅方便定。于后其心豁然开发，定心安稳，出入息断。定发之时，与舍俱生，无苦无乐，空明寂静。善法眷属，类如前说。但无事用喜乐动转之异，尔时心如明镜不动，亦如净水无波，绝诸乱想，正念坚固，犹如虚空，是名世间真实禅定，无诸垢染。行者住是定中，心不依善，亦不附恶，无所依倚，无形无质，亦无若干种种色相，而内成就净色之法。何以得知？若无净色根本，则不应于定中，对因缘时，发种种色，如通四无量心、胜处、一切处、变化等色，并依四禅。若以不见诸色，谓言无色者，应如虚空处定三种色灭，一切色法悉不得现。今一切色法，自在得现，而于定法，无所损减者。当知是真色定，譬如明镜体是净色，故随对诸色，一切得现。若无净色为本者，终不于虚空中，现诸色像。

复次，此四禅种智定一心故，念常清净，亦名不动定，亦名不动智慧。于此禅中，若欲转缘，学一切事，随意成就，一切神通变化，霔⑤雨说法，莫不从此定出，如经说：佛于四禅为根本。

注释

① 此段引文的偈语，参见《大智度论》卷十七，《大正藏》第二十五册，页一八五下。

② **无觉无观三昧：**在《俱舍论》卷二十八中，又被称为“无寻无伺三摩地”，是指不与寻伺相应的禅定，从二禅到非想非非想处地等含摄在此范围。所谓的寻，是指较为粗糙的觉察；所谓的伺，是指较为细腻的观照。

③ 此段引文参见《菩萨地持经》卷六，《大正藏》第三十册，页九二二上。

④ **舍俱禅：**指第四禅定时，心中已无善、恶、憎、爱等情绪与意念，因此称为舍俱禅。

⑤ **霔：**应该是“霪”（淫）的错字，指的是呼风唤雨的神通。

译文

接着解释第四禅的相貌，如同经论的偈语（《大智度论》）所说：

圣人是可以舍离一切的，一般人要能舍离是很难的；

若是能够知道快乐的障碍，看见不动的境界就是大安心。

忧虑欢喜已经先除去，痛苦与快乐如今也已断除；

舍离意念得到清净的心志，进入第四禅的境界中。

第三禅的快乐中，由于无常变动的缘故而放弃它；

断除欲界中的忧虑，除去初、二禅的痛苦。

所以世尊佛陀以此原因，第四禅境界中说；

先前断除忧虑痛苦，如今则是去除苦恼与快乐。

如今以上四行的偈语，具体地说明修习证得四禅的相貌。在此解释第四禅，开示有三项意义：一、解释名词。二、说明修习的方法。三、说明四禅发起的相貌。

第一，解释四禅的名称，禅的名称是“支林”（支持修行佛法的内容要素之汇聚）。四禅收揽四支成为禅定，在第四项心中证入得到，因此称为四禅。犹然是“无觉无观三昧”与“圣默然定”所摄持，也称为“不动定”。在《菩萨地持经》中说：（四禅）名称为“舍俱禅”。这项禅定发起的时候，身体没有苦与乐，与微妙的舍离感受同时发起。这项禅定与舍离的根性相应，因此称为“舍俱禅”（指心中已舍离爱、憎、善、恶等心念）。

第二，说明修习的方法，如同上面一行偈语所说，这样的快乐是圣人可以舍离的，一般人要能舍离是很困难的。若是能够知道快乐的障碍，看见不动的境界就是大安心。佛陀所说的这段偈语具体地说明修习四禅的方便。为什么呢？修行者希望得到四禅，应当深刻地发现三禅的过失与障碍。为什么说发现过失呢？刚开始希望得到快乐，专注一心勤苦追求，是非常辛苦的。既已得到就会守护爱恋与执着，也是痛苦的事，有一天退失破坏，则会再度受到痛苦。因此佛经中说：第三禅的快乐中，由于无常变动的缘故而放弃它。

又因为这项快乐的境界覆盖正念，使心不够清净。修行者既已深刻地发现三禅的快乐是有很大痛苦的忧患，应该专一心志地厌弃离开，追求四禅的不动定。那个时候在三禅的边缘地带，应该修习六行观的方法，例如前文所说。也应该用三种方法去除排遣：一、不执着。二、呵斥责备。三、观照分析。修行这三种方法，三禅就会消失，然而四禅之前的“未到地定”“中间禅”等，必然会有禅定在前面发起，与观照相应而平等，相貌如同上文所说。不同的忧虑欢喜，过失也如同前文所说。

第三，解释四禅的发起相貌，这里如同上文所说的三行偈语，解说论证的方式如同前文，开示为六项意义：一、正式说明证入四禅的情况。二、说明四禅禅支的意义。三、说明四禅的体用关系。四、说明四禅的深浅境界。五、说明四禅进退的情况。六、说明四禅的功德。

第一，说明四禅发起的相貌。修行者因为三、四禅间的中间禅，修行不停止，得以进入四禅前的未到地定。此时心境没有动摇散乱，就是四禅的方便定。在此之后他的心境豁然明朗开发，禅定的心境安稳，呼出吸入的呼吸停止。禅定发起的时候，与舍离心同时生起，没有痛苦没有快乐，空灵光明寂灭安静。好的境界眷属伴随的情况，类似前文所说。但是没有运动与喜乐转动的差别，那时候心境如同明镜而不动摇，也好像干净的水面没有波浪，绝断各种胡思乱想，清净光明的正念坚定稳固，好像虚空一般，因此被称为世间中真实稳固的禅定，没有各种烦恼的污垢染着。修行者安住在这样的禅定中，心里不依靠好的事情或方法，也不附着坏的事情或方法，没有任何东西依靠，没有任何形状任何物质的质地，也没有各种物质的形相，然而内在成就了清净色界的境界。如何可以知道呢？若是没有清净色界的根本，就不会在四禅的定中，相对因缘现起的时候，展现各种色界形相的禅定，像是通达含摄四无量心、八胜处、一切处、十四变化等色界禅定，都是依靠四禅而发起。若是因为没有看见各种色界形相，却说没有色界形相，应该就像虚空处禅定的三种物质形相消灭，一切的物质境界都不会呈现。如今一切的物质境界，自由自在地可以呈现，然而对于禅定的境界，却是没有增减。应该知道四禅是物质真正清净的禅定，譬如明镜的本身是清净的物质形相，因此随缘对照各种物质形相，一切都可以呈现。若是没有清净的物质形相为根本的话，终究不会在虚空之中，呈现各种物质的相貌。

再者，这项四禅根本禅定的专一心志的缘故，心念时常清净，也称为“不动定”（不会动摇的禅定），也称为“不动智慧”（不会动摇的智慧）。在这项禅定之中，若是希望改变修学佛法的因缘，学习一切的事情，随着意念发动就会成就，一切的神通与各种的神通变化，呼风唤雨的神通与无碍的说法，没有不是从四禅这项禅定中生出，如同佛经中说：佛陀（佛法）是以四禅作为禅定与修行的根本。

原典

第二，明支义。四禅有四支：一、不苦不乐支。

二、舍支。三、念清净支。四、一心支。不苦不乐支者，此禅初发，与舍受俱发，舍受心数[①]，不与苦乐相应，故言不苦不乐支。舍支者，既得不苦不乐定，舍下胜乐，不生厌悔。复次，真定以发未得成就，若心进胜定，则便随念动转，不名无动定，是故定发。心不念着，自能舍离，故名舍支。禅定分明，等智照了，故名念清净支。定心寂静，虽对众缘，心无动念，名一心支。若次第明支义，如今说。通而为论，于初一支，即具四支。

问曰：何故《大集》明不苦不乐支为第三，此中云何为初？答曰：前后皆有所以，今约发说，彼据成就而立。例如三禅立乐支，前后不定。

第三，明体用者。如《缨络经》说：四禅四支为用，第五默然为体。第四，浅深。第五，进退，例上可解。第六，功德者。四禅亦具离过、善心二种功德。如《大集经》说者，离五盖，具四支，而独四禅有离忧、喜、苦、乐之过，善心、敬信、惭愧等及六善法，悉从不动定四禅而发。功德善根深厚，倍胜于上，类前可解。

问曰：今明行菩萨道，应说诸法实相甚深空定等，何故说于凡夫四禅世间有漏生死虚诳之法？答曰：不然。如《释论》[②]中，设问答曰：是般若波罗蜜论义中，但说诸法相空，菩萨云何于空法中能起禅定？答曰：菩萨知诸五欲及五盖从因缘生，无自性，空无所有，舍之甚易。众生颠倒因缘，着此欲事，贪少弊乐，而离禅中深妙定乐。菩萨为是众生故，起慈悲心，修行禅定。系心缘中，离五欲，除五盖，入喜初禅；灭觉观，摄心深入，内清净，得微妙喜，入第二禅；以深喜散之故，离一切喜，得遍满乐，入第三禅；离一切苦乐、一切忧喜，及出入息自断，以清净微妙舍，而自庄严，入第四禅。是菩萨虽知诸法空无相，以众生不知故，以禅相教化众生。若有诸法空，是不名为空，亦不应舍五欲而得禅，无舍无得故。今诸法空相，亦不可得作，是难言。若诸法空，何能得禅？

复次，若菩萨不以取相爱着故行禅。如人服药，欲以除病，不以为美，为戒清净，智慧成就。故行禅菩萨一一禅中，行大慈观空，于禅无所依止，以五欲粗诳颠倒故，以细微妙虚空法治之，譬如毒能治诸毒。

复次，《释论》又说：譬如国王见子从高崖坠落，恐必定死，即以软物接之，不令身命损毁。菩萨亦尔！见众生远离般若，颠倒坠落故，说四禅空法，以接众生，不令损失法身慧命，是故今辨行菩萨道。略明四禅，于义无过也。

注释

① **心数**：梵语 Caitta、Caitasika，又作心所、心数法、心所法、心所有法。是指与心相应而同时存在的种种复杂的精神作用。

② 此段引文参见《大智度论》卷二十，《大正藏》第二十五册，页二〇八中至下。

译文

第二，说明四禅禅支的意义。四禅有四项禅支：一、不苦不乐的禅支。二、舍离的禅支。三、正念清净的禅支。四、专注一心的禅支。不苦不乐的禅支的情况，是说明四禅刚开始发起的时候，与舍离的感受同时发起，舍离感受的心所有法，不与苦与乐的境界相应，因此说是“不苦不乐支”。二、舍离的禅支的情况，既已得到不苦不乐的禅定，舍离三禅等下地的殊胜快乐，不会生起厌弃后悔的心。复次，真实的禅定若是发起尚未能够得到成就，若心里追求更为殊胜的禅定，就会随着意念流动转变，不被称为“不动定”，因此禅定发起。心里不贪恋执着，自然能够舍离，因此称为“舍支”。禅定的境界分明，平等的智慧观照明了，因此称为“念清净支”。禅定的心境寂然安静，虽然面对众多因缘，心里没有动念，称为“一心支”。若是依照次第说明禅支的意义，就是如此说。通达地论述，在刚开始的一支，就具备了四禅支。

有人问说：为什么在《大集经》中说“不苦不乐支”是第三禅支，在此处为什么说是第一项禅支呢？回答说：在前在后都有它的原因，在此是以发起禅定的情况来说，《大集经》是依据成就的情况而建立。例如三禅的“乐支”的次第，有前后不一定的说法。

第三，说明四禅体用的关系。如同《缨络经》中说：四禅的四项禅支是作用，第五项默然心是本体。第四，四禅浅深的情况。第五，四禅进步退失的情况，如同前文所说的例证可以解释。第六，四禅功德的情况。四禅也具有“离过”与“善心”两种功德。如同《大集经》所说的情况，离开五盖的烦恼，具足四项禅支，然而唯有四禅有离开忧虑、欢喜、痛苦、快乐等过失的功德，具备善心、敬信、惭愧及六种善法，都是从四禅的不动定所发起的。四禅的功德善根深厚，好几倍般超过初、二、三禅，类同前文可以解释。

有人问说：如今说明修行菩萨道，应该说明诸法的实相与甚深的四空定等，是什么原因要说明凡夫的四禅与世间有漏的生死虚妄的境界及方法呢？回答说：不是如此的。如同《大智度论》中，有设计问答的题目说：

在般若波罗蜜的论证意义中，只说明诸法（各种境界）相貌空寂，菩萨为何在空寂的境界中能够发起禅定呢？回答说：菩萨知道五欲及五盖的烦恼从因缘生出，没有固定不变的本性，空幻而无所有，舍离它是很容易的。众生将因缘果报的次序颠倒，执着在这种欲望的情事，贪图少的、坏的快乐，而因此离开禅定中深妙禅定的快乐。菩萨为这类的众生的缘故，生起慈悲心，修行禅定的方法与境界。系念心志在所面对的因缘中，离开五欲，除去五盖的烦恼，进入欢喜的初禅；停灭觉察与观照，摄持心念而深入，内心清净，得到微妙的喜悦，进入第二禅；深心欢喜散乱的缘故，离开一切欢喜，得到遍身充满的快乐，进入第三禅；离开一切的苦乐、一切的忧虑欢喜，以及呼出吸入的呼吸自然停止，用清净微妙的舍离心而自我庄严，进入第四禅。虽然菩萨是知道诸法的空、无相，因为众生不知道，因此使用禅的相貌教化众生。若是有诸法空灭的情况，是不被称为空的，也不应该舍弃五欲而得到禅定，没有舍离没有得到（五欲）所以得到禅定。如此诸法的空寂相貌，也是不可以刻意造作，这是很难解释的。若是诸法都是空的，为什么能够得禅定呢？

再者，若是菩萨不会取舍执着，可以修行禅法。如同人吃药，希望借此除去病苦，不会以此为美好，持戒就会清净，智慧就会成就。因此，修行禅法的菩萨在各项禅定中，修行大慈悲心观照空相，在禅定中没有任何依靠，五欲粗糙、虚妄、颠倒的缘故，使用细致、微妙、虚空等方法对治它，好像以毒攻毒的方法能够治疗各种毒病。

再者，在《大智度论》中又说：譬如国王看见孩子从很高的悬崖坠落，恐怕必定死亡，就用柔软的物品接住他，不让他的身体性命有所损毁。菩萨也是如此的！看见众生远离般若的智慧，颠倒坠落烦恼之中，因此说明四禅的空法境界，用此接引众生，不让众生损坏失落法身慧命，因此在这里辨明行菩萨道的意义。简略地说明四禅，在意义上是没有过失的。

2　卷六

四无量心

原典

释四无量心。开为五：第一，明次第。第二，释名。第三，明处所。第四，明修证。第五，明功德。

第一，释四无量心所以次四禅后者，明行人有二种：一者，世间行人。二者，出世间行人。就凡夫行人中，则有三：一者，乐高胜自在，求作梵天王[①]，是故虽得四禅，而更进修无量心，何以故？然四禅但是色界，自行具足，而无益他之德浅薄。若生彼天，不得王领。若修四无量心，缘于十方众生，而入三昧，慈悲普摄，利他心大，是故功德转多。若生彼天，必作梵天王，王领自在，是故能得四禅，犹更修习四无量心。二者，外道行人，虽得四禅，而见有心识之患，欲求涅槃无想寂灭，不知破色，直用邪智灭心，入无想定。三者，或有凡夫、外道行人，悉厌患色，犹如牢狱，一心破色，修四空定，是为凡夫行人，同得此定，志乐不同，各随所习，爱乐不同。若佛弟子，有二种人，所谓小大两乘。是二种人得四禅时，进修无量心者，小乘之人，为自调心，增长福德，易得涅槃故；大乘之人，欲度众生，必以大悲为本故。

次，四禅明修四无量心。问曰：如《摩诃衍》[②]中，假设问云：是四禅中，有四无量及十一切入等诸定，今何故别说？答曰：虽四禅中皆有是法，若不别说，人则不知其功德。譬如囊中有宝，若不示人即无人知者。若欲示大福德，为说四无量心，患厌色如牢狱，为说四无色定。于缘中不得自在观所缘，为说八胜处。若有遮道[③]不得通达，为说八背舍。心不调柔，不能从禅起次第入禅，为说九次第定。不能得一切缘遍照随意，为说十一切处。

问曰：若以论说，今得四禅者，亦应悉得四无量等诸禅定否？答曰：此依义而说，若无漏四禅中，说有四无量心，则于义无过。何以故？无漏禅中，具诸观行法门故。若有漏根本禅，说者当知乳中说酪耳。

注释

① **梵天王：**梵语 Śikhī，名为尸弃，在此指求做色界初禅天之大梵天的天王。

② 此段引文参见《大智度论》卷二十，《大正藏》第二十五册，页二〇八下。

③ **遮道：**修习禅法时，所遇到的各种负面或障碍禅法的情况。

译文

解释四无量心。开示为五项：第一，说明次第。第二，解释名词。第三，说明修行的位置。第四，说明修证的方法与境界。第五，说明四无量心的功德。

第一，解释四无量心所以在四禅之后修行的原因，说明修行者有两种情况：第一种是世间一般的修行者，第二种是出世间的修行人。在凡夫的修行之中，则有三种：快乐的需求及境界胜过自在的需求，所以求做色界初禅天的大梵天王，因此虽然得到四禅，却更进一步修无量心的法，为什么呢？因为四禅只是色界的禅定，自己利益自己是具足的，然而没有利益他人的功德，所以浅薄。若是往生到四禅天，不能得到领袖的王位统领天众。若是修持四无量心，以十方的众生为观想的因缘，而进入三昧，以慈悲心普施一切众生，利益他人的心量很大，因此功德转而增多。若是往生梵天，必然会做大梵天王，统领天众而自在，因此能够得四禅，犹然继续修习四无量心。二者，外道的修行者，虽然得到四禅，然而发现有心识的挂碍，希望得到涅槃的无想寂灭的境界，却不知道破除物质色相的执着，只知道一直使用错误的智慧灭除心识，进入无想定。三者，有一些凡夫、外道的修行者，都厌弃挂碍物质色相，好像有关在牢狱般的感受，专注一心破除色法，修习四空定，这些凡夫的修行者，同样获得这项禅定，因为有不同的志向乐趣，各自随着所修习的，有不同的爱乐。如果是佛弟子，有两种根性的修行者，也就是所谓的小乘与大乘。这两种根性的修行者得到四禅的时候，进一步修习无量心法门的人，小乘的修行者，为自己调整心念，增长福报功德，容易得到涅槃的缘故；大乘的修行者，希望度化众生，必定是以大悲心为根本的缘故。

接着，从四禅说明修习四无量心。有人问说：像是《大智度论》中，有假设的问题问说：在四禅之中，有四无量心及十遍一切处的相关各种禅定，在此为什么要另外说明呢？回答说：虽然四禅之中都有如此的法门，若是不分别说明，我们就不知道它的功德。譬如皮囊中有宝物，若是不向人展示就不会有人知道。若是希望展示大的福报功德，就为其说四无量心，厌弃色法有如牢狱，为他说四无色定。在因缘中不得自在观照所缘系的对象，就为他说八胜处的禅法。若是有遇到障碍没有得到通达的，就为他说明八背舍的禅法。心念没有调整到柔和，不能从静虑生起次第进入禅定，为他说九次第定。若是不能得到一切处的因缘遍照，为他说十遍一切处的禅法。

有人问说：若是依经论所说，如今得到四禅的人，是否也应该全部得到四无量心等各种禅定呢？回答说：这是依据理论意义来说的，若是无漏的四禅中，说有四无量心的禅定境界，则在理论上的义理是没有过失的。为什么呢？无漏的禅定中，具备各种观照行持法门的缘故。若是就有漏的根本禅定来说，应该知道在生乳中说乳酪罢了。（是指根本四禅如同生乳，四无量心如同生乳再进一步提炼的乳酪，两者本质相同，只需要再进一步提炼就可以。）

原典

第二，释四无量名者：一、慈无量心者，慈名爱念众生，常求乐事，以饶益之。二、悲无量心者，悲名愍念众生，受五道中种种身苦。三、喜无量心者，喜名欲令众生从乐得欢喜。四、舍无量心者，舍三种心，但念众生，不憎不爱。缘此四法故，说于四心，遍十方平等无隔，名无量心。修慈心为除众生中嗔觉故，修悲心为除众生中恼觉故，修喜心为除众生中不悦乐故，修舍心为除众生中憎爱故。此四定次第，阶级之相，在下当释。

第三，明修处所。自有二种：一为通明处，二为别明处。

第一，通明处者。四禅中间定，悉得修四无量心。如《释论》[①]中说：是慈在色界亦在根本禅中，亦禅中间。无色界无色于缘众生为不便；欲界未到地定浅，不任修诸功德。

问曰：欲界未到地，利根之人，能用此定，发见思真解，何故不得修四无量心？答曰：缘理之慧利，故得发。若神通无量等是事法，必假深定，而欲界未到非全，不得修无量心。但发得，即属初禅，是故不说。如初禅五支，觉观二支，分别欲界，则生悲易，喜支生喜易，乐支生慈易，一心支生舍易，故说为修证之处。

问曰：第四禅及中间无喜乐，云何以喜乐与众生？答曰：内虽无有喜乐，缘取外喜乐人相而平等与乐。譬如离欲行人，自不须五尘，亦不与尘欲交染，而为大福德故。亦以五欲胜妙乐具，给施前人，而于自心无所染污。于四禅中，与他喜乐，亦复如是。未到、中间，类即可解。

第二，别明修处者。如初禅以觉观为主，深识欲界众生苦恼之相，此处修悲则易。二禅内有大喜，此处修喜无量则易。三禅内有遍身之乐，此处修慈则易。四禅妙舍庄严，此处修舍为易。此则随地，各有其便。

问曰：若尔，佛何故说住四禅，修四无量易得耶？答曰：第四禅名念清净，得不动定，于此中修一切佛法功德易成，故作是说耳。

问曰：上说初禅行悲，此则坏于次第。如慈在前，应初禅而修慈，二禅修悲，三禅修喜，四禅修舍，何故不尔？答曰：此逐义便，不随次第。譬如佛十弟子，各有第一。若问：何人智慧第一？应答：身子②是。若以夏腊③大而答第一者，则于义大僻。

注释

① 此段引文参见《大智度论》卷二十，《大正藏》第二十五册，页二〇九上。

② **身子：** 旧误译舍利弗（梵名 Śāriputra）为“身子”，可能是误以 Śāri（舍利鸟）当作 Śarira（身子）。在此处是指佛陀十大弟子中智慧第一的舍利弗无误。

③ **夏腊：** 又作戒腊、法腊、夏臈等，是指僧侣受具足戒以后之年数，以夏安居的最后一日为受腊之日，故称夏腊。

译文

第二，解释“四无量心”的名词：一、所谓“慈无量心”，“慈”是爱念众生的意思，时常追求快乐的事情，来帮助利益众生。二、所谓“悲无量心”，“悲”是愍念众生的意思，感受五道之中种种身体的痛苦。三、所谓的“喜无量心”，“喜”是希望众生从快乐中得到欢喜。四、所谓的“舍无量心”，是指舍离“慈”“悲”“喜”三种心，只是顾念众生，不憎恨不爱恋。因为缘系这四种方法，说明这四种无量心，周遍十方而平等没有隔阂，所以称为无量心。修习慈心是为了除去众生中的嗔恨的感觉，修习悲心是为了除去众生中的苦恼的感觉，修习喜心是为了除去众生中不悦乐的感觉，修习舍心是为了除去众生中的憎恨爱恋的执着的缘故。这四无量心禅定的次第，其中阶级的相貌，在下文应该解释。

第三，说明修行的地方与位置。本身有两种情况：一是通明的地方，二是分别说明不同的地方。

第一，通明的地方。在初、二、三、四禅中间的中间禅，都可以修习四无量心。像是在《大智度论》中说：修习这样的慈心可以在色界也可以在初、二、三、四禅的根本禅之中，也可以在各中间禅里。但是在无色界中没有物质形相所缘对众生是不方便的；欲界定、未到地定的定力浅薄，不能转修其他的禅定功德。

有人问说：欲界定、未到地定，利根的人，能够使用这项禅定，发起断除见惑思惑的真实义解，为什么不能修习四无量心呢？回答说：因为见地知见的智慧明利，因此得以发起（无漏）。若是神通、四无量心等是事相的境界，必须假借深入的禅定，然而欲界定、未到地定定力不具足，无法修得无量心。只是发起得到无量心，就属于初禅，因此不说明。像初禅的五支中，觉与观的二支，对欲界生起分别心，则是容易生起悲无量心，欢喜的禅支容易生出喜无量心，快乐的禅支容易生起慈无量心，专注一心的禅支容易生起舍无量心，因此说是修行的地方。

有人问说：第四禅与中间禅并没有欢喜快乐，如何拿欢喜快乐给众生呢？回答说：内心虽然没有欢喜快乐，取外缘的欢喜快乐人的相貌而平等地给众生快乐。譬如离开欲望的修行者，自然不需要五尘，也不与尘欲交相杂染，而是大福德的缘故。也以五欲中殊胜微妙快乐的东西，给予布施别人，然而在自心中却是无所染污的。在四禅的境界中，给予别人的欢喜与快乐，也是如是的。未到地定、中间禅，相类似就可以解释。

第二，分别说明修行的地方。像初禅是以觉察观照为主，深刻地认识欲界众生苦恼的相貌，在这个地方修习悲无量心比较容易。二禅里面有很大的欢喜，在这个地方修习喜无量心比较容易。三禅里面遍满全身的快乐，在这个地方修习慈悲比较容易。四禅有庄严的微妙舍离心，在这个地方修习舍无量心比较容易。这是随顺各禅的因缘，各自有其方便的地方。

有人问说：若是如此，佛陀是什么原因说安住四禅中，修习四无量心容易得到呢？回答说：第四禅称为正念清净，得到“不动定”（不受到世间八风动摇的禅定），在这里面修习一切的佛法功德容易成就，于是作如此说罢了！

有人问说：前文说是初禅时行悲无量心，在此则破坏了次第的说法。像是慈无量心在前面，应该在初禅而修习慈无量心，二禅修习悲无量心，三禅修习喜无量心，四禅修习舍无量心，为何不是如此呢？回答说：这是依照理论意义的方便说，不随着次第的说法。譬如释迦牟尼佛有十大弟子，各自拥有第一的特质或法门（如舍利弗的智慧第一，目犍连的神通第一）。若是有人问说：何人智慧第一？应该回答：是舍利弗。若是以出家受具足戒之后的戒腊年数比较大而回答是第一的话，则在意义上是很大的错误。

原典

第四，正明修证。约四无量心，即自有四：一、修慈证慈。二、修悲证悲。三、修喜证喜。四、修舍证舍。

第一，明修慈证慈者。即开为二：第一，正明修习方法。此如《佛处处经》[①]中说：有比丘以慈相应心，无恚无恨，无怨无恼，广大无量，善修习。云何名以慈相应心？如《释论》[②]说：若念十方众生，令得乐时，心数法中生法，名为慈。善是相应，欲入禅定，当先作誓愿：一切众生，悉受快乐。我于定中，悉得见受、想、行、识，是名心数法。诸身业、口业及心不相应诸行，是法和合，皆名为慈。是法皆以慈为主，故慈得名。譬如一切心数法，皆是后世因缘，而但思得名，于作业中，思最有力故，是名慈相应相。

复次，行者初修时，用念清净心，取外所爱亲人受乐之相，若父母兄弟，随取一最爱者，一心缘之。若有异念摄之令还，令于心想的的分明。见于亲人受乐之相，其心爱念乃至中人怨人，余五道亦如是。

复次，行者如是修时，若见种种善恶境界，及发诸禅中事，悉不得取，但一心观于亲人得乐之相，心心相续，是则略说修慈方法。

第二，明慈定发相。行者禅定智慧，福德善根力清净故，如是一心慈念众生时，三昧即发。三昧力故，即于定心中，见所爱亲人，受于快乐之相，身心悦豫，颜色和适，了了分明，如是见亲人得乐已，次见中人乃至怨人，亦复如是。于定心中见一人，次见于十人、千人、万亿、一聚落、一国土、一阎浮提、一四天下，乃至十方世界，一切众生，悉皆受乐。行者于定中，见外人受乐，而内定转深，与外相应，湛然无动，是名慈相应心。即是相应，受、想、行、识，阴入界等法，如前说。

问曰：慈相应定，见众生时，为当如上说，从一至十，渐渐而见，为当一时并见？答曰：行者根有渐顿不定，一种慈相应心者，慈名心数法，能除心中愦浊。所谓嗔恨、悭贪、烦恼，譬如净水明珠，置浊水中，水即澄清。无恚无恨，无怨无恼者，于众生中，若有因缘，若无因缘，初生名为嗔。嗔增长筹量，持着心中。而未决了，是名为恨，亦名为怨。若心已定，无所畏忌，欲损于他，是名为恼。以慈心力除舍，离此三事，是名无嗔、无恨、无怨、无恼。此无嗔、无恨、无怨、无恼，以是赞叹慈心功德。广大无量者，一心分别，有二种名，如慈相缘见一方为广，四方为大缘，四维及上下为无量。

复次，破嗔恨心名为广，破怨心名为大，破恼心名为无量。慈缘亲人为广，慈缘中人为大，慈缘怨人得福多，故名无量。

复次，为狭缘故名为广，为小缘故名为大，为有量缘故名无量。善修者，是慈心牢固，初得慈，不名为善修。非但爱念众生中，非但好众生中，非但益一众生中，非但一方众生中，名为善修。行者于上亲、中亲、下亲，上中人、中中人、下中人，下怨、中怨、上怨，是九种人中，爱憎正等无异。乃至爱念五道众生中，以一慈心视之，如父如母，如兄弟子侄、知识，常求好事，欲令利益安乐。如是之心，遍满十方，是名善修。

复次，若但与众生欲界乐，不名善修。但与初禅乐，不名善修。但与二禅乐，不名善修。若能具足与欲界乐，乃至三四禅乐，是名善修。如是慈心，名众生缘。或在凡夫人行处，或有学人未漏尽者，亦行此慈，为调心得大福德，入无漏故。法缘者，诸漏尽阿罗汉、辟支佛、诸佛是诸圣人，破吾我相，灭一异相故。但观从因缘相续生，以慈念众生时，从和合因缘相续但空。五阴即是众生，念是五阴此慈念，众生不知是法空定，众生常一心欲得乐，圣人愍之，令随意得乐，为世俗法故，名为法缘。无缘者是慈，但诸佛有，何以故？诸佛不住有为、无为性中，不依上下、过去、未来、现在，知诸因缘为不实，颠倒虚诳故，心无所缘。佛以众生不知是诸法实相，往来五道，心着诸法，而分别取舍，以是诸法实相智慧，令众生得之，是为无缘。譬如给济贫人，或与财物金银宝物，或与如意神珠。众生缘、法缘、无缘，亦复如是。此义如《摩诃衍》中广说。

复次，众生缘慈，但见受果报乐相。法缘慈则见受诸法门及涅槃乐相。无缘慈则见一切同是佛性，常乐平等相。

复次，众生缘慈，则在根本禅中。法缘慈，多在特胜、通明、背舍诸无漏禅中。无缘慈多是首楞严、法华三昧及九种禅[3]中。

注释

①**《佛处处经》：** 此段引文出自《大智度论》卷二十，《大正藏》第二十五册，页二〇九上。至于《佛处处经》，不知是指何部经。

② 此段引文见《大智度论》卷二十，《大正藏》第二十五册，页二〇八下。

③ **九种禅：** 又称“九种大禅”，是指九种大乘的禅定，为菩萨所独修，而不共外道及二乘。九种大禅分别是：自性禅、一切禅、难禅、一切门禅、善人禅、一切行禅、除烦恼禅、此世他世乐禅、清净净禅。

译文

第四，正式说明修证的方法与境界。以四无量心为对象来说，本身就有四项分类：一、修习慈心证得慈无量心。二、修习悲心证得悲无量心。三、修习喜心证得喜无量心。四、修习舍心证得舍无量心。

第一，说明修慈证慈的部分。开示有两项内容：第一，正式说明修习四无量心的方法。在此如同（《大智度论》）《佛处处经》中说：有比丘以慈相应心行，没有嗔恚没有恨意，没有怨情没有苦恼，（慈心）广大无量，善加修习。为什么称为以慈来相应心行？如同《大智度论》中说：若是心念十方的众生，使他们得到快乐的时候，在自己心所的境界中生起（慈心）法，称为“慈”。“善”（美好）是相应，希望进入禅定，应当首先发誓立愿：（希望）一切众生，都感受快乐。我（修行者发誓时自称）在禅定之中，全部可以看见受、想、行、识，是称为心所的境界与法门。各种身业、口业及心不相应的各种行法，依此法相和合，都称为“慈”。这样的境界都是以慈心为主，因此得到“慈”的名称。譬如一切的心所法，都是后世的因缘，然而只是思惟得到名称，在作业中（指身、口、意业），“思”（意识的思考观想）是最有力量的缘故，是称为“慈相应相”（慈心相应的相貌）。

再者，修行者刚开始修习慈无量心的时候，使用正念的清净心，执取外境所爱的亲人感受快乐的相貌，像是父母兄弟，随缘执取一位最心爱的人，专一心志地观想他。若是有其他的念头出现时收摄心念使其还原，让心中的观想了了分明。看见自己的亲人感受快乐的相貌，他（修行者）的心慈爱深念乃至于一般人或是自己的怨敌，还有其他五道的众生也是如此的。

再者，修行者如是修习的时候，若是看见种种的善恶境界，以及发起各种禅定中的事情，都不应该执着，只要专一心志观想亲人得到快乐的相貌，如此的境界相续不断，在此只是简略地说明修习慈无量心的方法。

第二，说明“慈心禅定”（慈无量心）发起的相貌。修行者有禅定与智慧，以及福德善根力清净的缘故，如是专注一心慈念众生的时候，三昧就发起。由于三昧的禅定力，就在禅定的心境中，看见所爱的亲人，感受到快乐，身心愉悦适豫，容貌的颜色和平适然，明了而分明，就这样看见亲人已经得到快乐，接着看见一般人乃至怨恨的人，也是如此的。在禅定的心境中看见一个人，接着看见十人、数千人、上万上亿、一个聚落、一个国土、一个阎浮提、一个四天下，乃至于十方的世界与一切的众生，都感受到这样的快乐。修行者在禅定之中，看见外面的人感受快乐，而内心的禅定转为深刻，与外相相应，清明湛然而不动摇，是被称为“慈相应心”。也是相应的法门，相应受、想、行、识等五蕴，十二入、十八界等法相，如同前文所说。

有人问说：慈心相应的禅定，看见众生的时候，是如同前文所说，从一人至十人，逐渐地看见呢，还是同一时间全部看见呢？回答说：修行者的根机有顿与渐的不同，一种慈相应心的情况，“慈”称为心所法，能够除去心中的昏愦混浊，好像嗔恨心、悭贪心、烦恼心，譬如清净水中的明珠，放置在混浊的水中，水就会澄清。没有嗔恚没有恨意，没有怨意没有损恼的情，在众生之中，好像有因缘，好像没有因缘，刚开始生起称为“嗔”。“嗔”增长筹算思量，持续执着在心里面。而没有决定了除，是称为“恨”，也称为“怨”。若是心中已经决定，没有什么畏忌，将要损恼他人，是称为“恼”。以慈无量心的心力除去“舍”，离开“嗔恨”“悭贪”“烦恼”三件事，是称为没有嗔、没有恨、没有怨、没有恼。这没有嗔、没有恨、没有怨、没有恼，因此赞叹慈心的功德。广大无量的意思，一心中分别，有两种名称，像是慈心相应因缘看见一方是“广”，四方是大的因缘，东、西、南、北四维及上下是无量的意思。

再者，破除嗔恨心称为“广”，破除怨心称为

“大”，破除恼心称为“无量”。慈心缘系亲人是“广”，慈心缘系一般人是“大”，慈心缘系怨敌的人得到福报多，因此称为“无量”（无量心）。

再者，从狭窄的因缘相对称为“广”，从细小的因缘相对称为“大”，从有限量的因缘因此称为“无量”。善于修行的人，因为是慈心的牢固，刚开始得到慈心，不称为善于修行。不仅爱念众生之中，不仅喜欢众生之中，不仅是利益一位众生之中，不仅是一方众生之中，称为善于修持慈无量心。修行者在面对最亲的人、一般的亲人、较为疏远的亲人，较为亲近的一般人、一般人、较为疏远的一般人，稍为怨敌的人、一般怨敌的人、非常怨敌的人，在九种人当中，爱好憎恶是平等没有差别的。乃至于爱念（人道以外）五道的众生当中，以同为平等的慈心看他们，如同父母一般，如同兄弟子侄一般，如同善知识一般，经常希望得到好的事情，希望让众生得到利益与安乐。如此的心念，遍满十方上下，是称为善于修持慈无量心。

再者，若是只给予众生欲界的快乐，不称为善于修习慈无量心。只是给予众生初禅的快乐，不称为善于修持。只是给予二禅的快乐，不称为善于修持。若是能够具足给予众生欲界的快乐，乃至于三禅、四禅的快乐，是称为善于修持。如此的慈心，称为“众生缘”（众生的因缘）。或是在凡夫一般人修行的地方，或是有修行者尚未证得无漏，也修行这项慈心，因为调心得到大福德，证入无漏的境界。所谓的“法缘”（境界的因缘），众多漏尽的阿罗汉、辟支佛、诸佛是各种圣人，破除我相，泯灭同一、相异的相貌的缘故。只是观照从因缘相续而生，以慈心护念众生的时候，从和合的因缘相续而其本性只是空寂。五蕴就是众生，心念是五蕴的慈心念，众生不知道慈心的境界是空寂的禅定，众生经常一心希望得到快乐，圣人悲愍他，让他随自己心意得到快乐，是世俗的境界的缘故，名为“法缘”。所谓的“无缘”是慈心，只有诸佛拥有，为什么呢？诸佛不执着有为、无为的法性中，不依靠上下、过去、未来、现在，知道各种因缘是不实在的，颠倒虚幻的缘故，心中没有缘系的对象。佛陀因为众生不知道诸法的实相，众生往来五道，心里执着各种境界，而分别加以执取或舍去，佛陀用诸法实相的智慧，让众生得到（实相智慧），是所谓的“无缘”。譬如给予救济贫苦的人，有的给予财物、金银宝物，有的给予如意的神珠。所谓的“众生缘”“法缘”“无缘”，也是如此的。这样的意义如同大乘佛教的经论（《大智度论》）中所广泛说明的一样。

再者，众生缘系慈心，只看见感受果报快乐的相貌。境界缘系慈心则看见感受各种法门及涅槃快乐的相貌。无所缘系慈心则看见一切（众生）同是佛性，常住快乐平等的相貌。

再者，众生缘系慈心，则是在根本禅（初、二、三、四禅）之中。境界缘系慈心，多半在十六特胜、通明禅、八背舍各种无漏禅定之中。无所缘系慈心多半是在首楞严定、法华三昧及九种大禅的禅定之中。

原典

第二，释修悲证悲。悲即为二：

一者，正明修悲方法。如佛说：若有比丘以悲相应心，无嗔无恨，无怨无恼，广大无量，善修悲相应心者，行者于慈定中，常念欲与众生乐，从慈定起，犹见众生，受种种身苦、心苦，心生怜愍，即作是念：众生可念，莫令受是种种身苦、心苦。复更念言：我今无目，五道[①]之中，亲中怨人，并受种种身心诸苦，而我不知不见长夜懈怠，不生救拔之心。作是念已，即发愿言：若有众生，受种种苦，我于定中，悉愿得见，勤加救护。作是愿已，即入禅定，用定念净心，先取一所爱亲人受苦之相，系心缘之。若有异念，摄之令还，令于心想，的的分明，其心怜愍，悲念无极，如是乃至中怨憎，一方乃至十方，一道乃至五道亦如是。是则略说修悲方法。

二者，明悲定发相。行者福德智慧，善根清净，作是观时，三昧便发。即于定中，见于亲人受苦之相，了了分明，其心悲愍，欲加救护。既见亲人受苦，生怜愍心已，次见中人、怨人，如是乃至十方五道众生，受苦之相。行者于定心中，见外人受苦，而内心怜愍，从悲定起，心转深固，定心与外相应，湛然无动，是名悲相应心。无嗔无恨，无怨无恼，广大无量，皆如上说。善修者，于悲定中，非但见亲人受苦深怜愍，乃至中怨，九种十方五道，诸受苦者，怜愍救护，其心平等，故名善修。复次，若见是受苦之人，生愍念；受乐者、受不苦不乐者，而不怜愍，不名善修。若见三种之人，悉皆是苦，怜愍不二，是名善修。

复次，见五道众生受苦差别，名不善修。若见受苦不异，怜愍平等，名曰善修。亦可得言：若见五道众生，受苦一种，名不善修。若能分别，五道众生受苦差别不同，名曰善修。如是略说善修之相。

问曰：五道众生，果报不同，苦乐有异，如三涂众生，多苦报；人道众生，半受苦乐；天道众生，多受乐果。云何行慈因缘？皆见一切受乐，行悲因缘，皆见一切受苦，岂非颠倒耶？答曰：不然，是为得解之道。行者欲学是慈无量心时，先当作愿：愿诸众生，受种种乐，取受乐人相，摄心入定，即见众生，皆悉受乐。譬如钻火，先以软草、干牛粪等，火势转大，能烧大湿。大慈心初发亦如是，初生之火，唯及亲人，慈心转广，怨亲同等，皆见受乐，无复苦相。

复次，一切众生五道轮转，苦乐不定，即虽暂乐，后必大苦，今虽大苦，后当得乐。虽即未然，必有其事。是故行者，用得解之心，缘于一切皆乐，不堕颠倒，悲喜舍心，亦复如是。

注释

① **五道**：梵语 Pañca Gatayaḥ，又作五趣、五恶趣、五有等。是指有情所趣之处有五种分别：地狱、饿鬼、傍生（畜生）、人与天。大乘经中多说六道（趣），即是在五道之外别立阿修罗道。

译文

第二，解释修习悲无量心证得悲无量心。悲心有两项说明：

第一部分，正式说明修习悲无量心的方法。如同佛所说：若是有比丘以悲相应于心，没有嗔心没有恨意，没有怨心没有烦恼，广大而且无量，善于修习悲相应心的人，这样的修行者在慈无量心的禅定中，时常希望给予众生快乐，从慈无量心禅定出定，依然看见众生，受到种种身体的痛苦、心灵的痛苦，心中生起怜悯心，就作如是的心念：众生可以希望，不要受到这种种身体的痛苦、心灵的痛苦。又再度心念说：我现在没有天眼通，在五道的轮回中，亲人、一般人、怨敌的人，都受到种种身体与心灵的各种痛苦，然而我不知道没看见因此长夜懈怠，没有生起救拔众生的心。心中产生如此的心念之后，就发愿说：若是有众生，受到种种的痛苦，我在禅定中，都愿意得以看见，勤劳地加以救护。发起如此的愿望之后，就进入禅定，用禅定的心念清净自心，先选取一位所心爱的亲人受到痛苦的相貌，系住心念在上面。若是有其他的心念，摄受它使它回来，使心中的想念，清楚而分明，其心境怜惜哀愍，悲念没有极限，如此乃至于一般人或是心中怨敌憎恨的人，一方的世界乃至于十方的世界，一道乃至于五道也是如此。这是简略地说明修习悲无量心的方法。

第二部分，说明悲无量心禅定发起的相貌。修行者具备了福德与智慧与善根清净，作悲无量心的禅观的时候，三昧便会发起。就在禅定之中，看见亲人受苦的相貌，了了而分明，其心境悲怜哀愍，希望加以救护。既然看到亲人受到如此的痛苦，生起怜愍心之后，接着看见一般人、怨敌的人，如此乃至于十方世界五道的众生，受到痛苦的相貌。修行者在禅定的心境之中，看见外面的人受到痛苦，而内心感到怜愍，从悲无量心的禅定起，心念转为深刻稳固，禅定的心境与外相相应，湛然清明而不动摇，如此称为悲相应心。没有嗔心没有恨意，没有怨敌没有烦恼，广大没有边际，都如同以上所说。善于修行的人，在悲无量心的禅定之中，不仅看见亲人受到痛苦而深生怜愍，乃至于一般人、怨敌的人，九种十方世界的五道众生，各种受到痛苦的人，也怜惜哀愍加以救护，他的心境是平等的，因此称为善于修持。再者，若是看见受苦的人，生起怜愍的心念；受到快乐的人与受到不苦不乐的人，而不加以怜愍，不称为善于修持。若是看见亲人、一般人、怨人，都是痛苦，怜愍心没有分别，如此称为善于修持。

再者，看见五道的众生受到痛苦的种种差别，称为不善于修持。若是看见受到痛苦没有差别，怜愍的心境平等，称为善于修持。也可以如此说：若是看见五道的众生，受到的痛苦只有一种，称为不善于修持。若是能够分别，五道的众生受到痛苦有不同的差别，称为善于修持。如此简略地说明善于修持（悲无量心）的相貌。

有人问说：五道的众生，果报是不同的，痛苦与快乐有差异，像是三涂恶道（地狱、饿鬼、畜生道）的众生，多半受到痛苦的报应；人道的众生，多半受到痛苦与快乐；天道的众生，多半受到快乐的果报。以什么样的因缘可以修行慈无量心呢？都看见一切感受快乐，修行悲心的因缘，都看见一切都受到痛苦，岂不是颠倒了吗？回答说：不是如此的，这是得以解脱的方法。修行者希望学习这种慈无量心的时候，先前应当发起愿望：心愿各道的众生，受到种种的快乐，选取感受快乐的人的相貌，收摄心念进入禅定，就会看见众生，都感受到快乐。譬如钻木生火，先以柔软的草或是干的牛粪等（点燃），火势转变成较大时，能够燃烧很大的湿物。大慈的心刚开始发起的时候也是如此的，如同刚开始生起的火苗，只有念到亲人，慈心的心念转为深刻，怨敌的人与亲人同样平等，都看见受到快乐的相貌，不再有感受痛苦的相貌。

再者，一切众生在五道之中轮回转生，痛苦快乐并不一定，就是短暂的快乐，后来必然是很大的痛苦，现在虽然很大的痛苦，以后必当得到快乐。虽然未必一定如此，但是必然也有如此的事情。因此修行人，运用解脱的方法，缘系一切众生都感受快乐，不堕入颠倒的情况，悲、喜、舍三种无量心，也是如此的。

原典

第三，释修喜证喜，即为二：

一者，正明修喜方法。如佛说：若比丘以喜相应心，无嗔无恨，无怨无恼，广大无量，善修喜相应心者。行者入悲定已，其心愍伤一切众生，长夜为诸苦恼之所逼迫，我当云何而拔济之？令是等众生，从苦得乐，从乐生欢喜。尔时深观众生虽受苦恼，此苦虚妄，本无今有，易可除灭。所以者何？如人有病苦，若遇良药，即便差愈，更以衣食供给，快乐无量。

复次，如人火热，身受苦恼，若得清冷之水，火苦即灭，欢乐便生。如人现受贫困，以是因缘，悭贪造恶，若给施珍宝，教修布施行善，则现在离于贫弊，身心庆快，未来之世，长受安乐。

复次，又如世人愚痴颠倒，萦缠烦恼，受种种苦，若闻无漏清净妙法，如说修行，烦恼病除，即便获得禅定智慧及涅槃乐。如是种种因缘苦无定性，易可除灭，令得欢乐。行者作是观已，即发愿言：愿诸众生，一切诸苦，悉皆除灭，受乐欢喜，我于定中，悉皆得见。作是愿已，即入禅定，用念清净心，取于亲人，从苦得脱，受乐欢喜相，一心观之！令于念心，的的分明，见于亲人，受欢乐相，其心悦豫，欣庆无量。次缘中人怨人，乃至十方五道众生，受喜之相，心生庆悦，是则略明修喜方法。

二者，明喜定发相。行者如是修已，念慧福德善根力故，作是缘时，即发三昧力故，即于定中，任运见于所爱亲人，离苦得乐，欢喜之相，了了分明。于三昧中，其心悦豫不可说，乃至十方五道众生，受于欢喜，亦复如是。行者于三昧中，见于外人受喜之相，而于内心无有动转，定渐增深，是名喜相应心。无嗔、无恨、无怨、无恼，广大无量善修之义，如慈心中说。

问曰[①]：慈心令众生乐，喜心令众生喜，乐之与喜，有何等异？答曰：如《摩诃衍》中说：身乐名乐，心乐名喜。五识相应名乐，意识相应名喜。五尘中生乐名乐，法尘中生乐名喜。复次，欲界中五识相应名乐，初禅中三识相应名乐，三禅中一切乐是名乐。欲界及初禅，意识相应名乐；二禅中一切乐是名喜。粗乐名乐；细乐名喜。因时名乐；果时名喜。初得乐时名乐；欢心内发，乐相外现，欢喜踊跃是名喜。乐根相应名为乐；喜根相应故名喜。如是等种种分别喜乐之相异。

问曰[②]：若尔者，何以不慈喜次第[③]？答曰：行慈心时，爱念众生，犹如赤子，心愿与乐，出慈三昧。犹见众生受种种苦，深心爱念，欲拔其苦，令得安乐。当如初乐后喜，中隔于悲，故不次慈记喜也。譬如人母，虽常念子，令得安乐，而未名喜后见染病，其心愁毒，病既得差，家业付之，大欢喜故，次悲说喜也。

问曰：何故约禅明喜乐，喜即为粗，约无量心明喜则为细？答曰：禅则以定为贵，乐心恬静，与定相扶，故为胜。无量则心缘众生，因缘众生，欢喜为胜，故细。

复次，行者初定既浅，但以乐缘众生，何以故？若取喜相，心散难摄，后缘三昧渐深，虽欢喜踊跃，心不散乱，故为细。

注释

① 此段引文参见《大智度论》卷二十，《大正藏》第二十五册，页二一〇上。

② 此段引文参见《大智度论》卷二十，《大正藏》第二十五册，页二一〇上至中。

③ 四无量心的次第是慈、悲、喜、舍。前文提及先乐后喜、身乐心喜、粗乐细喜，所以作者自己设问：为什么不是慈、喜、悲、舍呢？下文即是回答。

译文

第三，解释修喜证喜，即有两项说明：

第一部分，正式说明修习喜无量心的方法。如同佛说：若是比丘以欢喜相应于心，没有嗔心没有恨意，没有怨悔没有烦恼，广大而无量，则会成为善于修持喜相应的人。修行者进入悲无量心的禅定之后，他的心境悲愍哀伤一切的众生，如同在长时间的黑夜中被各种苦恼之所逼迫，我应当如何设法去拔苦救济他们呢？让这些众生，从痛苦中得到快乐，从快乐生起欢喜心。此时深入地观照众生虽然受到苦恼，这些苦恼是虚妄的，本来没有如今已有，可以容易地消灭。为什么呢？像是人有生病的痛苦，若是遇到好的药，即时就能病好，再以衣服饮食供给他，使他快乐没有限量。

再者，像人身体火热，身体受到痛苦烦恼，若是得到清凉的水，火热的痛苦就会消灭，欢乐就会生起。像是人现在受到贫困，以这样的因缘，悭吝贪婪造作恶事，若是供给施与珍宝给他，教导他布施行善，则是现在离开贫苦的弊端，身心庆悦快乐，在未来的时间里，长受到安乐。

再者，又像是世俗人颠倒愚痴，被烦恼牵缠，受到种种的痛苦，若是听闻无漏清净的妙法，依照佛陀所说而修行，烦恼的病苦消灭，当时就会获得禅定智慧及涅槃的快乐。这些种种的因缘痛苦并没有固定不变的本性，可以容易地消灭，使人得到欢乐。修行者作这样的观想之后，就发起誓愿说：希望一切众生，一切的痛苦，全部都排除消灭，感受快乐的欢喜，我在禅定之中，全部都可以看见。发起这样的誓愿之后，就进入禅定，使用正念清净的心，选取亲人，从痛苦中得到解脱，感受快乐欢喜的相貌，专一心志观想这样的境界！

让这样的心念，了了而分明，看见所观想的亲人，感受到欢乐的相貌，其心境欢悦快豫，欣喜庆乐没有限量。接着缘系一般人与怨敌的人，乃至于十方世界五道的众生，感受欢喜的相貌，心里生起庆乐欣悦，因此简略地说明修习喜无量心的方法。

第二部分，说明喜无量心禅定发起的相貌。修行者如此修行之后，心念智慧福德善根力的缘故，作如此的修行方法的时候，就发起了禅定三昧的力量的缘故，就在禅定中，任运自然地看见所爱的亲人，离开痛苦得到快乐，欢喜的相貌，了了而分明。在三昧的禅定中，其心境欣悦适豫无法言说，乃至于十方世界五道的众生，受到如此的欢喜，也是如此的。修行者在三昧的禅定中，看见外面众生受到欢喜的相貌，然而在内心之中没有运动转变，禅定逐渐增广深入，是称为“喜相应心”（欢喜相应于心境）。没有嗔心、没有恨意、没有怨悔、没有烦恼，广大无量善于修持的意义，如同前文慈无量心中所说。

有人问说：慈心让众生快乐，喜心让众生欢喜，快乐与欢喜，有什么相同或差异吗？回答说：如同《大智度论》中所说：身体的快乐叫作“乐”，心灵的快乐叫作“喜”。五识（眼、耳、鼻、舌、身识）相应的境界称为快乐，意识相应的境界称为欢喜。在五尘中生起的快乐称为“乐”，在法尘中生起的快乐称为“喜”。再者，在欲界中五识相应的境界称为“乐”，初禅中三识相应的境界称为“乐”，在三禅中的一切乐是称为“乐”。在欲界与初禅中，意识相应的境界称为“乐”；在二禅中的一切乐是称为“喜”。粗糙的快乐称为“乐”；细致的快乐称为“喜”。因地的时候称为“乐”；果地的时候称为“喜”。刚开始得到快乐称为“乐”；欢乐心内在发起，快乐的相貌外在表现，欢喜的境界踊跃称为“喜”。乐根相应的境界称为“乐”；喜根相应的境界因此称为“喜”。如此等种种方法分别“喜”与“乐”相貌的差异。

有人问说：若是如此，为什么不是先慈后喜的次第呢？回答说：修行实践慈心的时候，（心中）关爱顾念众生，有如自己的孩子，心里愿意给予他快乐，于是离开慈无量心的三昧。犹然看见众生受到种种的痛苦，深深地在心中关爱顾念，希望拔除他的痛苦，让他得到安乐。应当如同刚开始快乐后来欢喜，中间隔有悲心，因此不在慈心之后记录喜心。譬如母亲，虽然经常念及孩子，让他得到安乐，然而没有在欢喜之后看见他染患病苦的情况，（看见自己孩子患病）其心情愁苦恶劣，病况既然解除，将家庭的事业托付给他，因此有很大的欢喜，所以悲无量心之后说喜无量心。

有人问说：什么原因以禅定来说明欢喜快乐？（在禅定中）喜心就是粗糙，若是以无量心的定义说明喜心则是细致呢？回答说：禅则是以“定”为尊贵，快乐的心境恬适安静，与禅定互相扶持，因此为殊胜。无所限量则是心中缘系众生，以众生为修持的因缘，欢喜是殊胜的，因此为细致。

再者，修行者刚开始的禅定既然浅薄，但是以快乐的境缘系众生，为什么呢？若是执取欢喜的相貌，心境散乱难以摄持，后来因为三昧的禅定力逐渐深入，虽然欢喜踊跃，心境不会散乱，因此是细致的。

原典

第四，释修舍证舍，亦为二：

一者，正明修舍方法。如佛说：若比丘以舍相应，心无嗔无恨，无怨无恼，广大无量，善修舍相应心者。行者从喜定出，心自思念：若慈与众生乐，悲欲拔苦，喜令欢喜，而计我能利益，不忘二事，即非胜行。譬如慈父益子，不求恩德，乃曰真亲。

复次，众生得乐有多因缘，不独由我。若言我能与乐，则为过分。复次，慈心与乐，但是得解，然诸众生实不得乐，若以为实，即是颠倒。复次，是诸众生受苦乐，忧喜心生即是结使，难得解脱。我今欲与清净善法，不应住此三心。

复次，我虽慈悲爱念，于彼无益，今当舍此三心，行诸善法，实利众生。如是念已，即舍三心，一心发愿：愿一切众生，皆得妙舍庄严，令我悉见。作是念已，即入禅定。用念清净心，取于亲人，受不苦不乐之相，一心缘之，若有异念，摄之令还。令于心想的的分明，见于前人，受不苦不乐。如是次第，缘中人、怨人，十方五道，一切众生，皆是不苦不乐，其心平等，是则略明修舍方法。

二者，明舍定发相。行者如是修已，正念福德善根力故，作是缘时，三昧便发，即于定中，不加功力，任运见于所爱亲人，受于不苦不乐之相，了了分明。于禅定中，虽见众生，心无憎爱，乃至十方五道众生，亦复如是。行者尔时于此定中，见诸众生，皆是舍相，三昧开发，无有动转，深妙坚固，其心安稳，平等不二，是名舍相应心。无嗔无恨，无怨无恼，广大无量，善修之义，并如上说。

问曰：前三种心中，应有福德，是舍心于众生，不苦不乐，有何等益？答曰：行者作是念：一切众生离苦得乐，失时即是苦，皆是恼累；得不苦不乐，则心安稳，始终无患。以舍饶益故，得福亦大。

复次，行者慈喜心时，或时爱着心生；行悲心时，或时忧悲心生，贪忧故，则功德鲜薄。入是舍心，除此贪过，无诸烦恼，当知行舍福德甚大。复次，行者于舍心中，能作种种益众生事，是故福德增多，略说舍无量心竟。

问曰：悲喜舍中，何故不说法缘、无缘？答曰：义类前慈心可见，不烦重说。

问曰：是四无量心，乐为二分，悲、喜、舍，何故不作二分？答曰：乐是一切众生所爱重，故作二分。若不爱不欲，故不作二分。

问曰：四无量发愿，入定见众生，为实见，为心想见？答曰：见有二种：一得天眼无量心，此实见。二者但用得解忆想，缘众生而入三昧。既证三昧，三昧力故，入则得见，出则不见，此为三昧得解之力，非实见。

问曰：证四无量心，何故不分别支及体用、浅深、进退等相？答曰：证无量心时，亦非全无其义。但既无的文，故不须分别。

译文

第四，解释修习舍无量心证舍无量心，也有两项说明：

第一部分，正式说明修习舍无量心的方法。如同佛陀所说：若是比丘以舍相应于心，心中没有嗔恚没有恨意，没有怨悔没有烦恼，广大而没有限量，善于修习舍相应于心的情况。修行者从喜无量心的禅定中出定，心中自己思念：若是慈心是给予众生快乐，悲心是拔除众生痛苦，喜是让众生欢喜，然而思量我能够利益（众生），不忘两种修行的境界与方法（慈心、喜心），就不是殊胜的修行。譬如慈祥的父亲帮助自己的孩子，不求恩德的回报，才说是真正的亲属。

再者，众生得到快乐有很多因缘，不单独是由我所给予的。若是说我能够给予快乐，则是超越自己分际的说法。再者，慈心给予快乐，只是理论上可以解释，然而各种众生实际上没有得到快乐，若是以此为实际的事情，就是颠倒的情况。再者，这些众生受到痛苦或快乐，忧虑或欢喜的心生起就是烦恼，很难得到解脱。我现在希望给予（众生）清净的善法，不应该安住在这三项心境（慈心、悲心、喜心）。

再者，我虽然慈悲爱念众生，对于众生而言没有帮助，如今应当舍弃这三项心境，修行各种善法，实际利益众生。如此的心念生起之后，就舍离三项心境，专一心志发起誓愿：希望一切的众生，都能够得妙舍的庄严，让我都全部看见。生起这样的念头之后，就进入禅定。使用意念清净的心志，选取亲人（相貌），感受到不苦不乐的相貌，专一心志缘系他，若是有其他的念头，摄持使心念还原。让心中的想念了了分明，看到眼前的（亲）人，感受到不苦不乐。依据这样的次第，那么一般人或是心中怨恨的人，乃至十方五道及一切众生都不苦不乐，他们的心境平等，因此简略地说明修习舍无量心的方法。

第二部分，说明舍无量心禅定发起的相貌。修行者如此修行之后，正念福德善根力的缘故，作这样系缘的观照的时候，三昧便会发起，就在禅定之中，不增加用功用力，任运自然地看见所爱的亲人，感受到不苦不乐的相貌，了了而分明。在禅定之中，虽然看见众生，心中没有憎恨或是爱恋，乃至于十方世界五道的众生，也是如此的。修行者在那个时候的禅定之中，看见各种众生，都是舍离的相貌，禅定的三昧开发，没有运动转变，深入微妙坚定稳固，其心境安稳，平等没有差别，是称为舍相应于心境。没有嗔心没有恨意，没有怨悔没有烦恼，广大而无所限量，善于修持的意义，都如同前文所说。

有人问说：前面三种心中（慈心、悲心、喜心），应该有福德，这项舍心对于众生而言，没有痛苦没有快乐，有什么样的帮助呢？回答说：修行者心中这样想着：一切的众生离开痛苦得到快乐，失去的时候就是痛苦，都是烦恼负累；若是得到没有痛苦没有快乐，则是心境安稳，开始结束都没有过错。这是舍无量心饶益众生的缘故，得到的福德也是很大的。

再者，修行者在修持慈无量心、喜无量心的时候，有时候会有爱恋执着的心生起的可能性；修持悲无量心，有的时候忧虑伤悲的心生起，喜欢忧虑的缘故，则是功德很少。进入这样的舍无量心，除去这样贪恋的过失，没有各种烦恼，应当知道行持舍无量心的福德是很大的。复次，修行者在舍无量心的心境中，能够做出种种利益众生的事情，因此福德会增多，在此简略地说明舍无量心完毕。

有人问说：悲心、喜心、舍心之中，为什么不说法缘、无缘？回答说：意义类似前面慈心可以了解，不需要重复说明。

有人问说：这些四无量心中，快乐有两种，悲心、喜心与舍心，为什么不作二分呢？回答说：快乐是一切众生所爱重，因此作二分。若是没有爱没有欲，因此不作二分。

有人问说：四无量心的发愿，入禅定看见众生，是看见实际的众生，还是心里想见的呢？回答说：看见有两种：一种是得到天眼无量心，这是实际的看见。第二种只是用意念解释回忆观想，系缘众生而进入三昧。既然证得三昧，三昧力的缘故，进入禅定则可以看见，出定则看不见，这是三昧意念解释的力量，并非实际看见。

有人问说：证得四无量心，为什么不去分别禅支，以及体用、浅深、进退等相貌？回答说：证得无量心的时候，也并非完全没有这样的意义。只是既然没有明确的文字，因此不需要分别。

原典

第五，释四无量功德，即为二：一者，现世。二者，未来世。

一、现世功德者。如佛《阿含》[①]中说：若入慈心三昧者，现世得五种功德：一、入火不烧。二、中毒不死。三、兵刃不伤。四、终不横死。五、善神拥护。以利益无量众生故，得无量福德。

二、未来功德者。善修四无量心，若生色界，多作梵王，以无量心，广摄众生故。若于初禅得，即作初禅王，乃至四禅亦尔。

问曰：三藏中但说初禅号娑婆世界主、梵天王，今何故说乃至四禅，悉有梵王？答曰：《缨络经》中明四禅，禅禅并有梵王。问曰[②]：若尔，佛何以故说慈报生梵天上？答曰：以梵天众生所尊，皆闻皆识故。佛在天竺国常多婆罗门，婆罗门法所有福德尽愿生梵天。若闻行慈生梵天，闻多信教，修行慈法，以是故说行慈，生梵天上。

复次，断淫欲天皆名为梵。说梵则摄四禅、四无色定。如五戒中律仪，但说一种不妄语，则摄三事。③

复次，若于四禅中修四无量心，随是禅中，悉得受生。既随禅生无量心，福德大故，果报亦应有异，岂得生于彼天，而无君民之别？复次，如佛于《仁王经》说十八梵，亦应有王民之异。又云：四禅中有大静王，而佛于三藏中，但说初禅有大梵王者，以初禅内有觉观心，虽则有语言法，主领下地众生为便，上地无此，故不别出。

问曰：若尔，佛何故说四无量功德？慈心好修，善修福德，极遍净天；悲心好修，善修福德，极虚空处；喜心好修，善修福德，极识处；舍心好修，善修福德，极无所有处。云何言慈果报，应生梵天上？答曰：佛法不可思议，随众生应度者如是说。复次，从慈定起入三禅易；从悲定起，向虚空处易；从喜定起，入识处易；舍定起，入无所有处易。复次，慈心愿令众生得乐，此果报自应受乐。三界中遍净天最为乐，故言福德极遍净。悲心观众生，老病残害，行者怜愍心生，云何令得离苦？若除内苦，外苦复来；若为除外苦，心苦复来。行者思惟，有身则有苦，唯有无身，乃得无苦。虚空能破色，是故福德极虚空处。喜心欲与众生乐，心识乐者，心得离身，如鸟出笼。虚空处心虽得出，身犹系心，虚空处无得碍。于一切法中，皆有心识，识得自在无边，故以喜福极在识处。舍心者，舍众生中苦乐，故得真法。所谓无所有处，以是故，舍心福极无所有处。若作如是，明四无量心功德。但诸圣人智慧方便，自在故如是，非诸凡夫，何以故？凡夫之人，住初禅乃至四禅，修四无量，随禅受报，不能方便巧入无色，修四无量。

复次，佛知未来世，诸弟子钝根故，分别着诸法，错说四无量相。是四无量心，圣人所知众生缘故，但是有漏。但缘欲界故，无色界中无，所以者何？无色界不缘欲界故。为断如是人妄见故，说四无量心。无色界中，亦以四无量心普缘十方众生，故不重言。不缘无色界，如是说者，多存法缘、无缘。

复次，行者若于众生缘中，具足入法缘、无缘，是时众生缘四无量心，是摩诃衍。

复次，菩萨发菩提心，行菩萨道，此众生缘四无量心，虽是凡夫所行，亦应知、应证。证已，以不可得，空无所着，善巧方便。即能于此定中，具足一切善法，度诸众生，即是行菩萨道。复次，四无量心中，观行功德众多，更欲论余事，不具明也。

次四无量心后，应释无想定，何以故？有诸外道，深厌有为心识生灭，欲求涅槃寂静常乐。既无智慧，不知真实，得四禅时，不见细色之过，但觉心识生灭虚诳，则厌患其心。既不知破色，断色系缚，直以邪智，灭却其心。邪法相应，心无忆想，谓证涅槃。既未断色系缚，若舍命时，即生无想天中，犹是色界生死，不得解脱，亦名客天。犹如阿那含人修五品熏禅[4]，为色界思惟惑未尽，寄生色界，亦名客天。此无想定，既是邪法，非佛弟子所修。今欲具足明三界定，所以略明，示知邪正相耳。

注释

① 此段引文参见《大智度论》卷二十，《大正藏》第二十五册，页二一一上。

② 此段引文参见《大智度论》卷二十，《大正藏》第二十五册，页二一一上至中。

③ 此处指五戒中的“不妄语戒”，总摄口业之四件恶事——两舌、恶口、妄言、绮语，故说“不妄语”，也包含了两舌、恶口、妄言三件事。

④ **五品熏禅：**五品又称五品弟子位，天台圆教八行位之一，一般指专心于自己的实践，据传智者大师说自己是五品弟子位。所谓五品熏禅，是指五品弟子修习熏熟

自在的禅法，如狮子奋迅三昧，能够除去异念的间杂，顺逆进退都能随意自在。

译文

第五，解释四无量心的功德，分为两项说明：一者，现在世（这一生）。二者，未来世（来生）。

一、现在这一世的功德部分。如同《阿含经》中所说：若是进入慈心三昧的人，现在这一生得到五种功德：一、进入大火不会被烧伤。二、中毒而不会死亡。三、（战争）兵刃武器不会伤害他。四、终其一生不会横死。五、善神会拥护他。利益无量众生的缘故，得到无量的福德。

二、未来世的功德部分。善于修习四无量心的人，若生色界，多半做梵天王，是无量心广摄众生的缘故。若是在初禅得到四无量心，就做初禅的天王，乃至于四禅也是如此的。

有人问说：佛教经、律、论三藏中只说初禅号娑婆世界主、梵天王，如今什么原因说乃至于四禅，都有梵天王呢？回答说：在《缨络经》中说明四禅，每一禅天都有梵天王。有人问说：若是如此，佛陀为什么原因说慈无量心的果报是生梵天之上呢？回答说：梵天是众生所尊敬的，都是听闻都是意识的缘故。佛陀在印度的国家中常常有很多婆罗门，婆罗门的法门是所有福德都愿意往生梵天。若是听闻修行慈无量心可以往生梵天，听闻多了就会信奉教理，修行慈无量心的法门，以这样的原因因此说行慈无量心，往生梵天之上。

再者，断除淫欲天皆称为“梵”（清净的梵天）。说梵天则含摄了四禅、四无色的禅定。像是五戒中的戒律仪轨，只说一种“不妄语”，则含摄了三件事（两舌、恶口与绮语）。

再者，若是在四禅中修习四无量心，随着在此禅中全部可以在梵天受生。既然随禅生起无量心，因为福德是大，果报应该也是有差别的，为什么可以往生梵天，却没有君王与人民的差别呢？再者，如同佛在《仁王经》中说十八种梵行，也应该有君王与人民的差别。又说：四禅之中有大禅定的国王，然而佛陀在三藏之中，只说初禅有大梵王的情况，因为初禅境界中有觉察与观照的心，虽然是有语言的方法，主控领导下地的众生为方便，在上地的境界并没有如此，因此不另外说明。

有人问说：若是如此，佛陀因为什么说四无量心的功德？慈心容易修持，善于修持福德，到达遍净天；悲心容易修持，善于修持福德，到达虚空处天（空无边处天）；喜心容易修持，善于修持福德，到达识无边处天；舍心容易修持，善于修持福德，到达无所有处天。

为什么说慈无量心的果报，应该往生梵天呢？回答说：佛法是不可思议的，随顺众生应该得度化的人对他如此说。再者，从慈无量心的禅定出定进入三禅是容易的；从悲无量心的禅定出定，进入虚空处的空无边处禅定是容易的；从喜无量心的禅定出定，进入识无边处定是容易的；从舍无量心的禅定出定，进入无所有处定是容易的。再者，慈心愿意让众生得到快乐，这样果报本身应该受到快乐。在三界中的遍净天是最为快乐的，所以说福德很大到达遍净天。悲心观照众生，年老、生病、残障、伤害等，修行者怜愍的心生起，如何让众生可以离开痛苦呢？若是除去内在的痛苦，外在的痛苦又来了；若是为了除去外在的痛苦，心中的痛苦又来了。修行者思考这个问题，有这个身体就有痛苦，只有没有这个身体，才能没有痛苦。虚空能够破除物质的色法，因此福德很大可以到达空无边处禅天。喜心希望给予众生快乐，心识快乐的人，心灵可以离开身体，如同鸟飞出笼子。在空无边处天的心虽然可以出来，身体犹然系着心，在空无边处天是没有障碍的。在一切的境中，都有心识，意识是可以自在而没有边际，因此以喜心的福德可以到达识无边处天。舍心的情况，舍离众生中的痛苦与快乐，所以得到真正的佛法。所谓无所有处天，以这样的缘故，舍无量心的福报到达无所有处天。若是如此修持，说明四无量心的功德。但是各位圣人的智慧方便，自在所以如此，不是一般的凡夫可以做到的，为什么呢？一般的凡夫，安住初禅乃至于四禅，修习四无量心，随着禅定的境界承受果报，不能够方便善巧地进入无色界，修习四无量心。

再者，佛陀知道未来的世界中，各位弟子钝根的缘故，对于佛法起了分别与执着，错误地说明四无量心的相貌。这四无量心，是圣人所知道众生因缘的关系，只是有漏的生灭烦恼。只是缘系欲界的缘故，无色界中是没有的，什么原因呢？无色界是不可缘系欲界的缘故。为了断除这些人错误见解的缘故，说明四无量心。在无色界的天道，也是以四无量心普遍缘系十方的众生，因此不再重复说明。不缘系无色界，如此说明的人，多半存有境界与无所缘系的特质。

再者，修行者若是在众生的因缘中，具足进入法缘与无缘，这个时候众生缘系四无量心，是大乘佛教的佛法。

再者，菩萨发菩提心行菩萨道，这些众生缘系四无量心，虽然是凡夫的行为，也应该知道、应该证得。证得四无量心之后，以其不可以得到，空幻而没有任何执着，善巧而且方便。就能够在此禅定之中，具足一切的善法，度化各种众生，就是行菩萨道。再者，在四无量心中，观想修行的功德很多，再希望讨论其他的事情，不具体说明了。

在四无量心之后，应该解释无想定，为什么呢？有一些外道，深刻地厌弃有为法的心识生灭，希望求得涅槃寂静的永恒快乐。既没有智慧，不知真实的实相，得到四禅的时候，看不到微细物质的过失，只是觉得心识是生灭虚幻的，就厌弃不要他的心识。既不知道破除物质色法的障碍，断除物质的牵系绑缚，更直接以不正确的智慧，消灭他自己的心识。不正确的境界与其相应，心中没有忆念思想，说是证得涅槃。既然没有断除物质的牵系绑缚，若是命终的时候，就会往生到无想天的境界中，犹然是在色界的生死轮回中，没有得到解脱，也称为过客的禅天。好像三果阿那含的修行者修行五品弟子的熏禅，因为色界思惟的迷惑没有断除，寄生在色界中，也称为过客的禅天。这项“无想定”，就是不正确的邪法，不是佛弟子所应该修持的。在此希望具足说明三界的禅定，所以简略地说明，开示让人了解不正确的邪法与正确的佛法的相貌而已。

四无色定

原典

第三，释四无色定。四无色定者：一、空处。二、识处。三、无所有处。四、非有想非无想处。今释此四定，为二意：一、总释。二、别释。

第一，总释者。前四禅、四无量定，悉依色法故有。今此四定，悉依无色法从境得名，故云无色定。是故经云：四空灭色道，心心互相依，亦名四空定。无形无质，即是义同虚空，故名四空定。亦名四空定处。此四种定心，亦名定处。此四种定心，以所观之境为处，如念处、胜处、一切处，悉从所观处得名。四空定次第之相，在下当明，而不名禅者，前已受名，不应重立，今应更立胜名。

复次，此四无色自体，支林有缺，不得名禅。问曰：《缨络经》说：五支为因，默然为定体，此复云何？答曰：此但约义方便立支，非如四禅具足成就支林之法，故诸经论中，并不说有支也。

第二，别释空处，即开为三：一、释名。二、修行。三、证相。

第一，释名。所以名空处定者，此定最初离三种色[1]，心缘虚空，既与无色相应，故名虚空定。今此空处及上三无色定，并是无觉、无观、圣默然及舍俱所摄，故《摩诃衍》云：得虚空处定不苦不乐，其心转增。

问曰：若虚空无色名空定者，上来诸禅，亦见空想，何故不名虚空定耶？答曰：不尔，彼六地[②]中，但是入定心细，不见粗色之相，意谓为空，而实未能观色，破散色法，断色系缚。所以定中，或时见色，或不见色，非如空定，一向永绝色相。是故六地定中，虽有空相，不名虚空无色定也。

注释

① **三种色：**第一种：可见有对色。第二种：不可见有对色。第三种：不可见无对色。这三种物质的色法，是障碍空定的境界。

② **六地：**指欲界定、未到地定，初、二、三、四禅等六地。

译文

第三，解释四无色定（四空定）。四无色定分别是：一、空处定（空无边处定）。二、识处定（识无边处定）。三、无所有处定。四、非有想非无想处定。在此解释这四项禅定，有两项大纲与方法：一、总体的解释。二、分别的解释。

第一部分，总体的解释。前文所说的四禅、四无量心的禅定，都是依据物质的色界法而有。如今此四项禅定，都是依据无色法的境界得到这项名称，因此说是“无色定”。因此佛经中说：四空定灭除色界物质的境界，心识之间互相依靠，也称为四空定。没有形状没有质料，就是意义如同虚空一般，因此称为四空定。也称为四空定处。这四项空定的定心，也称为“定处”（禅定的所在）。这四种空定的定心，以其所观照的境界为处所，像是“念处”“胜处”“一切处”等，都是从所观的处所得到这样的名称。四空定的浅深次第的相貌，在下文中当会说明，而不被称为“禅”的原因，是前面四禅已经受名，不应该重复地建立，在此应该更立殊胜的名称。

再者，这些四无色定的自体本身，支林是有缺漏的，不可以称为禅。有人问说：《缨络经》中说：五项禅支是为因素，默然心为禅定的本体，这又是说明什么呢？回答说：这只是以意义的方便建立禅支，不像四禅具足成就支林的方法，因此各种经论中，并没有说明有禅支的情况。

第二部分，分别解释空处定，就开示三项解说的大纲：一、解释名词。二、修行方法。三、证入相貌。

第一，解释名词。所以称为“空处定”的原因，是此定最初离开三种物质的色法（可见有对色、不可见有对色、不可见无对色），心中缘系虚空，既与无色法相应，因此称为虚空定。如今在此空处天及上文所说的三无色定，都是无觉（没有觉察）、无观（没有观照）、圣默然心与舍俱心所摄持，因此《摩诃衍》说：得到虚空处定是不苦不乐，其心境转为增上。

有人问说：若是说虚空没有物质的色相称为空定的，以上的四禅，也有空想的情况，为什么不说是虚空定呢？回答说：不是如此的，在前面的六地之中，只是入禅定的心细致，没看见粗糙物质的相貌，意谓为空相，然而实际上不能够观照物质的色法，破除散灭色法，断除色法的系缚。所以在禅定之中，有时候看见物质，有的时候没看见物质，并不像空定一般，进入后就永绝色界物质的形相。因此在前面六地——欲界定、未到地定，初、二、三、四禅的禅定中，虽然有空相，不称为虚空无色的禅定。

原典

第二，明修空方法。就中有二：（一）明所修之境。（二）明能修之心。

（一）明所修之境。中有二种：一者，障境。二者，相成境。第一，障者，行者欲入空处，要须灭三种色：一、可见有对色。二、不可见有对色。三、不可见无对色。故经中说：过一切色相，灭有对相，不念种种相，入无边虚空处。《摩诃衍》云：过一切色相，即破可见有对色。灭有对相，即是破不可见有对色。不念种种相，是灭不可见无对色。一切色法不过十一，谓五尘、五根，及一入少分，即是色法尘。如《阿毗昙》说：一则见，十则说有对，一入少分是不可见无对。行者欲入虚空处定，必须破此三色，此三种色，即是障境。第二，成定境者，虚空为智所缘，因此入定，即是成定之境。

（二）明能修之心，即为二：一、诃赞。二、观析修习。

言诃赞者，如行者欲求虚空处定，应深思色法过罪。所谓若有身色，则内有饥渴疾病，大小便利滓秽，粗重弊恶，欺诳虚假等一切诸苦。外受寒热、刀杖、枷锁、刑罚等一切诸苦。从先世因缘和合，报得此身，即是种种众苦之本，不可保着。

复次，一切色法系缚于心，不得自在，即是心之牢狱，令心受恼，无可贪乐，是则略说诃色过罪之相。赞者，赞叹，虚空无色，则无此过，虚豁安乐，此处寂静，无众恼患。今明诃责、赞叹者，即是修习六行之相，类前可知也。

言明观析修习者，行者于四禅中，应作是念：我今此定，依欲界身，具足色法，何故不见？作此念已，即当一心谛观己身，一切毛道及与九孔，身内空种，悉皆虚疏，犹如罗壳，内外相通；亦如芭蕉，重重无实，作是观时，即便得见。既得见已，复更谛心观察，见身如簁①、如甑②、如蜘蛛网，渐渐微末，身分皆尽，不见于身及五根等。如内身既尽，外色亦然！所以者何？内身四微③、四大，一切色法，不异外身四微四大，一切色法故。复次，行者如是观时，眼见色坏，故名过色。耳声、鼻香、舌味、身触，觉坏故，名灭有对相。于二种余色及无教色，种种不分别故，名不念种种别异相。一切色法既灭，但一心缘空，念空不舍，即色定便谢，而空定未发，亦有中间禅。尔时慎勿忧悔，勤加精进，一心念空，当度色难，是则略说修习禅定方法。

注释

① **簁**：盛物的竹器，或称筛子，以竹片编成，中有空疏，可以取粗去细。在此比喻人的身体如筛子，中间有空隙的部分。

② **甑**：古代蒸食物的瓦器，后世改用竹木仿制，即是蒸笼。在此比喻人的身体有如蒸笼的内外。

③ **四微：** 色微（眼见诸色的细微）、香微（鼻嗅诸香的细微）、味微（舌尝诸味的细微）、触微（身体所觉种种诸触的细微）。

译文

第二，说明修空定的方法。分成两项说明：（一）说明所修的境界。（二）说明能修的心法。

（一）说明所修的境界。有两种境界：一者，障碍的境界。二者，相成的境界。第一，障碍的境界，修行者希望进入空处定，必须灭除三种物质的色法：一、可以看见有相对物质的色法。二、不可以看见有相对物质的色法。三、不可以看见没有相对物质的色法。因此佛经中说：超越一切物质的相貌，灭除有相对的相貌，不去忆念种种的相貌，进入无边虚空处定。在《摩诃衍》中说：超越一切物质的相貌，就可以破除可以看见有相对物质的色法。灭除有相对的相貌，就是破除不可以看见有相对物质的色法。不忆念种种的相貌，是灭除不可以看见没有相对物质的色法。一切物质的色法没有超过十一种，分别是“五尘”“五根”，以及一入少分的物质，就是色法尘。如同《阿毗昙》所说：第一种“可见有对色”是可以看见的，除了“色尘法”之外的十项色法说是有相对的，一入少分的物质是不可以看见没有相对的色法。修行者希望进入虚空处定，必须破除以上这三种色法，这三种色法，就是障碍的境界。第二，相互成立禅定境界的情况，虚空的性质被智慧的修持所缘系，因此进入这样的禅定，就是相成禅定的境界。

（二）说明能够修持的心法，就有两项内容：一、呵斥或是赞美。二、观照分析的修持方法。

所谓“呵斥或赞美”的情况。如果修行者希望求得虚空处定，应该深思物质色法过错与障碍。所谓若是有身体物质的色法，则是内在有饥渴与疾病，大小便与污秽的东西，粗糙沉重弊累坏恶，欺诳虚假等一切各种痛苦。外在受到寒冷热恼、刀剑木杖、枷锁、刑罚等一切的各种痛苦。从过去生因缘的和合，报应到这样的身体，就是种种众多痛苦的本源，不能保有与执着。

再者，一切物质的色法系缚了心，不能够自在，就是心灵的牢狱，让心受到苦恼，没有什么值得贪求快乐的，因此简略地说明呵斥物质色法过失错误的相貌。所谓的“赞”，是指赞叹，虚空处定没有物质的色法，就没有这样的过失，虚空开豁的安乐，在如此的境界是寂静的，没有众多的烦恼与障碍。在此说明呵斥责备与赞美肯定的情况，就是修行六行观（厌粗观、厌苦观、厌障观、欣胜观、欣妙观、欣出观）的相貌，类似的意义同前文一般是可以知道的。

二、说明观照分析的修习方法。修行者在四禅的禅定中，应该生起这样的心念：我现在进入的这个定境，是依据欲界的身体，具足物质的色法，为什么没有看见（物质的相貌）呢？生起这样的心念之后，就应该专一心志如实地观照自己的身体，一切的毛孔与身上的孔道（口、耳、鼻等），身体内部空虚的部分，全部都空虚开疏，有如螺贝的壳，内外是相通的；也如同芭蕉一般，一层一层重叠而没有实物，作如此观照的时候，当下就可以看见。既然得以看见之后，又再专一心志如实地观察，看见身体有如盛物的筛子，也有如蒸食物的蒸笼，也有如蜘蛛网，逐渐地变得细微，身体各部分的情况分析到最后，就看不见身体与五根等。如果身体内部的分析观照既然到了尽头（一无所见），外面的物质色法也是如此的！为什么呢？身体内部的四微——色微、香微、味微与触微，四大——地大、水大、火大与风大，一切色法的物质，与外在身体的四微四大是没有差异的，因为一切色法都是物质。再者，修行者如此观照的时候，眼睛看见物质的坏灭，因此称为物质的过错。耳朵听到声音，鼻子闻到香味，舌头尝到味道，身体有触觉，意识有觉察等破坏了的缘故，称为灭除有相对的相貌。对于两种其他的色法物质及没有名称的物质，种种没有分别的缘故，称为不念种种分别相异的相貌。一切物质的色法既然灭除，只是专注一心地系缘空相，心念于空相而不舍离，就会使得物质色界的禅定消失，然而空定尚未发起之前，也有中间禅。在那个时候谨慎而不用忧虑悔恨，勤苦加以精进，专一心志系念空相，可以渡过色法物质的障碍，因此简略地说明修习禅定的方法。

原典

第二，明证虚空定，亦为六意：一、证相。二、明有支无支。三、体用。四、浅深。五、进退。六、功德。

第一，明证相者。行者既一心念空不舍，则其心泯然，任运自住空缘，此亦似如前说未到地之相。于后豁然，与空相应，其心明净，不苦不乐，益更增长。于深定中，唯见虚空，无诸色相。虽缘无边虚空，心无分散，既无色缚，心识澄静，无碍自在！如鸟在笼中，笼破得出，飞腾自在。证虚空定，亦复如是。

复次，得空处定，出过色界，故名过一切色相。空法持心，种种诸色而不得起，故名灭有对相。既得胜妙空处决定，能舍色法，心不忆恋，故名不念种种相。是故经中，多以此义，明证虚空处定。

第二，明有支无支者。余经论中，明四无色定，例不立支。唯《缨络经》[1]云：四空定，五支为因，第六默然心为定体，方便道同，体用相似故。若依《缨络》所说：虚空定即有五支。五支者，如经说：一、想。二、护。三、正。四、观。五、一心。但上来四禅，悉有支相貌可见。今此空定，既无别证支离之法，此恐是据修空方便义，立为支故！经言：方便道同，体用相似故。余经论悉不立支者，当是为自体无有别证，支林成就之相。而于《缨络》中说有支者，多是据方便及约义故说支。

约方便立支，其义云何？一、想者：修空定时，想身如簁、如甑想。二、护者：即是舍支，舍于三种色相。又护者名护持，遮三种色，不令破于空心。三、正者：不邪为义。今修空定为正，若念色相，是则为邪。四、观者：观达正念，破三种色，达于空理。若观心住虚空，无有分散，名一心支。通明支者，谓支离为义，因此五法，支离非一，故名为支。约修方便论支，正应如此。佛意难知，既无的文，不可定判。或是证空定时，于空定中义立五支，何以故？经亦说言：五支为因，第六默然心为定体。今约修空立支隐显明因果体用，如似不便。若约证空定时，义立五支，亦复宛然！似如可见，深推自解，不烦多释。

第三，体用者。前五支为因，第六默然心为果。果后更起五支则为用。默然为体，例如前四禅不异。问曰：向言无证支，那得例上？答曰：还用方便支义，支对隐显，例作亦当，于义无失。

第四，浅深者。初得虚空定，即离三种色，心与十方虚空相应。于后定既重发，复觉心识明净，见空亦广，定又增深。自觉初浅狭，今则渐广深，如是乃至九品，类前可知。

第五，进退者。得虚空定，亦有四种人不同，所谓退分、住分、进分、达分，类如上四禅中说。今不广明。

第六，明功德者。亦有共不共，共如上说。不共离过者，始于此空定中，方得离三种色过。善心不共者，得离色证空，更得增胜、信敬、惭愧等诸功德。

注释

① 此段引文参见《缨络经》卷上，《大正藏》第二十四册，页一〇一五上。

译文

第二，说明证入虚空定的情况，也有六项分类说明：一、证入的相貌。二、说明有禅支与无禅支。三、说明体用的关系。四、说明浅深的情况。五、说明进步与退步的情况。六、说明虚空定的功德。

第一，说明证入虚空定相貌的部分。修行者既然专一心志系念空相不舍离，就会使修行者的心境泯然，任运自在地安住虚空的因缘，这个部分类似前文所说的未到地定的相貌。在此之后豁然开朗，与空相相应，其心境明亮清净，没有痛苦没有快乐，更加地增长。在深入的定境中，只看见虚空，没有各种色相。虽然系缘无边的虚空，心境没有分散的情况，既没有物质色法的绑缚，心识澄明安静，无碍而自在！如同鸟在笼子之中，笼子破了得以飞出去，飞腾天空而自在。证入虚空定的情况，也是如此的。

再者，得到空虚的禅定，出离色界物质的缘故，称为超越一切色法物质的相貌。空处的境界与方法持心，各种的物质而不能生起，因此称为灭除有相对的相貌。既然得到殊胜微妙空处禅定的肯定，能够舍离色法的物质，心中不会回忆执恋，因此称为不念各种物质的相貌。所以在佛经中，多半是以这项意义，说明证入虚空处定的相貌。

第二，说明有支、无支的情况。其他的佛教经论中，说明四无色定，按例是不立禅支。唯有《缨络经》中说：四项空定是以五禅为因，第六项默然心为定的本体，方便道也是一样，这是本体作用相似的缘故。若是依照《缨络经》所说：虚空定就有五禅支。五项禅支的情况，如同佛经所说：一、意想。二、护持。三、正定。四、观破。五、一心。只是以前的四禅，都有禅支的相貌可以看见。如今这项空定，既没有其他的证得支离的方法，这恐怕是修习空定方便的意义，所以立为禅支的缘故吧！佛经说：方便道也是相同的，本体作用相类似的缘故。其他经论都不立禅支，应当是为自己本体，没有其他的证得支林成就的相貌。而在《缨络经》中有说明禅支的部分，多半是依据方便及以意义说明禅支。

以方便的意义建立禅支，其意义是什么呢？一、“想”的禅支：修习空定的时候，观想身体有如筛子、有如蒸笼。二、“护”的禅支：就是舍离（色界），舍离三种色法物质的相貌。再者，“护”又称为护持，遮住三种色法物质，不让它破坏空定的心境。三、“正”的禅支：不邪是正的意义。如今修习空定为正定，若是心念色法物质的相貌，就是邪定。四、“观”的禅支：观照通达正念，破除三种色法物质，达到空理。五、“一心”的禅支：若是观照心安住虚空，没有分散，称为“一心”的禅支。“通明”的禅支，说支离是意义，因此以上的五种境界，支离并不是一种，因此称为支。以修习方便论述支的意义，正是应该如此。佛陀的意旨是难以知道的，既没有明确的文字，所以不可以决定明判。或是证入空定的时候，在空定中意义上建立五支，为什么呢？佛经中也曾说：五禅支是因位，第六项默然心为定的本体。在此以修习空定立禅支来说明因果本体与作用，好像并非十分方便。若是证入空定，建立五禅支，也是宛然不变！类似如此可以看见，深入地推理自能解释，不需要多加解释。

第三，说明本体与作用的情况。前五支为因位，第六项默然心为果报。果报之后再生起五禅支则为作用。默然为本体，例证如同前面四禅没有差别。有人问说：向来没有证明证支，哪里可以例证如上呢？回答说：还用方便支的意义，支林相对隐藏或彰显，例证也是应当，在意义上是没有过错的。

第四，说明空定浅深的情况。刚开始得到虚空定时，就离开三种色法物质，心境与十方虚空是相应的。在后来的禅定既然再度发起，更感觉心意识明白清净，见到空境更加广大，禅定又增加深入。自己觉察到刚开始是浅薄狭窄，如今则是逐渐广泛深入，如此乃至于九品（最深的空定），类似前文可以知道。

第五，说明虚空定进步或退步的情况。得到虚空定的情况，也有四种根性的人是不同的，所谓退步的情况、安住的情况、进步的情况与通达的情况。类似有如上文四禅中的说明，在此不再广泛说明。

第六，说明虚空定的功德的部分。也有共法与不共法，共法如同前文所说。不共法离开过失的部分，才在这项空定之中，方能离开三种色法物质的过失。善心不共法的部分，可以离开色法证入空定，更可以增进殊胜、信敬、惭愧等各种功德。

原典

第二，明识处定者。亦为三：一、释名。二、修行方法。三、证相。

第一，释名者。所以名识处者，舍空缘识，以识为处，正从所缘处受名，故名识处。

第二，修行方法者。有二种：一者，诃毁空处，赞叹识处。二者，观破空处，系缘念识处。云何名诃责空定？行者知空处定，与空相应，虚空无边，心缘虚空，缘多则散，能破于定。复次，虚空是外法，缘外法入定，定从外生，则不安稳，过罪多，是名诃虚空定。识处既是内法，缘内法入定，则多寂静安稳，是故赞叹识处。

观破空处者。观缘空受、想、行、识，如病如痈，如疮如刺，无常、苦、空、无我，和合而有，欺诳不实，此即是八圣种观。前四是对治方法，便是事观；后无常等四，即是缘谛理观。就此八种观中，即有总别。总者，用此八法，总观空处定，四阴和合，故有此定，可患无实。

别观者，用此八法，前四对治，观四阴事：如病者，对治受阴；如痈者，对治想阴；如疮者，对治行阴；如刺者，对治识阴。复次，四无常等即对观四阴理相。无常观识阴，苦观受阴，空观想阴，无我观行阴。此事理二观总别，观虚空处事理，无可贪乐，即心易生厌，疾能舍离，善用念处中意，寻此别对之义可见。

问曰：离四禅时，何故但说三方便？今离四空定说八圣种耶？答曰：空定既细，若不说圣种往观，则过难见。问曰：若尔，凡夫无八圣种，云何得离？答曰：善修六行，亦得离之，但不如八圣种疾。问曰：若修有漏禅，得用八圣种者，与无漏复有何异？答曰：今此中用八圣种，但是欲疾离下，修上地定，不能即深观自地，发无漏慧，故与无漏有异。

次，明系心缘识。行者既善知空定过罪，心不喜乐，便舍空处，一心系缘现在心识，念念不离，未来过去，亦复如是。常念于识，欲得与识相应，加功专至，不计旬月，一心缘识无异念。问曰：过去识已灭，未来未至，现在不住，云何可缘而入定耶？答曰：心识之法，实如所问，虽三世心识不可得，而亦可忆持！如过去嗔心已灭，不可复得，犹可忆知。亦如得他心智，即能知他三世之心，诸法虽空，而不断故。何况自缘己三世识心，而不得作入定因缘？此而推之，亦得有缘识入定之义。是故行者一心缘识，空定即谢。识定未生，中间亦例如前。问曰：若尔，亦说中间禅相耶？答曰：上已解之，其义可见。

第三，证相。亦有六义：一、证相。二、明支。三、体用。四、浅深。五、进退。六、功德。

一、证定发相者。行者一心缘识，即便泯然，任运自住识缘，因此后豁然，与识相应，心定不动，而于定中，不见余事，唯见现在心识，念念不住，定心分明，识虑广阔，无量无边。亦于定中，忆过去已灭之识无量无边，及未来应起之识，亦无量无边，悉现定中，与识法相应。识法持心，无分散意，此定安稳，清净寂静，心识明利，不可说也。

问曰：行者未得三通[①]，云何知三世心？答曰：此是三昧之力，类上四无量心，其义可知。

二、明支者。如《缨络经》说：四空五支方便道同，用相似故，例如空处，不烦更说。

三、体用及浅深、进退、功德等。并类可知，今不别释。

注释

①**三通**：笔者以为应是指“三明”——天眼明、宿命明与漏尽明，而非天眼通、宿命通与漏尽通。因为“通”与“明”的差别，主要在于“已解脱”与“未解脱”，或是“明”能够观照洞悉过去、现在与未来等三世，而“通”则局限在现在与过去的部分。因此，从本文的脉络意义来看，应是指“三明”，然而或有可能取“通”的广泛意义作为解说的方便，亦未可知。

译文

第二，说明识无边处定的情况。也有三项说明：一、解释名词。二、修行的方法。三、证入的相貌。

第一，解释名词。为什么称为“识处”（识无边处）的禅定呢？舍离空无边处定系缘意识，以意识为修行的处所，正因为是所系缘的地方接受的名称，因此称为“识处”。

第二，修行的方法。有两种方法：一者，诃弃诋毁空无边处定，赞叹识无边处。二者，观照破除空无边处定，系缘在心念意识的地方。为什么称为诃弃责备空无边处定呢？修行者知道空处的禅定，是与“空”相应的，因为虚空是无边的，心念缘系虚空，缘系多了则散乱，能够破坏禅定。再者，虚空是外在的境界，系缘外在的境界而进入禅定，禅定是从外在而生，因此不够安稳，过失的障碍很多，因此称为呵斥虚空的禅定。识处既然是内在的境界，系缘内在的境界进入禅定，则多半是寂静与安稳的，因此赞叹识无边处的禅定。

第二，观照破除空处禅定的情况。观照缘系空处的受、想、行、识，如同生病如同生痈，如同长疮如同长刺，所谓的“无常”“苦”“空”“无我”，是和合才有的，欺骗虚诳并不实存，这就是八圣种的观照。前面四种是对治的方法，就是以事相的观照；后面“无常”等四种方法，就是缘系真实道理的观照。就在这八项观照当中，即有总法与别法。所谓的总法，是使用这八种方法，总体观照空处定，受、想、行、识等四蕴和合，因此有此禅定，可以有障碍而无实际。

所谓的别观的情况，是使用这八项方法，前面四种对治，观照受、想、行、识等四蕴：如同生病一般，对治受蕴；如同生痈一般，对治想蕴；如同长疮一般，对治行蕴；如同长刺一般，对治识蕴。再者，四项“无常”（无常、苦、空、无我）等就是对治观照四蕴的理相。以“无常”法观照识蕴，以“苦”法观照受蕴，以“空”法观照想蕴，以“无我”法观照行蕴。这项事相、理法两种观照的总相与别相，观照虚空处的事相与理法，没有什么可以贪恋快乐的，即心中容易生出烦厌，病苦障碍能够舍离，善于使用意念中处所中的“意”想，依照这项别相对照的意义可以知道。

有人问说：离开四禅的时候，为什么原因只说三种方便呢？如今离开四空定却说八圣种观法呢？回答说：空定是比较细致的，若是不说明圣种的方法去观照，则过失难以看见。有人问说：若是如此，一般凡夫没有八圣种，如何可以舍离呢？回答说：善于修行六行观，也可以舍离它，但是不如八圣种观法快速。有人问说：若是修习有漏的禅法，使用八圣种观的方法，与修习无漏禅的方法又有什么差别呢？回答说：如今在此使用八圣种观，只是希望快速地离开下地境界，修习上地的禅定，不能够即此深入观照本身的境界，发起无漏的智慧，因此是与无漏有差别的。

接着，说明系心缘识的情况。修行者既然善于知道空定过失的障碍，心中并不因此感到喜乐，便会舍离空处定，专一心志地系缘在当下的心识，念念都不会舍离，未来或过去，也都是如此的。经常系念在意识，希望能够与意识相应，加紧用功专心致志，不计较十日一月的时间，专一心志系缘在意识而没有其他的心念。有人问说：过去的心识已经消灭，未来尚未到达，现在的时间并不停留，如何可以系缘而进入（识处）定呢？回答说：心意识的境界，实际的情况如同所问，虽然过去、现在、未来等三世的心识是不可得的，然而也可以回忆修持！像是过去的嗔心已经消灭，不能够再得到，犹然可以回忆知道。也好像得到他心通的智慧，即能够知道他人三世的心意，诸法的境界虽然空寂，然而并不断灭的缘故。何况是自己系缘自己三世的意识心念，而无法作为自己入（识处）定的因缘呢？由此而推论来说，也可以说是缘系“意识”进入（识处）定的意义。因此修习者专一心志缘系“意识”，空处定就会消失。意识处定尚未生起，也有中间禅例如前文所说。有人问说：若是如此，也说明中间禅的相貌吗？回答说：上文已经解释了，其意义可以了解。

第三，证入识处定的相貌。也有六项意义：一、证入的相貌。二、说明定支。三、说明体用的关系。四、说明浅深的境界。五、说明进步或退步的情况。六、说明识处定的功德。

一、证入识处定的相貌。修行者专一心志缘系意识，就会泯然，任运自然地安住识缘，因此后来豁然，与意识是相应的，心境安定而不动摇，而在（识处）定境之中，没有看见其他的事相，只看见现在的心识，念念不停留，禅定的心境分明，意识心虑广阔，无量而没有边际。也在识处定境之中，回忆过去已经灭的意识无量无边，以及未来应该会生起的意识，也是无量无边，都呈现在禅定中，与意识的境界相应。意识境界守持在心中，没有分散的意念，这样的禅定是安稳的，清净寂然安静，心意识明白快利，无法言说表示。

有人问说：修行者尚未得到三项神通（或说是三明），如何可以知道三世的心识呢？回答说：这是三昧的力量，类似前文所说的四无量心，其意义是可以知道的。

二、说明定支的情况。如同《缨络经》所说：四空定的五定支是方便的说法，作用是相似的缘故，类似空处定的情况，不必劳烦再说明了。

三、说明体用的关系；四、说明浅深的境界；五、说明进步或退步的情形；六、说明识处定的功德，等等，都类似空定或其他禅定的情况，在此不分别解释了。

原典

第三，明不用处[①]。亦为三：一、释名。二、明修行方法。三、明证相。

一、释名者。不用处者，修此定时，不用一切内外境界。外境名空，内境名心。舍此二境，因初修得名，故言不用处。亦名少处。亦名无所有处。亦名无想处。

此三名从定体得名也。

二、明修无所有处定。方法为二：一者，诃赞。二者，观行修习。云何诃责识处？行者深知识处过故。所以者何？识定心与识法相应，若于定中，心缘于识，过去、现在、未来心识，悉无量无边。若心缘无边，缘多则散坏于定。

复次，上缘空入定，名为外定。今缘识入定，名为内定。而依内依外，皆非寂静。若依内心，以心缘心入定者，此定已依三世心生，非真实。唯有无心识处，心无依倚，乃名安稳，如是知已，赞无所有处。观行修习者：观于缘识受、想、行、识，如病如痈，如疮如刺，无常、苦、空、无我，和合而有，虚诳不实，义如前释。如是知已，即舍识处，系心无所有处。无所有处，既无所依缘心识则内静息，求不用一切心识之法，知无所有法，非空非识，无为法尘，无有分别。如是知已静息其心，念无所有法，是时识定即谢。少定未起，于其中间，证相如前说。

问曰：有人言：修无所有，取少识缘之入定，此事云何？答曰：不然。应舍一切，但念无所有法，故名无所有处。而说言少处者，但意根对无所有法尘，生于少处，非是缘少识入定，名为少处也。

第三，明证相。亦为六：一者，正明证相。二者，明支。三者，明体用。四者，浅深。五者，进退。六者，功德。第一，明无所有定发相者。行者于中间，心不忧悔，专精不懈，一心内净，空无所依，不见诸法，寂然安稳，心无摇动，此为证无所有定相。入此定时，怡然寂绝，诸想不起，尚不见心相，何况余法？无所分别，是名无所有处定，亦名无想定。二、明支；三、明体用；四、明浅深；五、进退；六、功德，例如前说。

注释

① **不用处**："无所有处"（梵语Ākiñcanyāyatana），是四空定之一，主要是厌患识无边处，修习无所有处定所感得之异熟果或禅定。

译文

第三，说明"不用处"（无所有处）定的情况。也有三项介绍：一、解释名词。二、说明修行方法。三、说明证入的相貌。

一、解释名词的部分。所谓的"不用处"，是说修习这项禅定的时候，不依靠使用一切内在或外在的境界。外在的境界称为"空"，内在的境界称为"心"。舍离这两项的境界，因为初始修行得到名称，因此称为"不用处"。也称为"少处"（极微少之意）。也称为"无所有处”。也称为“无想处”。这三项名称是从禅定本体而得到的。

二、说明修习无所有处定的情况。有两种方法：一者，呵斥或赞美。二者，观行的修习。如何说是呵斥责备识处定呢？修行者深刻地知道识处定（识无边处定）过失障碍的缘故。为什么呢？识处定的心境与意识法是相应的，若是在识处定的定境中，心中缘系于意识，过去、现在与未来的心意识，都是无量无边的。若是心中缘系没有边际，缘系久了则会散乱破坏禅定。

再者，上文的空处定是缘系空相而入定，称为外定。如今缘系意识入定，称为内定。然而依靠内在或依靠外在，都不是寂然安静的状态。若是依据内心，以心识缘系心识而入禅定的情况，这样的禅定已经是依照三世的心识而生起，并非真实。唯有没有心识的处所，心中没有依赖倚靠，才称为安稳的情况，知道如此的情况之后，（就会）赞叹无所有处定。观行的修习情况：观照所缘系的受、想、行、识四蕴，如同生病如同生痈，如同长疮如同长刺，“无常”“苦”“空”“无我”，是和合而有的，是虚诳不实的，其意义如同前文所解释的。如此知道之后，就舍离识处定，缘系心念在无所有处。所谓的“无所有处”，就是既没有可以依靠的不去缘系心意识则内心寂静安息，追求不使用一切心识的方法，知道无所有的境界，并非空相也非意识，无为的法尘境界，是没有分别的。如此知道之后安静地止息其心境，心念无所有的境界，在这个时候识处定就谢灭了。在无所有定尚未发起的时候，在其中也有中间禅，证入的相貌如同前文所说。

有人问说：有人如此说：修习无所有处，选取少量的心识缘系它而入禅定，这样的情况如何呢？回答说：不是如此的。应该舍离一切，只念系无所有的境界与方法，因此称为无所有处。然而说缘系少处的情况，只是意根对照无所有的法尘境界，生于少处的地方，并不是系缘少量意识进入无所有处定，称为少处定。

第三，说明证入无所有处定的相貌。也有六项意义：一、正式说明证入的相貌。二、说明定支。三、说明体用的关系。四、说明浅深的境界。五、说明进步或退步的情况。六、说明无所有处定的功德。第一，说明无所有处定发起的相貌部分。修行者在识处定与无所有处定之间的中间禅的时候，心里不忧虑悔恨，专注精进不懈怠，专一心志内在清净，空灵而无所依靠，不见各种境界，寂静恬然安稳，心境没有动摇，这是证得无所有处定的相貌。进入这项禅定的时候，心里怡然寂静灭绝，各种意想都不生起，尚且没有看到心的相貌，何况是其他的境界呢？没有任何的分别，因此称为“无所有处定”，也称为“无想定”（没有任何意想的禅定）。二、说明定支；三、说明体用的关系；四、说明浅深的境界；五、说明进步或退步的情况；六、说明无所有处的功德，类似前文所说的情况。

原典

第四，释非想非非想定。亦为三：一、释名。二、修行方法。三、证相。

第一，释名。言非想非非想者，解释不同，有言：此定名一存一亡观。所言非想者，非粗想，此则亡于粗想；非非想者，非非细想，此则存于细想。又解云：前观识处是有想，不用处是无想。今双除上二想，非想遣识处有想，非非想遣不用处无想故。又解言：若非有想者，此定中不见一切相貌，故言非有想、非无想者。行人或作是念，若一向无想者，如木石无知，云何能知无想？故言非无想也。

问曰：非有想、非无想中，实有想，云何言无想耶？答曰：非想有四阴共成，岂得言无？但凡夫人，入此定中，阴界入细故不觉，谓言无想。佛法中说有四阴共成，但因其本名故，言非有想非无想。亦有解言：约凡夫说，言非有想；约佛法中说，言非无想。合而论之，故言非有想非无想也。

第二，修行方法。亦有二：一者，诃赞。二者，观行修习。

诃责者，深知无想中过罪。是无所有定，如痴如醉，如眠如暗，无明覆蔽，无所觉了，无可爱乐。故《摩诃衍》云：观于识处，如疮如箭，观无想处如痴，皆是心病，非真寂静处。更有妙定，名曰非想，是处安稳，无诸过罪，我当求之。

明观行修习者，行者尔时谛观，无所缘受、想、行、识，如病如痈，如疮如刺，无常、苦、空、无我，欺诳不实，和合而有，非实有。如是观已，即便舍离。心观于非有非无，何法非有？谓心非有，何以故？过去、现在、未来，求之都不可得，无有形相，亦无处所，当知非有。云何非无？若言是无，何名无为？心是无为，离心是无。若心是无，不名为心，以无觉无缘故。若心非无，更无别无，何以故？无不自无，破有故说无，无有则无无，故言非有非无。如是观时，不见有无，一心缘中，不念余事，是名修习非有想非无想定。如是即依非有非无，常念不舍，则不用处定便自谢灭。而非有想非无想定未发，于其中间，亦如上说。

第三，明证相。亦为六意：一者、正明证相。二、明支。三、明体用。四、明浅深。五、进退。六、功德。第一，明证相者。行者既一心专精，加功不已，其心任运住在缘中，于后忽然真实定发，不见有无相貌，泯然寂绝，心无动摇，恬然清净，如涅槃相。是定微妙，三界无过。外道证之，谓是中道实相涅槃常乐我净，爱着是法，更不修习。彼若正观，如步屈虫，行至树表，更不复进，到退回还。如经中说：凡夫证此定法，如绳系鸟，绳尽则还。以其不知四阴和合，而有自性。然其虽无粗烦恼，而亦成就十种细烦恼，以不知故，谓是真实。外道入此定中，不见有无，而觉有能知非有、非无之心，即计此心，谓是真神不灭，故言神至细，不破神能知。若佛弟子，知是四阴和合而有，虚诳不实，是中心想故知，无别神知。

译文

第四，解释“非想非非想定”。也分为三项说明：一、解释名词。二、修行的方法。三、证入的相貌。

第一，解释名词。说是“非想非非想”的界义，解释的方向不相同，有人说：此定称为“一存一亡观”。所谓的“非想”的部分，是指不是粗糙的意想，这是指没有粗糙的意想；所谓“非非想”的部分，是指不是细微的意想，这是指存有细微的意想。又有人解释说：前面观照识处定是有想的禅定，不用处定（无所有处定）是无想的禅定。如今双双除去以上的两种意想的禅定，分别成为“非想”（不是有想的）去排遣识处定的有想，以“非非想”排遣不用处定的无想的缘故。又有人解释成：若是并非有意想的情况，是在这项禅定中没有看见一切的相貌，因此说是“非有想、非无想”的情况。修行者有人可能生起这样的念头，若是一直都是无想的话，如同木头石头的无所知觉，如何能够知道“无想”（没有意想）的境界呢？因此说是“非无想”（不是没有意想）的禅定了。

有人问说：在“非有想”与“非无想”之中，实际上是有想的，为何说是无想的呢？回答说：“非想”由受、想、行、识等四蕴所共同结合而成，哪里可以说是没有（意想）呢？只是一般的凡夫之人，进入这项禅定中（非想非非想定），因（五）蕴、（十八）界、（十二）入的细微所以没有觉察，说是“无想”。佛法中说由受、想、行、识共同结合而成，但是它本来名称的缘故，说是“非有想非无想”。也有人解释说：以凡夫来说，说是“非有想”；以佛法的本义来说，说是“非无想”。合起来论述，因此说是“非有想非无想”了。

关于修行的方法也有两项说明：一者，呵斥与赞美。二者，观行的修习。

所谓的呵斥赞美，是深知“无想定”中的过失与障碍。就在这个无所有处定之中，如同痴迷如同酒醉，如同熟眠如同黑暗，被无明覆盖障蔽，没有任何觉察了知，没有什么可以爱乐的。因此在《摩诃衍》(大乘经论)中说：观照识处定，如同长疮如同利箭，观照无想处定如同痴迷，都是心病，并非真正寂然安静的地方。更再有善妙的禅定，名称为“非想”，这个处所是安稳的，没有各种过失与障碍，我应该追求它。

所谓说明观行与修习，指修行者在那个时候真实深入地观照，没有可以缘系的受、想、行、识，如同生病如同长痈，如同生疮如同长刺，是“无常”“苦”“空”“无我”的，欺骗虚诳而不实在，和合之后才会有的，并非实际上所拥有。如此观照之后，就会舍离(无所有处定)。心境观照在非有(并非有想)非无(并非无想)的境界，哪一种境界不是有想呢？说心是非有想，为什么呢？过去、现在、未来，追求它都无法得到，没有形状相貌，也没有安住的处所，所以应当知道是没有的。如何说是不是无想呢？若说是“无”(无想)，为何称为“无为”呢？心本来就是无为的，舍离心识就是无想。若是心是无想的，不称为“心”，是没有觉察没有缘系的原因。若是“心”不是无想，也没有其他的无想，为什么呢？“无”(想)本身不会自己无想，破除有想因此说是无想，没有“有想”则没有“无想”，因此说是非有想非无想。如此观照的时候，没有看见有想无想，专一心志缘系其中，不想念其他的事情，是称为修习“非有想非无想定”。如此就是依据非有想非无想，经常心念而不舍离，则不用处定（无所有处定）便会自己谢灭。然而在非有想非无想定尚未发起之前，在其与无所有处定的中间有中间禅，也如同前文所说。

第三，说明证入的相貌。也分为六项意义说明：一、正式说明证入的相貌。二、说明定支。三、说明体用的关系。四、说明浅深的境界。五、说明进步或退步的情况。六、说明证入的功德。第一，说明证入的相貌。修行者既然一心专注精进，加紧用功而不停止，他的心境任运安住在所缘系的对象里，之后忽然之间真实的禅定发起，没有看见有或无的相貌，泯然寂灭绝离，心中没有动摇，恬适安然清净，如同涅槃的相貌一般（事实并未证得涅槃）。这项禅定（非想非非想定）是很微妙的，在欲界、色界、无色界的三界中是没有超过此定的。外道（佛教以外的宗教的修行者）证入此定，说是中道的实相与涅槃中常乐我净的妙法，爱恋执着这样的境界，再也不修行了。外道若是正确地观照，像是步屈虫一般，爬到树的表皮，再也不前进，倒退回旋还后。如同佛经中说：凡夫证入这项禅定的境界，如同绳索系住飞鸟，到了绳索的尽头便会飞还。因为他不知道四蕴的和合，才有自性。然而这项禅定虽然没有粗重的烦恼，可是也成就十种微细的烦恼，不知道的缘故，以为是真实的（证悟）。外道的修行者进入这项禅定中，没有看见有想无想，而觉察有能够知道非有想与非无想的心，就计较这样的心境，以为是真正的神识不会消灭，因此说是神识至为细微，不去破除神识能够知道。若是佛弟子，知道是四蕴和合才有的，虚诳而不实际，是因为心中意想所以知道，没有其他神识知道。

原典

复次，前虚空处，破色故说空。识处破空故说识。说识为有想，不用处破识，故无识，说无识为无想。今此定破无所有，说非无想，故言非有想非无想。此定于世间中沉浮等故，智定空有均平，是定安稳，于世间中，最为尊胜，等智所不能破，故数人言：一常有漏。

复次，无想有三义：一、无想天定。二、非有想非无想定。三、灭受想定。无方便外道灭心，入无想天定；有方便凡夫、外道灭心，入非有想非无想定；佛弟子灭心，入灭受想定。

问曰：无所有处亦名无想定，何故不入三种灭心[①]耶？答曰：不善灭无所有中心数法，故非妙。

复次，若在色界，无想为极；若在无色界，非有想非无想为极。若佛法中，自有灭受想、不用处于三处中，皆非胜定，故不取也。一、明支；三、体用；四、浅深；五、进退；六、功德义，类前可知。

般若灭一切法，而能生一切法，如从初禅来灭忧，乃至非想非非想，灭不用处之想，皆是般若中前方便。灭诸法为入空，以其灭诸法故，能生后胜法，故般若能生万法。故此十二门禅[②]，皆般若气分[③]所摄。

问曰：菩萨行菩提道，入实相空，尚不得空，今云何随此不实颠倒之空，分别有四耶？答曰：如《释论》解四空义中说：与诸法实相共智慧行，是四无色中无有颠倒，是《摩诃衍》中四无色。

问曰：何等是诸法实相智？答曰：诸法自性空是。

问曰：色法和合，分别因缘故空，此无色中云何空？答曰：色是眼见耳闻粗事，能令空，何况不可见？无有对，不觉苦乐，而不空耶？

复次，色分别乃至微尘，皆散灭归空，是心心数法。在日月时节，乃至一念中不可得，是名真实四无色空义。菩萨如是知已，亦能分别种种诸相，以大悲方便，为一切众生，故行而不着。以此功德，回向菩提，具一切佛法，普施众生，即是行菩萨道也。（卷六完）

注释

① **三种灭心**：此处指三种灭除心识的方法，分别是外道以无方便的断灭、凡夫或外道以方便的舍灭，以及佛弟子以正智正见的观灭。

② **十二门禅**：十二门的禅定，乃合初、二、三、四禅与慈、悲、喜、舍四无量心，以及空无边处、识无边处、无所有处、非想非非想处等四空定而成，属于世间禅中的根本味禅。可参见《法华玄义》卷四,《摩诃止观》卷九有详细的说明。

③ **气分**：本意指人的质性，此处意指为般若智慧本身的质性。

译文

接着，前文所说的虚空处定，破除色法物质因此说空无边处定。识处定破除空相因此说是识无边处定。说识处为有想定，不用处定破除意识，因此没有意识，说无识为无想定。如今这项禅定（非想非非想定）破除无所有，说是不是没有意想的非无想，因此说是非有想非无想。这项禅定在世间法中沉落浮上等的缘故，“智慧”与“禅定”或是“空”与“有”是平均而有的，这样的禅定安稳，在世间之中，最是尊贵殊胜，平等智慧所不能破除，因此好几个人说：恒一经常的境界可惜是有漏的。

接着，没有意想有三种意义：一、“无想天”的禅定。二、非有想非无想的禅定。三、灭受想的禅定。没有方便法门的外道灭除心识，进入无想天的禅定；有方便法门的凡夫或外道修行者灭除心识，进入非有想非无想的禅定；佛弟子灭除心识，进入灭受想的禅定。

有人问说：无所有处定也称为无想定，什么原因不进入前文所说的三种灭心呢？回答说：不是善好的灭除心识在无所有处定中的心所有法，因此不是妙法。

接着，若是在色界，没有意想的无想（定）为极处；若是在无色界中，“非有想非无想”为极处。若是在佛法中，本身就“灭受想定”“不用处定”于三处（空处、识处、无所有处）之中，都不是殊胜的禅定，所以不去追求它。一、说明定支；三、说明体用的关系；四、说明浅深的境界；五、说明进步或退步的情况；六、说明功德的意义，类似前文可以得知。

般若智慧可以灭除一切有为法，而且能够生出一切法，像是从初禅来灭除忧虑，乃至于“非想非非想定”，灭除不用处定的意想，都是修习般若中的前方便。灭除各种有为法为入空性，它灭除各种有为法的缘故，能够生出后来殊胜的法境，所以说般若能够生出万法。因此在十二门禅之中，都是般若智慧本身的性质所摄持。

有人问说：菩萨修行菩提道，进入实相的空性，尚且不能得到“空”，如今为何随着这项不实颠倒的空，就分别有四种呢？回答说：如同《大智度论》中解释四空定的意义说：与“诸法实相”一同的智慧行，是四种无色定中没有颠倒的，也是《摩诃衍》中四种无色定的意义。

有人问说：哪一种情况是诸法实相的智慧呢？回答说：诸法自性空本身就是。

有人问说：色法物质的和合，分别造作的因缘所以空寂，在此无色界中为何是空呢？回答说：“色”（物质）是眼睛看见耳朵听到粗糙的事情，能够使它空无，何况是不可以看见呢？没有相对的境界，没有感觉到苦乐，而不空无吗？

接着，色法物质的分别乃至于细小的微尘，都会散灭归空，是心的心所有法。在日月转替时节的任何时候，乃至于一个念头之中都不可以得到，是称为真实正确的四无色空的意义。菩萨如此知道之后，也能够分别各种诸法的相貌，以大悲心的方便法门，为一切的众生，因此而修行而不执着。以这样的修行功德，回向菩提，具足一切的佛法，普遍施与一切的众生，就是修行菩萨道是也。（卷六完）

3 卷七

六妙门

原典

今约三种法门以辩亦有漏亦无漏禅[①]：一者，六妙门。二者，十六特胜。三者，通明观。此三法门，亦得说为净禅[②]。此中明净禅，与《阿毗昙》有小异，浅深位次并如前第五卷中说。但教门分一息道，立三种禅，为化众生。今须略推此教意，多是对三种人，根性不同：

一者，自有众生，慧性多而定性少，为说六妙门。六妙门中，慧性多故，于欲界初禅中，即能发无漏，此未必至上地诸禅也。

二者，自有众生，定根多而慧性少，为说十六特胜。慧根性少，故下地不即发无漏。定性多故，以具上地诸禅，方得修道。

三者，自有众生，定慧根性等，为说通明。通明者，亦具根本禅，而观慧巧细，从于下地乃至上地，皆能发无漏也，此是随机之说。若随对治，则与此相违，如前五门[3]中意可解。

注释

①**亦有漏亦无漏禅：**有漏禅是指世间有漏心所得之禅定，无漏禅是指出世间无漏心所得到的禅定。因此，亦有漏亦无漏禅是指“六妙门”“十六特胜”与“通明观”等三种禅法，是共世间与出世间所修的法门。

②**净禅：**出世间的无漏禅法。

③**五门：**本书卷三的五种法门，分别是“阿那波那门”(数息观)、“不净观门”、“慈心门”、“因缘门”与“念佛三昧门”。这五项法门是对治众生烦恼而建立的，如阿那波那门对治散乱心，不净观门对治淫欲心等。

译文

如今以三种法门来辩明“亦有漏亦无漏禅”：第一种是“六妙门”。第二种是“十六特胜”。第三种是“通明观”。这三种法门，也可以说是出世间法的净禅。在此说明的出世间净禅，与《阿毗昙》（论部）有小的差别，在浅深的位置次第如同前面第五卷中所说。但是在教门分出呼吸的息道，建立三种禅法，为了度化众生。在此必须简略地推论这项教化的意义，多半是针对三种不同根性的人所说的：

第一种，自然有一些众生，智慧的根性多而禅定的根性少，就为他说六妙法门。六妙法门之中，是因为智慧的根性多，在欲界的初禅之中，就能够发起无漏慧，在此不一定要到达上地的各种禅定。

第二种，自然有一些众生，禅定的根性多而智慧的根性少，就为他说十六特胜的法门。智慧的根性少，因此在下地的禅定不能够立即发起无漏慧。禅定的根性多的缘故，以此具足上地的各种禅定，才能够修行出世间法。

第三种，自然有一些众生，禅定与智慧的根性相等，就为他说通明观的禅法。所谓的“通明观”，也具备根本禅定的性质，然而观照的智慧非常善巧微细，从在下地禅定乃至于上地的禅定，都能够发起无漏智慧，这是随顺根机的说法。若是随顺对治众生的根性，则与这样的说法是互相违背的，如同前文五种法门中的意义可以解释。

原典

初释六妙门为三：一、释名。二、辨位次。三、明修证。

第一，释名者。所言六妙门者：一、数。二、随。三、止。四、观。五、还。六、净。通称六妙门者：妙名涅槃，此之妙法，能通至涅槃，故名妙门，亦名六妙门。此六妙门，三是定法，三是慧法。定爱慧策亦有漏亦无漏，义在于此。

第二，辨位次者。此六妙门，位即无定，所以者何？若于欲界未到地中，巧行六法，第六净心成就，即发三乘无漏，况复进得上地诸禅，而不疾证道？虽此与前有异，是以《瑞应经》[①]云：因此六法，游止三四，出生十二，此而推之，故知此六妙门，位则不必定耳。

第三，明修证者。若广明此六法修证，则诸禅皆属六妙门摄。今但取次第相生，入道之正要，以明六妙修证之相。今明修证六妙门，开为十二门也。所以者何？如数有二种：一者修数，二者数相应。乃至修净与相应亦如是。今约修证分别，有十二门：一、修数。二、与数相应。

一者修数。行者调和气息，不涩不滑，安详徐数，从一至十，摄心在数，不令驰散，是名修数。二与数相应者，觉心任运，从一至十，不加功力，心息自住，息既虚凝，心相渐细，患数为粗，意不欲数。尔时行者，应当放数修随。

随亦有二种：一者修随，二者与随相应。修随者，舍数法，一心依随息之出入，心住息缘，无分散意，是名修随。二者与随相应，心既渐细，觉息长短，遍身入出息，任运相依，意虑怡然凝静，是名与随相应。觉随为粗，心厌欲舍，如人疲极欲眠，不乐众务。尔时行者，应当舍随修止。

止有二种：一者修止，二与止相应。修止者，三止[②]之中，但用制心止也。制心息诸缘虑，不念数随，凝静其心，是名修止。与止相应者，自觉身心泯然入定，不见内外相貌，如欲界未到地等，定法持心，任运不动。行者尔时，即作是念：今此三昧，虽复寂静，而无慧方便，不能破坏生死。复作是念：今此定者，皆属因缘阴入界法，和合而有，虚诳不实，我今不觉，应须照了。作是念已，即不着止。

起观分别亦有二种：一者修观，二者与观相应。

一、修观者。观有三种：一者慧行观，观真之慧。二者得解观，即假想观。三者实观，如事而观也。今此六妙门、十六特胜、通明等，并正用实观成就，然后用慧行观，观理入道。所以者何？名实者，如众生一期果报，实有四大不净，三十六物所成。但以无明覆蔽，心眼[3]不开明，则不依实而见。若能审谛观察，心眼开明，依实而见，故名实。慧行观及得解观，在下四谛、十二因缘、九想、背舍等中，当广分别。

云何修习实观？行者于定心中，以心眼谛观此身中，细微入出息想，如空中风，皮筋骨肉，三十六物，如芭蕉不实，内外不净，甚可厌恶。复观定中，喜乐等受，悉有破坏之相，是苦非乐。又观定中心识，无常生灭，刹那不住，无可着处。复观定中善恶等法，悉属因缘，皆无自性。如是观时，能破四倒[4]，不得人我，定何所依？是名修观。

二、与观相应者。如是观时，觉息入出，遍诸毛孔，心眼开明，彻见内三十六物，及诸虫户，内外不净，众苦逼迫，刹那变易，一切诸法，悉无自性。心生悲喜，无所依倚。得四念处，破四颠倒，是名与观相应。观解既发，心缘观境，分别破析，觉念流动，非真实道。尔时应当舍观修还。

还亦有二：一者，修习还。二者，与还相应。

一、修习还者。既知观从心发，若随析境，此则不会本源，应当返观此心者，从何而生？为从观心生？为从非观心生？若从观心生，则先已有观，今实不尔，所以者何？数随止等三法之中，未有观故。若非观心生，不观心为灭生？为不灭生？若不灭生，即二心并。若是灭，法已谢，不能生现在。若言亦灭、亦不灭生，乃至非灭非不灭生，皆不可得。当知观心，本自不生，不生故不有，不有故即空，空无观心。若无观心，岂有观境？境智双忘，还源之要，是名修还。

二、与还相应者。心慧开发，不加功力，任运自能破析，返本还源，是名与还相应。既相应已，行者当知：若离境智，欲归无境智，不离境智缚，心随二边故。尔时当舍还，安心净道。

净亦有二：一者修净，二者与净相应。

一、修净者。知色净故，不起妄想分别，受、想、行、识亦复如是。息妄想垢，息分别垢，息取我垢，是名修净。举要言之，若能心如本净，名为修净。亦不得能所修及净不净，是名修净。

二、与净相应者。作是修时，豁然心慧相应无碍方便，任运开发，三昧正受⑤，心无依倚。证净亦有二：一者相似证，五方便⑥相似无漏慧发。二者真实证，苦法忍⑦乃至第九无碍道⑧等，三乘真无漏慧发也。三界垢尽，故名证净。

复次，观众生空，故名为观。观实法空，故名为还。观平等空，故名为净。复次，空三昧相应，故名为观；无相三昧相应，故名为还；无作三昧相应，故名为净。复次，一切外观名为观，一切内观名为还。一切非内、非外观名为净。故先尼梵志[⑨]言：非内观，故得是智慧；非外观，故得是智慧；亦不无观，故得是智慧。

复次，菩萨从假入空观，故名为观。从空入假观，故名为还。空假一心观，故名为净。若能如是修者，当知六妙门，即是《摩诃衍》。

复次，三世诸佛，入道之初，先以六妙门为本。如释迦初诣道树，即内思安般：一、数；二、随；三、止；四、观；五、还；六、净，游止三四，出生十二，因此证一切法门，降魔成道！当知菩萨，善入六妙门，即能具一切佛法。故六妙门，即是菩萨摩诃衍。今欲更论余事，故略说不具足也。

注释

① 此段引文参见《太子瑞应本起经》卷上，《大正藏》第三册，页四七六下。

② **三止：**天台宗针对空、假、中三观所建立的三种止行，分别是：一、体真止。二、方便随缘止（又作方便止、系缘守境止）。三、息二边分别止（又作制心止）。

③ **心眼：**并非指肉眼，而是指心灵的眼睛。佛教认为“心”是包含万法，收摄在身中，因此在禅定力发起

的时候，心眼可以开明，看见身内与身外的各种物事。心眼并不等同于天眼，同时依禅定力的深浅而有广狭粗细的差别。

④ **四倒**：“四颠倒”的略称，颠倒的梵语是Viparyāsa。是指四种颠倒的妄见。可分为“有为法的四颠倒”与“无为法的四颠倒”两种。有为法的四颠倒是指一般凡夫对于生死有为法所执着的四种错谬见解——常颠倒（梵语Nitya-viparyāsa）、乐颠倒（梵语Sukha-viparyāsa）、我颠倒（梵语Ātma-viparyāsa）、净颠倒（梵语Śuci-viparyāsa）。意义指凡夫不知实相，在世间无常中执常，在诸苦中执乐，在无我中执我，在不净中执净。至于无为法的四颠倒，是指声闻、缘觉等二乘行人，虽然对于有为法的四颠倒具有正见，却对涅槃无为法生起四种妄见，即将涅槃的“常、乐、我、净”妄执为“无常、无乐、无我、不净”。本文所指的“四倒”，应是指前项有为法的四种颠倒。

⑤ **正受**：梵语Samāpatti，音译作“三摩钵底”等，意译是作正定现前、等至。是指远离不正见的邪想而领受正确所缘的境界的状态。亦即是进入禅定的时候，以禅定力使身心领受安和平等的相貌。

⑥ **五方便**：此处是指天台智顗就念佛门随顺根机的五种方便，收于《大正藏》第四十七册，题为《五

方便念佛门》，内容系阐述念佛的五门及其入方便的次第。初说修行者念佛时从浅入深的次第，分别是“凝心禅”“制心禅”“体真禅”“方便随缘禅”“息二边分别禅”。

⑦ **苦法忍**：所谓的法忍，在《大乘义章》卷十一（《大正藏》第四十四册，页六八五）中说：“于法实相安住名忍。”法忍有两种：其一为苦法忍，其二为道法忍。在此的“苦法忍”是指见道位的时候，信忍欲界苦谛的道理，至于道法忍则是信忍道谛的道理。此外，就苦谛而言，乃是以苦法智忍（简称即为苦法忍）现观欲界的苦谛，断除苦谛所迷惑的烦恼，以苦法智忍现观欲界的苦谛，并证苦谛的道理，称为苦法忍。

⑧ **第九无碍道**：真谛的摄论宗学说里，立第八识阿梨耶识为虚妄识，第九庵摩罗识为清净识。庵摩罗识，梵语 Amala-vijñāna，意译为无垢识、如来识、清净识，是指人心的本来面目乃是远离迷惑而本自清净。本文此处是借指第九识的清净本来无碍的境界。

⑨ **先尼梵志**：先尼，梵语 Senika，意译是胜军、有军；梵志，梵语 Brāhmaṇa，音译作婆罗门，意译为净行，或通称为一切外道的出家者。先尼梵志又作西尼外道、霰尼外道、西儞迦外道，是笃信神我，崇奉“心常相灭”的外道。

译文

开始解释六妙法门为三项说明：一、解释名词。二、辨别位置次第。三、说明修证的方法。

第一，解释名词的部分。所谓的六妙法门是指：一、数息。二、随息。三、安止。四、观照。五、还灭。六、净道。通称为六妙法门的原因是："妙"称为涅槃的意思，这样的妙法，能够通达到涅槃，因此称为"妙门"，也称为"六妙门"。这项六妙法门，前面三项是禅定法门，后面三项是智慧法门。禅定是有漏的爱念，智慧是无漏的策发，所以说是"亦有漏亦无漏"的禅定，意义就在这里。

第二，辨别次第位置的部分。在这项六妙法门中，它的位置是不一定的，为什么呢？若是在欲界定、未到地定之中，善巧地修行六妙法门，第六项的净心成就的时候，就会发起三乘（菩萨、声闻、缘觉）的无漏慧，何况是再进一步得到上地的各种禅定，而不能够迅速地证悟菩提道呢？虽然这项禅定与前面有差异，因此在《瑞应经》中说：因为这六项法门，游心止于三止、四观，生出十二门禅，由此来推论，所以知道这六妙法门，位置则是不一定的。

第三，说明修证的情况。若是广泛地说明这六项法门的修证情形，则是各种禅定都属于六妙法门所摄持。在此只选择次第相互生起，进入修道的正确要领，来说明六妙法门修证的相貌。在此说明修证六妙法门，开出十二门的分类。为什么呢？像是“数”（息）有两种：一种是修行数息的方法，第二种是数息相应。乃至于修“净”及“与净相应”也是如此的。在此以修证的分别来说，有十二门分类：一、修行数息。二、与数息相应。

第一种是修行数息法。修行者调和他的呼吸气息，不干涩不溜滑，很安详地慢慢数，从一数到十，摄持心念在数息，不让心念奔驰散漫，是称为修行数息。第二种是与数息相应的情况，觉察的心念自然任运，从一数到十，不用加功用力，心与呼吸自己安住，呼吸既然虚凝，心的相貌逐渐细微，感受到数呼吸是粗糙的，意念不想再数。这个时候修行者，应当放弃数息而修行随息（随呼吸）的法门。

随息也有两种：第一种是修行随息，第二种是与随息相应。修行随息的情况，是舍离数息的方法，专一心志依据跟随呼吸的出入，心安在呼吸的缘系中，没有纷乱散漫的意念，是称为修行随息。第二种是与随息相应，心境既然逐渐细微，觉察呼吸的长短，遍及全身的入息与出息，自然任运地互相依住，意念思虑怡然而虚凝安静，是称为与随息相应。觉察到随息是粗糙的，心中厌离希望舍去，好像人非常地疲劳希望睡觉，不喜欢众多各种的事务。这个时候的修行者，应当舍弃随息而修行安止的法门。

安止的法门有两种情况：第一种是修行安止的法门，第二种是与安止相应。所谓的修行“止”的法门，是指三种止行法门（体真止、方便止与制心止）之中，只用制心（制住心念）止的方法。制住并结束心中各种缘系的念虑，不意念数息随息，虚凝安静其心境，是称修行“止”的法门。第二种是与安止相应的情况，自己觉得身心泯然虚豁进入禅定，没有看见内在或外在的相貌，如同欲界定、未到地定等，禅定的境界保持心境，自然任运而不动摇。修行者这个时候，就作如此的念头：如今这个三昧，虽然回复到寂静，而没有智慧的方便，不能够破坏生死的轮回。又作这样的心念：如今这项禅定，都属于因缘法、五蕴、十二入、十八界的法尘，是和合才有的，是虚诳不实的，我如今不能够觉察，应该必须觉照明了。生起这样的念头之后，就不会执着“止”的法门。

生起“观”（照）法门的分别也有两种：第一种修行观照的法门，第二种是与观照的法门相应。

一、修行观照法门的情形。“观”有三种：第一种是“慧行观”（智慧修行的观照），观照真实的智慧。第二种是“得解观”（得到意解的观照），就是假想的观法。第三种是“实观”（实际相貌的观照），如同事相的观照。如今这项六妙法门、十六特胜、通明观等禅法，都是主要使用实相观照的法门成就的，然后才使用智慧的修行观照，观照教理进入无漏慧。为什么呢？称为“实”的原因，像是众生一期生命的身体果报，实际上有地、水、火、风等四大不清净的情况，杂染成身体三十六种物所成立。只是因为无明的烦恼覆盖障蔽，心眼没有开明，则是没有依据实际的情况而看见。若是能够详细深入地观察，心眼开启光明，依照实际的情况而看见，因此称为“实”（实际相貌的观照）。智慧修行的观照与得到意解的观照，在以下说明四谛、十二因缘、九想、八背舍之中，当会广泛分别诠释。

如何修习“实观”（实际相貌观照的法门）？修行者在禅定的心境中，以心眼真实深入地观照这个身体之中，细微的吸入呼出，如同虚空中的风，其他的像皮、筋、骨与肉等身体内三十六种物，如芭蕉一般并不实在，内在与外在都是不干净的，感到非常的厌恶。再观照禅定之中，欢喜快乐等感受，都有破坏的相貌，是痛苦而不是快乐。又观照禅定中的心意识，是无常与生灭的，刹那的时间都不停住，没有可以执着的地方。再观照禅定中善恶的各种境界，都是属于因缘，都没有永远不变的本性（自性）。如此观照的时候，能够破除四种颠倒，不能得到人我的相貌，禅定何所依靠呢？是称为修习“观”（照）的法门。

二、与“观”相应的情形。如此修习观照法门的时候，察觉呼吸的入出，遍及全身各个毛孔，心眼开启光明，清澈地看见身体内部三十六种物，以及各种小虫，内在外在都不干净，各种痛苦逼迫，刹那的时间变化改易，一切的诸法，都没有自性（永远不变的本性）。心中生起悲哀或喜悦，没有可以依靠倚傍的。得到四念处——观身不净、观受是苦、观心无常、观法无我，破除四种颠倒邪见，是称为“与观相应”。观照的意解既然开发，心系缘所观的境界，分别破除执着与分析，觉察心念的流动，不是真实的菩提道。这个时候应当舍弃观照修习“还”（还灭）的法门。

还灭也有两种情形：第一种情形，修习还灭的方法。第二种，与还灭的境界相应。

一、修习“还”的法门的情形。既然知道观照是从心中发起，若跟随分析境界，如此则不能契会本来的根源，应当反观这个“心”，是从哪里生起的。是从观照的心所生呢，还是从不是观照的心生起呢？若是从观照的心生起，则是先前已经有“观”的东西，如今实际上不是如此的，为什么呢？“数息”“随息”“安止”等三项法门中，并没有观照的缘故。若不是观照的心所生起，是“不观的心”为灭所生起呢，还是不灭自己生起呢？若是不灭心的生起，就是有两种心同时并存。若是（停）“灭”，（法）境界已经消失，不能生出“现在”。若是说“也消灭”“也不消灭”而生起，乃至于“非灭非不灭生”，都是不可以得到的。应当知道观照的心，本来自己不会生起，不生起所以不会有，不会有所以是“空”，“空”是没有观照的心。若是没有观照的心，哪里有观照的境界呢？境界与智慧双双泯忘，是返还本源的心要，是称为“修还”（修习还灭的法门）。

二、与还灭相应的情况。心中智慧开发，不加功用力，任运自然能够破除与分析，返回根本还复根源，是称为“与还相应”。既已相应之后，修行者应该知道：若是离开境界与智慧，希望回归没有境界的智慧，仍然没有离开境界与智慧的缠缚，是心中跟随对立的两边的缘故。这个时候应当舍去还灭，安心在净道之中。

“净”道也有两种情形：第一种是修习净道，第二种是与净道相应。

一、修习净道的情形。知道色法物质的清净的缘故，没有生起妄想与分别，受、想、行、识等也是如此的。止息妄想的尘垢，止息分别的尘垢，止息执取

“我”的尘垢，是称为修习净道。以要点来说明，若是能够心如本来的清净，称为修习净道。也不得“能修的我”“所修的境”，以及“清净”或“不清净”，是称为修习净道。

二、与净道相应的情形。作如此的修持的时候，豁然“心”与“般若智慧”相应无碍的方便，任运自然地开发，禅定三昧身心平等地正确领受，心中没有依靠倚傍。证得“净”道也有两种情形：第一种是相似的证得，相似于五种方便禅所证得的无漏智慧的发起。第二种是真实的证得，从苦法智忍的证得乃至于第九识清净本来面目的证入等，菩萨、声闻与缘觉的三乘中真正无漏智慧的发起是也。欲界、色界、无色界等三界的烦恼都尽除了，因此称为证入了净道。

接着，观照众生的空相，因此称为“观”。观照实相法的空相，因此称为“还”。观照平等的空性，因此称为“净”。接着，“空性”与“三昧”相应，因此称为“观”；“无相”与“三昧”相应，因此称为“还”；“无作”与“三昧”相应，因此称为“净”。接着，一切外在的观照称为“观”，一切内在的观照称为“还”。一切非内在观照、非外在观照称为“净”。因此外道先尼梵志说：不是内在的观照，因此得到的是智慧；不是外在的观照，因此得到的是智慧；也不是没有观照，因此得到的是智慧。

接着，菩萨从假观进入空观，因此称为“观”。从空观进入假观，因此称为“还”。“空观”“假观”一心的中观，因此称为“净”。若是能够如此修持的话，应当知道六妙法门，就是《摩诃衍》的大乘佛法。

接着，过去、现在与未来的三世诸佛，刚开始修行菩提道的时候，是先以六妙法门为根本。像是释迦牟尼佛刚开始到达菩提树下修行，就往内心思惟数息法门：一、数息；二、随息；三、安止；四、观照；五、还灭；六、净道，游心止于三止四观，出生十二门禅，因此证得一切法门，降伏魔军而成就道果！菩萨应该知道，善巧地进入六妙法门，就能具足一切的佛法。所以六妙法门，就是菩萨的大乘佛法。如今希望再论述其他的事情，因此简略地说明而不详细具足地说明了。

十六特胜

原典

次，释十六特胜。即开为三意：一、释名。二、明观门制立不同。三、明修证。

第一，释名者。所言十六特胜者：一、知息入。二、知息出。三、知息长短。四、知息遍身。五、除诸身行。六、受喜。七、受乐。八、受诸心行。九、心作喜。十、心作摄。十一、心作解脱。十二、观无常。十三、观出散。十四、观欲。十五、观灭。十六、观弃舍。所以通名十六特胜者：十六即是数法；特胜者，从因缘得名。如佛未出世时外道等，并已修得四禅、四空，而无对治观行，故不出生死。如来成道，初为拘邻[①]及舍利弗等利根弟子，说四真谛，即得道迹。复为摩诃迦叶、絺那等，直闻四谛真理不悟，更说不净观法对治，破诸烦恼。因此初明九想、背舍等诸不净观禅。尔时修此观者，得道无量。

复有一机众生，贪欲既薄，若厌恶心重，作不净观，即大生厌患，便憎恶此身，无漏未发，即顾人自害，此事如律文所明。佛因此告诸比丘，舍不净观，更修胜法，法名十六特胜，修之可以得道。此十六特胜，有定、有观，是中具足诸禅。以喜乐等法爱养故，则无自害之过，而有实观观察，不着诸禅，所以能发无漏。既进退从容，不随二边，亦能得道，故名特胜。

问：若尔，应在观禅后说净禅，何以故？若取教门，即在观禅之后，若论行法，既胜二边，亦应在后。答：今明禅定力用浅深之相，非是对缘利物之时，所以者何？背舍、胜处悉是得解之观，观力既能转想、转心，于断结义强。今此特胜，唯是实观，能见身内三十六物，力用劣弱，不能疾断结使，功德浅薄，故应前说。

复次，若不净观，散灭骨人，则不能得更观身、毛孔、息出入相。若于实观后，转作九想、背舍等，则具足成就，于义无失！复次，《大品经·广乘品》[②]观于十六特胜。复次说：九想、背舍等诸观禅。此为明证，不应生疑也！

注释

① **拘邻：** 梵语 Ājñāta-kauṇḍinya，又作居伦、阿若憍陈如等，是佛陀最早度化的五比丘之一。

② 参见《摩诃般若波罗蜜经》，《大正藏》第八册，页二五三下、页二五四中、页二五五上。

译文

接着，解释十六特胜的法门。就开判为三项说明其意义：一、解释名词。二、说明观门制立不同名称的原因。三、说明修证的方法与境界。

第一，解释名词的部分。所谓的十六特胜法门是：一、知道呼吸的吸入。二、知道呼吸的呼出。三、知道呼吸的长短。四、知道呼吸气息的遍及全身。五、除去身体的各种法行。六、感受欢喜。七、感受快乐。八、感受各种心行。九、心作欢喜。十、心作摄持。十一、心作解脱。十二、观照无常。十三、观照出离散失。十四、观照离欲。十五、观照寂灭。十六、观照弃舍。所以总和通称为“十六特胜”法门的原因是：十六就是数字的十六项；“特胜”的意思，是从因缘中所得到的名称。像是佛陀尚未出世的时候的一些外道，都已经修证得到四禅、四空定，而没有对治的观行法门，所以没有出离生死轮回。释迦牟尼佛成道之后，刚开始为拘邻及舍利弗等利根的弟子，说明四圣谛，就得到菩提的正路。再为摩诃迦叶与绨那等弟子说法，如若直接听闻四圣谛的真理而未悟道，再说不净观的法门来对治，破除各种烦恼。因此刚开始说明九想观、八背舍等各种不净观的禅法。那个时候修行这项观想法的人，很多因此而悟道了。

也有一种根机的众生，贪欲心既已浅薄，若是厌恶心过重，作不净观的观想，就会生起很大的厌离心，便会憎恶自己的身体，在无漏慧尚未发起的时候，就会自杀，这件事情如同律典中所说明的。佛陀因此而告诉各位比丘，舍离不净观的法门，再修行更好的殊胜法门，这个法门的名称就叫“十六特胜”，修行它可以悟道。这项十六特胜的法门，有禅定、有观想，其中具足了各种禅定。欢喜快乐等境界爱护保养的缘故，则没有自我伤害的过错，而且有实际相貌的观察，不会执着各种禅定，所以能够发起无漏的智慧。既是进步或退步都从容不迫，不会跟随对立的两边，也能够悟道，因此称为“特胜”（特别殊胜）。

有人问说：若是如此，应该在观禅之后说明出世间的净禅，为什么呢？若是选取教理门，就在观禅的后面，若是论述修行的方法，既是胜过对立的两边，也应该是在后面。回答说：如今说明禅定的力量作用与深浅的相貌，并不是应对因缘利物的时候，原因是什么呢？背舍与胜处都是得到意解的观照，观照的力量既然能够转变意想与转变心境，从断除烦恼的意义来说是很强的。如今这项特胜法门，只是观照实际的相貌，能够看见身体内部三十六种物，力量作用低劣微弱，不能快速地断除烦恼，功德是浅短薄小的，因此相应前面的说法。

接着，若是不净观的法门，散落失去骨头的人，则是不能够再去观想身体、毛孔、呼吸气息出入的相貌。若是在实际观照相貌之后，转作九想观、八背舍等禅法，则是具足成就，在意义上是没有过失的！再者，在《摩诃般若波罗蜜经·广乘品》中，提及观照十六特胜的法门。接着说九想、八背舍等各种观禅。这是明白的证据，不应该生起疑惑啊！

原典

第二，明观门制立不同者。解有二：一者有人云：此阿那波那等十六法，对四念处。若约四念处而明，当知但在欲界未到地，乃至初禅则具足也。欲至上地，非为不得，但观法式少不具足，如四禅既无出入息，及喜乐等。若约息及喜，欲明念处，则不便也。上下类而可知。

亦明对四念处，复有二解不同：一师解云：前五对身，中三对受，次三对心，后五对法。此师明十六特胜，自云：依禅经中说：一、观入息，至于气灭。二、观出息，止至于鼻端。三、观息长短，若身不安，心多散乱，则出入息俱短。若身安心静，则出入息俱长。四、息遍身者，形心既安，则气道无壅，如似饮气，既统遍身中。五、除诸身行者，想受为心行，觉观为口行，出入息为身行。既息遍身中，患彼觉动粗，念除诸粗故，名除诸身行。此五属身念处。受念处有三。谓粗息除故，身心安稳故。六、受喜。七、受乐者，虽有微喜，乐能遍满身识，既满内心喜悦，故名乐。八、受诸心行者，既受乐在怀，必有数法相随，倚心乐境，故名受诸心行。心念处有三。九、心作喜者，既止心一境，未有慧解，必为沉心所覆没，以喜举之，令不沉没，故名作喜。十、心作摄者，喜心动散，则发越过常，摄之令还，不使驰散诸缘，故作摄。十一、心作解脱者，心不掉散，均等无累，故名解脱。法念处有五。十二、观无常者，已得自在，不为沉浮所败，故能观诸法无常，念念生灭，不可乐也。十三、观散坏者，此身不久当散坏，磨灭之法，非真实有。十四、观离欲者，此身唯是苦本，心欲离之，故名离欲。十五、观灭者，是心住灭，多诸过患，不欲住故。十六、观弃舍者，观此诸法，皆是过患，故名弃舍。此阿那波那等十六行，是慧性，无一息入出而不觉故。彼师自云：依经明十六特胜，今既未见经文，但述而不作，亦未敢治定。

次，师别解云：若对四念处，起十六行，无往不尔。但分之不调，如无漏十六行，约四谛中，一谛下有四，四四十六，有漏亦复应尔。然约四念处中说：一念中有四，四四十六义亦然。向言身念处有四，以除身行属身者，此义不然。何以故？若心息为身行者，如《大集经》说：息乃通于三行，非止属身行。今正明身行者，如《摩诃衍》说：行名身业，今明善恶诸业，皆从心生，身息是无知之法，不能造善恶，但为行作缘。今身以心来受身，令身有所造作，名为身。今明行破于受心，即是破行也。故知此属受念处。当知受中亦具四法也。向言：法中有五，观无常属法念处者，此亦不然！何以故？经中皆说：观心无常，观法无我。今明观无常，正是心念处也。此则一中，各说有四，四四十六，于义为便也。

次，第二师云：此十六法应须竖对诸禅，八观法相观故，所以者何？一、知息入。二、知息出者，此则对于数息。三、知息长短者，对欲界定。四、知息遍身者，对未到地定。五、除诸身行者，对初禅觉支。六、受喜，对初禅喜支。七、心受乐，对初禅乐支。八、受诸心行者，对初禅一心支。九、心作喜，对二禅内净喜支。十、心作摄，对二禅一心支。十一、心住解脱，对三禅乐支。十二、观无常，对四禅不动定。十三、观出散，对空处。十四、观离欲，对识处。十五、观灭，对不用处。十六、观弃舍，对非想非非想处。此则从初调心，乃至发诸禅定，明观行具足，此解为胜也。

译文

第二，说明观门制立不同名称的原因。有两种解释：第一种是有人说：这项阿那波那（数息）法门等十六项方法，是针对四念处法门所说的。若是以四念处来说明，应当知道只是在欲界定、未到地定，乃至于初禅就具足了。希望能够到达上地的禅定，不是得不到，只是观察法式较少而不具足，如同四禅即是没有出入的呼吸，以及欢喜快乐等。若是以呼吸的气息及欢喜，希望说明四念处，则是不方便。上下的名称内容类似可以知道。

（第二种解释）也是说明相对于四念处，也有两种不同的解释：其中一位老师解释说：前面五项是针对身体，中间三项是针对感受，接着三项是针对心，后面五项针对法。这位老师是明白了解十六特胜法门的，他自己说：依据禅经中说：一、观察吸入的呼吸气息，至于气息消灭。二、观察呼出的呼吸气息，停止至于鼻端。三、观察呼吸的长短，若是身体不安稳，心境多半散乱，则是出息与入息都短。若是身体安稳心境宁静，则是出息与入息都很长。四、呼吸气息遍及全身的情形，身体与心境既然都是安静，则是呼吸的气道没有壅塞，如同喝气，都通遍全身之中。五、除去各种身行的情形，意想与感受是心行，觉察与观照为口行，出入的呼吸是身行。既然呼吸气息遍满全身之中，感受那种觉察动摇粗糙是障碍，心念除去各种粗糙的缘故，称为除去各种身行。以上五项是属于身念处法。受念处法有三项。说是粗糙的气息除去的缘故，身心安稳的缘故。六、感受欢喜。七、感受快乐的情况，虽然有些微的欢喜，快乐能够遍满身识，既然充满内心的喜悦，因此称为“乐”。八、感受各种心行的情形，既然感受快乐在心怀，必然有心所有法相伴随，倚傍心中快乐的境界，因此称为“受诸心行”。心念处法有三项。九、心境作意欢喜观照的情形，既然安止心在一个稳定的境界上，没有智慧的胜解，必定会被沉落的心所覆盖沉没，以欢喜心举发它，让它不沉没，因此称为“作喜”（作意观想欢喜）。十、心境作意摄持的情形，由于欢喜心动摇散乱，则是发越超过常情，摄持它让它还原，不让其奔驰散乱各种因缘，因此称为“作摄”。十一、心境作意解脱的情形，心中不会掉举浮躁散乱，平均等念而不会负担，因此称为“解脱”。法念处法有五种。十二、观照无常的情形，已经得到自在，不会被心念的沉落浮起所败坏，因此能够观照诸法无常，念念的生灭，没有可以执着快乐的。十三、观照散乱败坏的情形，这个身体不久应当会散落败坏，磨除消灭的境界，并非真实的存在。十四、观照离开欲望的情形，这个身体只是苦的根本，心里希望离开它，因此称为“离欲”。十五、观照谢灭的情形，这个心念的安住停灭，多半有各种过失与障碍，不希望安住的缘故。十六、观照放弃舍离的情形，观照这些各种法尘，都是过失与障碍，因此称为“弃舍”。此项阿那波那的数息法门等十六观行，是智慧的性质，没有一个呼吸气息出入而没有觉察到的缘故。这位老师自己说：依据经典说明十六特胜，在此既没有看见经文，只是论述而不创作，也不敢肯定是不是如此。

接着，这位老师另外解释说：若是针对四念处，生起十六（特胜）行，都是如此分配的。但是分布得不够协调，像是无漏法的十六行，以四谛来说，每一谛下有四项，四项乘以四项是十六项，有漏法也应该是如此的。然而以四念处中的情形来说：每一念处中有四行，四项乘以四项等于十六项意义也是如此的。一向以来说身念处有四项观行，以此除去身行中属于身住的部分，这样的说法是不对的。为什么呢？若是心息属于身行的情况，像是《大集经》中说："息"（呼吸的气息）乃是通于三行，不是只有属于身行。如今正式说明身行的情形，如同《摩诃衍》中说："行" 称为身业（身体的业行），在此说明善恶的各种业行，都是从心中生起，身上的气息是没有知觉的法，不能够造作善恶的行为，但是为各种行法作因缘。在此身体是以心识来接受身体，让身体有所造作，称为"身"（身住）。在此说明行破除在接受的心，就是破除行法。因此知道这是属于受念处法。应当知道受念处也具有四项法行。一向以来说：法行中有五项，观照无常属于法念处的情形，这也是不对的！为什么呢？佛经上都说：观照心念是无常的，观照诸法是无我的。在此说明观照无常，正是心念处法。在此则是一种念处法中，各自说是有四项，四项乘以四项是十六项，在意义上是方便的说法。

接着，第二位老师说：这项十六特胜法应该必须直接对照各种禅定，八种观照法相观的缘故，为什么呢？一、知道呼吸气息的进入。二、知道呼吸气息的呼出，这是应对于数息法门而说的。三、知道呼吸气息的长短，这是针对欲界定而言的。四、知道呼吸气息遍及全身，这是针对未到地定说的。五、除去各种身行的情况，是针对初禅的觉支说的。六、感受欢喜，是针对初禅的喜支说的。七、心作意受乐，是针对初禅的乐支说的。八、感受各种心行的情形，是针对初禅一心支说的。九、心作意欢喜，是针对二禅内净的喜支说的。十、心作意摄持，是针对二禅的一心支说的。十一、心作意安住解脱，是针对三禅的乐支说的。十二、观照无常，是针对四禅不动定说的。十三、观照进出散失，是针对空处定说的。十四、观照离欲的情形，是针对识处定说的。十五、观照谢灭的情形，是针对不用处定说的。十六、观照放弃舍离的情形，是针对“非想非非想处定”说的。这是从刚开始调摄心念，及至于发起各种禅定，说明观照与行持的具足，这样的解释是很殊胜的。

原典

第三，明修证者。所以心名修证者，即是作心修习。心未相应证者，即是任运开发，心得相应。既有三师制立观法不同，今亦修有证之异。但前师云：于欲界未到地及初禅中，约四念处，明十六特胜，观法大意亦不异。如前说六妙门中观法，而非无小小不同，而名目有异，善寻配当，其义可解。此则不烦别说修证也。

今正明后师，竖对三界，明真特胜。既上来未说此观慧方法，今当出修证之相，竖明修十六特胜者：

一、知息入。二、知息出，此对代数息也。调息方法，事事如前数息中说。行者既调息绵绵，一心依随于息；息若入时，知从鼻端入至脐；若出时，知从脐出至鼻。如是一心照息，依随不乱，尔时知息粗细之相。粗者：知风喘气为粗；细者：知息相为细。若入息粗时，即调之令细，是名知粗细相。譬如守门之人，知门人出入，亦知好人、恶人，知好则进，知恶则遮。

复次，知粗细者。入息则粗，出息则细，何故尔？入气利急，故相粗；出息涩迟，故细。

复次，知轻重。知入息时轻，出息时重，何以故？入息既在身内，即令体轻，出息时身无风气，则觉身重。

复次，知涩滑。入息时滑，出息时涩，何以故？息从外来，风气利故，则滑。从内出吹，内滓秽塞诸毛孔，则涩。

复次，知冷暖。知入息时冷，知出息时暖，何以故？息从外来，冷气而入，故冷。息从内出，吹内热气而出，故暖。

复次，知久近。入息时近，出息时久，何以故？息入既利，则易尽，故近。息出涩，则难尽，故久。复须觉知，因出入息故，则有一切众苦烦恼，生死往来轮转不息，心知惊畏。行者随息之时，知息有如是等法相非一，故云知息入出也。

问：何故以此代数息？答：若是数息，直暗心数[①]，无有观行，修证时，多生爱、见[②]、慢等诸烦恼病也。爱者，爱着此数息；见者，谓见我能数；慢者，谓我能敌，以此慢他。今以随代数者，随息之时，即觉知此息无常，命依于息，以息为命，一息不还，即便无命。既觉息无常，知身命危脆。知息无常，即不生爱；知息非我，即不生见；悟无常，即不生慢。此则从初方便，已能破诸结使，不同数息。

复次，行者一心依息，令心不散，得入禅定，故名亦爱；觉悟无常，故名亦策。与定相应，名亦有漏；观行不着，名亦无漏。

复次，若数息时，冥暗心而数，既无照了，后证定时，则心无所见。今随息者，既明心照息，后证定时，则心眼开明，见身三十六物，破爱见慢。此即是特胜，胜于数息也。

注释

① **心数：**梵语 Caitta、Caitasika，又称心所、心所有法、心所法、心数法。主要是指与心相应而同时存在的各种复杂的精神作用。

② **爱、见：**又称为见着二法、爱见二行。“爱”与“见”的并称，就是对于“事”与“理”所产生的烦恼。因此，“爱”是情意上执着事物的烦恼，“见”是观念上执着错误的理论所产生的谬见。两者皆是障道的因缘。

译文

第三，说明修证的情形。所以“心”称为修证的原因，就是作“心”的修习。在心尚未相应证得的时候，即是任运自然地开发，心得以相应。既已有三位老师制立不同的观法，如今也有修证的差异。但是前文中的老师说：在欲界定、未到地定与初禅之中，以四念处来说明十六特胜，观行法门的大意也没有差异。如同前文所说六妙法门中的观法，而不是没有小小的不同，而是名称标目有差异，善巧地寻求分配适当，其意义可以了解。在此则不需要另外说明修证的情形了。

在此正式说明后面的老师，针对三界的分别，说明真实的特胜法门。既然前文以来没有说到这项观慧的方法，在此应当示出修证的相貌，直接说明修行十六特胜的情况：

一、知道呼吸气息的进入。二、知道呼吸气息的排出。这一对方法是代替数息的方法。调息的方法，每一件事都如同前面数息法门中所说。修行者调整气息绵绵密密，专一心志依照跟随着呼吸；呼吸若是吸入的时候，知道从鼻端进入到肚脐；若是呼出的时候，知道从肚脐呼出到鼻端。如此专一心志观照呼吸，依随着呼吸而不散乱，这个时候知道呼吸粗糙细致的相貌。粗糙的情况是：知道呼吸像风吹、急喘，呼气的情况是粗糙；细致的情形是：知道自然轻松若存若亡的气息相貌为细致。若是吸入的呼吸粗糙的时候，就调整让它细微，是称为知道粗糙细微的相貌。譬如守门的人，知道有人从门口出去进入，也知道是好人或坏人，知道好人就让他进入，知道坏人就阻止他。

接着，知道粗糙或细微的情形。吸入的气息是粗糙的，呼出的气息是细微的，是什么原因如此呢？吸入的气息快利急躁，因此其相貌粗糙；呼出的气息干涩停迟，因此细微。

接着，知道轻微或沉重的情形。知道吸入气息时轻微，呼出气息时沉重，什么原因呢？吸入气息既然在身体内部，就让身体轻盈，呼出气息的时候身体内部没有风气，则感觉到身体沉重。

接着，知道干涩或溜滑的情形。吸入气息的时候溜滑，呼出气息的时候干涩，什么原因呢？气息是从外面进来，风动的空气快利的缘故，则是溜滑。从内部吹出气息，身体里面的秽气残滓阻塞了各个毛孔，则是干涩。

接着，知道寒冷或温暖的情形。知道吸入气息的时候寒冷，呼出气息的时候温暖，什么原因呢？气息从外面进来，寒冷的气息进入身体内部，所以寒冷。气息从身体内部呼出，吹出身体内部温热的气息，所以温暖。

接着，知道呼吸长久或短近的情形。吸入气息的时候短近，呼出气息的时候长久，什么原因呢？呼吸进入既然快利，则是容易结束，因此短近。呼吸呼出干涩，则是较难结束，因此长久。再者必须觉察知道，呼出吸入气息的缘故，则是有一切各种痛苦烦恼，在生死中往来轮转而不停止，心中知道惊怕怖畏。修行者在随息的时候，知道呼吸有如此等境界的相貌，因此说是知道气息吸入呼出的情形了。

有人问说：什么原因以这两项观行代替数息法门

呢？回答说：若是数息法门，直接蔽暗心所有法，没有观照与修行，所以在修证的时候，多半容易生起情意上执着的爱念、观念上执着的谬见与心态上骄慢等各种烦恼的疾病。所谓的“爱”，是指贪爱执着这项数息；所谓的“见”，是指执着并说自己能够数息；所谓的“慢”，是说自己能够敌过（生死轮回），以这样的理由骄慢于他人。如今以随息代替数息的情况，随息的时候，就已经觉察知道这项呼吸气息是无常的，生命是依靠着呼吸气息的，以呼吸气息为生命，一个呼吸没有回复，就会失去生命。既已觉察呼吸气息的无常，便会知道生命是危险脆弱的。知道呼吸的无常，就不会生出爱恋执着；知道呼吸气息并非真正的自己，就不会生出观念上执着错误理论而产生谬见；体悟到无常的道理，就不会生起骄慢的心理。这些则是从最初的方便开始，已经能够破除各种的烦恼，不同于数息的法门。

接着，修行者专一心志依随着呼吸气息，让心境不会散乱，得以进入禅定的境界，因此称为“亦爱”（也是值得珍惜拥有的）；觉悟到无常的道理，因此称为“亦策”（也是值得策励的）。因为与禅定的境界是相应的，称为“亦有漏”（也是世间法的烦恼境界而尚未解脱的禅定）；观照修行而不执着，称为“亦无漏”（也是出世间法的觉悟境界而已经解脱的禅定）。

接着，若是数息的时候，心中是昏冥暗昧而去数随呼吸气息的话，即是没有观照明了的心境，以后证入禅定的时候，则是心中没有任何看见的情况。如今依随呼吸气息的情况，既然是清明的心观照呼吸，以后证入禅定的时候，则是心眼开启光明，看见身体内部三十六种物，破除了情意上执着烦恼的“爱”、观念执着错误的谬“见”与骄傲心理的“慢”。这就是“特胜”（特别殊胜），比数息法还要殊胜的法门啊！

原典

三、知息长短者。此对欲界定，若证欲界定时，是定明净，都不觉知，息中相貌。今此中初得定时，即觉息中，长短之相。云何为觉？若心定时，觉入息长，出息短。何以故？心既静住于内，息随心入，故入则知长。既心不缘外，故出则知短。

复次，觉息长则心细，觉息短则心粗。何以故？心细则息细，息细则入从鼻至脐，微缓而长，出息从脐至鼻亦尔；心粗则息粗，息粗则入从鼻至脐急疾短，出从脐至鼻亦尔。

复次，息短故觉心细，息长故觉心粗，何以故？如心既转静，出息从脐至胸即尽，入息从鼻至咽间，即知尽，此则心静，故觉息短；觉长故心粗者，如行者心粗故，觉息从脐至鼻，从鼻至脐，道里长远，此则心粗，故觉息长。

复次，短中觉长则定细，长中知短则是粗。何故尔？如息从鼻至胸则尽，此行处虽短，而时若大，久久方至脐，此则行处短，而时节长也。若就此而论，短中觉长，则定细；觉长中而短，是粗者。如心粗故，息从鼻至脐，道里极长，而时节短，忽然之间，即出至鼻。何以故？心粗气息行疾故，此虽长而短，然此息短，则是心粗也。故云：短中长而细，长中短而粗也。如此觉长短时节，知无常由心生灭不定故，今息长短，相貌非一。得此定时，觉悟无常，转更分明，证欲界定，故名亦爱。观行觉无常，故名亦策。此略说第三知息长短，破欲界定也。

四、知息遍身者。对未到地定，若根本未到地，直觉身相，泯然如虚空。尔时实有身息，但以眼不开故，不觉不见。今特胜中，发未到地时，亦泯然入定，即觉渐渐有身如云影，觉出入息遍身毛孔，尔时亦知息长短相等。见息入无积聚，出无分散，无常生灭，觉身空假不实，亦知生灭刹那不住，三事①和合，故有定生。三事既空，则定无所依，知空亦空，于定中不着，即破根本未到地。爱策之义，已在其中。

问：《摩诃衍》中及诸经，多说观息入出，何以故言知息入出？答：此说知为观，而观法实未具足故，今说为知。《大品·广乘品》[2]中，明十六特胜相，皆言知息入出长短，以是文为证，说知则不乖文义。观慧在下当说。

注释

① **三事：**在此指“身”（身体）、“息”（呼吸气息）、“心”（心灵），这三件事情调和之后，才能进入禅定。

② 此段引文依据，请参见《摩诃般若波罗蜜经》，《大正藏》第八册，页二五三下、页二五四中、页二五五上。

译文

三、知道呼吸气息长短的情形。这是针对欲界定的情形来说的，若是证得欲界定的时候，这个禅定明亮清净，都不曾觉察知道，呼吸气息中的相貌。如今在此特胜法门中刚开始得到禅定的时候，就觉察呼吸气息之中，有长有短的情形。什么叫作“觉”呢？若心境定静的时候，觉察到吸入的气息比较长，呼出的气息比较短。什么原因呢？心境既然定静安住于内在，气息跟随心的定静而进入，因此进入则知道比较长。既然心里不系缘外在，因此呼出则是知道比较短。

接着，觉察呼吸气息长则是心境细致，觉察气息短则是心境粗糙。什么原因呢？心境细致则是气息细微，呼吸细微则是从鼻孔吸入到肚脐，微细缓慢而比较长，呼出的气息从肚脐到鼻端也是如此；心境粗糙则是气息粗糙，气息粗糙则是从鼻孔吸入到肚脐是急促快速而短暂，呼出时从肚脐到鼻端也是如此的。

接着，呼吸气息短暂因此觉察心境细致，气息长缓因此觉察到心境粗糙，什么原因呢？像是心境既已转为定静，呼出的气息从肚脐到胸腔就结束，吸入的气息从鼻孔到咽喉之间，就知道结束，这是心静的原因，因此觉察呼吸的短暂；觉察长缓因此心境粗糙的情形，像是修行者心境粗糙的缘故，觉察气息从肚脐到鼻端，从鼻端到肚脐，好像很长远的距离，这是心境粗糙的原因，所以觉察呼吸气息较长。

还有，实际呼吸较短而感觉较长则是细致的定静，实际呼吸较长而感觉较短则是粗糙的定静。什么原因会如此呢？像是呼吸气息从鼻端到胸腔就停止，这样的路线虽然比较短，然而时间若是长久的话，很久才会到肚脐，这是因为呼吸的行走路线比较短，然而时间是很长的。若是就拿这项情形来论述，实际呼吸较短而觉察到较长，则是定境细致的情况；实际呼吸较长而觉察较短的情形，是定境粗糙的情况。像是心境粗糙的缘故，呼吸从鼻端到肚脐，距离是非常长的，而呼吸的时间很短，忽然之间，就呼出到鼻端了。什么原因呢？心境粗糙气息行走得快速的缘故，这虽然距离长而行气短，然而这呼吸气息的短暂，则是心境粗糙的情况。因此说：呼吸短暂之中而感觉到长缓而细微，呼吸长远之中而感觉到短暂而粗糙的情形。如此觉察到长短的时间节奏，知道无常是心中生灭不一定的情况的缘故，如今气息的长远或短暂，实际的情形并不一致。得到这项禅定的时候，觉悟到无常，转变更为分明而证得欲界定，因此称为“亦爱”（也是值得珍惜的法门）。观照修行觉察无常，因此称为“亦策”（也是值得鼓励策发的法门）。在此简略地说明第三项知道气息的长远或短暂，破除欲界定的情况。

四、知道呼吸气息遍及全身的情形。这是针对未到地定的情形来说的，若是根本的未到地定，直观觉察身体的相貌，泯然有如虚空一般。这个时候实际上有身体的气息，但是眼睛没有张开的缘故，没有察觉没有看见。如今在特胜法门中，发起未到地定的时候，也是泯然进入禅定，就觉察逐渐有身相像云影一般，觉察到出入的呼吸气息遍满全身的毛孔，这个时候也知道呼吸气息的长短相貌等情况。看见发现气息进入的时候没有积存聚集，呼出的时候没有分离散漫，无常与生灭的情况，觉察身体是空幻假有而不是实际存在的，也知道生灭是刹那不停留的，三件事相（身体、气息与心）和合，因此才有禅定的产生。三件事相既然是空相，则是禅定没有什么可以依靠的，知道空幻也是空幻的，在禅定中不执着，就破除根本未到地定。珍惜策励的意义，已经说明在其中了。

有人问说：《摩诃衍》之中与各种佛经，多半说是观照呼吸气息的进出，什么原因说知道呼吸的进入与呼出呢？回答说：这样的说知道为观照，然而观照的方法实际上没有具足的缘故，在此说是“知”（知道）。在《摩诃般若波罗蜜经·广乘品》中，说明十六特胜法门的相貌，都说知道呼吸气息进入呼出的长远或短暂，以这样的经文为证明，说“知”（道）则是没有错谬文字的意义。观照的智慧在下文当会说明。

原典

五、除诸身行者。对初禅觉观支，就中二：一、明身行；二、明除身。身行者，欲界身中，发得初禅，色界四大造色，触欲界身，欲界身根生身识，觉此色触二界色，相依共住，故名身。身行者，即观支。此观支，从身分生，知身中之法，有所造作，故名身行。

次，明除身行者，因觉息遍身，发得初禅，心眼开明，见身三十六物，臭秽可恶。尔时即知三十六物，由四大有，头等六分，一一非身。四大之中，各各非身，此即是除欲界身也。除初禅身者，于欲界身中，求色界四大不可得，名除初禅身。所以者何？若言有色界造色者，是为从外来？为从内出？为在中间住？如是观时，毕竟不可得。但以颠倒忆想故，言受色界触，谛观不得，即是除初禅身；身除故，身行即灭。

复次，未得初禅时，于欲界身中，起种种善恶行，今见身不净，则不造善恶诸结业，故名除身行。今明此定，亦有二种：一者，根本五支，如前说。二者，净禅。五支者，觉身三十六物，虚假不实，名觉；分别此禅与欲界及根本功德，大有优劣，名为观；既得法喜，心大庆悦，名为喜；于无垢受恬憺之乐，名为乐。正定持心，令不动摇，名为一心。此中支除，成就胜妙喜乐，而心无染着，故名为净禅也。

复次，如《阿毗昙》中说：隐没无记有垢，不隐没有记无垢等义。约此二种禅中，应广分别。

译文

五、破除各种身体业行的情况。这是针对初禅的“觉支”与“观支”来说的，其中有两项说明：一、说明身体的业行；二、说明破除身体的业行。所谓的“身行”，是指欲界的身体中，发起得到初禅，在色界地、水、火、风四大制造的物质，接触欲界的身体，在欲界的身根中生起身识，察觉这项物质接触欲界、色界二界的物质，彼此互相依存共同安住，因此称为“身”（住）。所谓的“身行”，就是（初禅的）观支。这项观支，从身相分化生出，知道身相中的境界，有一些造作，因此称为“身行”（身体的业行）。

接着，说明破除身体业行的情况，因为察觉气息遍满全身，发起得到初禅，心眼开启光明，看见身体内部的三十六种东西，是很臭污秽令人厌恶的。这个时候就知道三十六种东西，是由四大地、水、火、风所造成的，由头开始的六种分类，每一项都不是身体的实有。在四大之中，每一项都不是身体，这就是破除欲界的身相。破除初禅的身相的情形，在欲界的身体中，追求色界的四大是无法得到的，称为除却初禅的身相。为什么呢？有色界制造物质的情形，是从外在而来呢，还是从内部涌出，还是在中间安住呢？如此观照的时候，毕竟是无法得到的。只是颠倒回忆想象的缘故，说是受到色界的接触，真实深入地观照而无法得到，就是破除初禅的身相；身相破除的缘故，身体的业行就消灭了。

还有，尚未得到初禅的时候，在欲界的身体中，生起种种善恶的行为，如今看见发觉身体的不干净，则是不会制造善恶的各种烦恼业行，因此称为破除身体的业行。如今说明这项禅定，也有两项意义：第一种，是初禅的根本五禅支，如同前文所说。第二种，是出世间的净禅。所谓的“五支”，是觉察身体内部三十六种东西，是虚假不真实的，称为“觉支”；能够分别这项禅定与欲界定的根本功德，有很大的优劣差别，称为“观支”；既已得到法喜，心中有很大的庆乐快悦，称为“喜支”；在没有烦恼的境界感受恬憺的快乐，称为“乐支”；正确的禅定受持在心，让心境不动摇，称为“一心支”。在此之中禅支破除之后，就会成就殊胜微妙的欢喜快乐，然而心中没有污染快乐，因此称为出世间的“净禅”。

还有，像是《阿毗昙》（论部）中说：隐没无记心有烦恼尘垢，不隐没有记心没有烦恼尘垢等意义。以此两项禅定之中，应该广泛地加以分别。

原典

六、受喜者，即是对破初禅喜支。根本禅中喜支，从隐没有垢，觉观后生，既无观慧照了，多生烦恼，故不应受。今明受喜者，于净禅觉观支中生，以有观行破析，达觉观性空。当知从觉观生喜亦空，即于喜中不着，无诸过罪，故说受喜。如罗汉人，不着一切供养，故名应供[①]。复次，如真实知见，得真法喜，故说受喜。

七、受乐者，对根本禅乐支。彼禅既无观慧，乐中多染，故不应受。今言受乐者受无乐，知乐性空于乐中不着。既无乐过罪，上无别证无为之乐，故说受乐。

八、受诸心行者，此对破根本一心支。今明能通诸法，故名诸心行。心行有二种：一者，动行。二者，不动行。有人解云：从初禅乃至三禅，犹是动行。四禅已去，名不动行。今略说不动行者，觉等四支是动行，后一心支是不动行，亦名诸心行者，即是一心支不动之行。若根本禅入一心时，心生染着，此一心不应受。今明受诸心行者，知此一心，虚诳不实，一心非心，即不取着，既无过罪，即是三昧正受，故说受诸心行。

九、心作喜者，此对二禅内净喜。所以者何？二禅喜从内净发，以无智慧照了多受也。今观此喜，即知虚诳，不生受着，如真实知生法喜，亦名喜觉分。既从正观心，生真法喜，故名心作喜。

十、心作摄者，此对二禅一心支。何以故？为二禅喜动经摄故，说心作摄。今明摄者，正以破前伪喜，生喜觉喜。此喜虽正，而不无涌动之过，即应返观喜性，既知空寂，毕竟定心不乱，不随喜动，故云作摄。是以《大集经》云：动至心。

十一、心住解脱者，此对破三禅乐。所以者何？三禅有遍身之乐，凡夫得之，多生染爱，为之所缚，不得解脱。今言解脱者，以观慧破析，证遍身乐时，即知此乐从因缘生，空无自性，虚诳不实，观乐不着，心得自在，故名心作解脱。

注释

① **应供：**梵语 Arhat 或 Arhant，音译作阿罗汉、阿罗诃。是指断尽一切的烦恼，证悟智德圆满，应受人天的供养、尊敬的人。

译文

六、感受欢喜的特胜法门，就是针对破除初禅的欢喜禅支。根本禅之中的喜禅支，是有隐没到有烦恼的生起，是在觉禅支与观禅支后面生起，既是没有观照的智慧照应明了，多会生起烦恼，因此不应该接受。在此说明的感受欢喜的情况，在出世间净禅觉禅支与观禅支中生出，以有法的观行破解分析，通达觉支与观支的本性空寂。应当知道从觉支与观支生出欢喜支也是空幻的，就是在喜支中不执着，没有各种的过错，因此说是接受欢喜。像是罗汉的小乘行者，不执着一切的供养，因此称为“应供”（阿罗汉）。还有，如果是真实的知见，得到真正的法喜，因此说是感受欢喜的情况。

七、感受快乐的特胜法门，是针对根本禅的快乐禅支所说的。那项禅定既是没有观照的智慧，快乐中多所染着，因此不应该接受。在此说感受快乐的人事实上感受不到快乐，知道快乐的本性空寂在快乐中不执着。既是没有快乐的过失与障碍，以上没有其他的证明无为的快乐，因此说是感受快乐。

八、感受各种心行（心的业行）的特胜法门，这是针对破除根本禅的一心禅支。在此说明能够通达各种境界，因此称为各种心行。心行有两种情况：第一种是动行。第二种是不动行。有人解释说：从初禅乃至于到三禅，还是“动行”（运动的心行）。四禅以上的禅定，称为“不动行”（不会运动的心行）。在此简略地说明不动行的情况，觉支、观支、喜支、乐支是运动的心行，后面的一心支是不动的心行，也称为各种心行的情况，就是一心支的不运动的心行。若是根本禅进入一心支的时候，心中生起烦恼执着，这一心支就不应该接受。在此说明接受各种心行的情况，知道这项一心支，是虚诳不实际存在的，一心支不是心，就不会执取贪着，既是没有过失与障碍，就是三昧正受的禅定，因此说感受各种心的业行之特胜法门。

九、心中作净意欢喜的特胜法门，这是针对二禅的内净喜支而说的。为什么呢？二禅的欢喜从内心清净而发起，因为没有智慧观照明了所以增加感受。如今观照这项喜支，就知道是虚诳的，不会生起感受的贪着，如同真实的智慧生起法喜，也称为欢喜觉悟的情况。既是从正念观照自心，生起真正清净的法喜，因此称为“心作喜”。

十、心中作意摄持的特胜法门，这是针对二禅的一心支所说的。什么原因呢？因为二禅的欢喜动摇心志经过摄持的缘故，所以说是“心作摄”。在此说明“摄”的意义，正是破除前面虚伪的欢喜，生起欢喜觉悟的法喜。这样的（二禅的）欢喜虽然是正定产生的，然而不是没有涌动的过错，这个时候就应该反观欢喜的本性，既是知道空寂，也知道是毕竟定心不乱，不会跟随欢喜而动摇，因此称为作意摄持。因此《大集经》说：摄持动摇的心归于心的本体。

十一、心安住解脱的特胜法门，这是针对破除三禅的乐支所说的。原因是什么呢？三禅有遍身的快乐，凡夫得到它，多半会生起沾染执着，被快乐感受的执着所绑缚，没有办法得到解脱。在此所谓的“解脱”，是指以观照的智慧破解分析，证得遍身快乐的时候，就知道这种快乐是从因缘聚合而生的，空幻而没有自己的本性，是虚诳不实际存在的，观照快乐而不执着，心中得到自在，因此称为心安住解脱的特胜法门。

原典

十二、观无常，此对破四禅不动。所以者何？如世间中，有动、有不动法，三种[①]为乐所动，犹名动法。今此四禅，名不动定。凡夫得此定时，多生常想，心生爱取。今若观此定，生灭代谢，三相所迁，知是破坏不安之相。故经云：一切世间动不动法，皆败坏不安之相，故名观无常。

十三、观出散者，此对破空处。所以者何？出者，即是出离色界。散者，即是散三种色。复次，出散者，谓出离色心，依虚空消散自在，不为色法所缚，故名出散。凡夫得此定时，谓是真空安稳，心生取着。今言观出散者，行人初入虚空处时，即知四阴和合故有，无自性，不可取着。所以者何？若言有出散者，为虚空是出散，为心是出散？若心出散，心为三相所迁，过去已谢，未来未至，现在无住，何能出耶？若空是出散者，空是无知，无知之法，有何出散？既不得空定，则心无受着，是名观出散。

十四、观离欲者，此对识处。所以者何？一切爱着外境，皆名为欲。从欲界乃至空处，皆是心外之境，若虚空为外境，识来领受此空，即以空为所欲。今识处定，缘于内识，能离外空欲，故离欲。若凡夫得此定，无慧眼照了，谓言心与识法相应，真实安稳，即生染着。今言观离欲者，得此定时，即观破析，若言以心缘识，心与识相应，得入定者，此实不然！何以故？过去、未来、现在三世识，皆不与现在心相应故，云何言心与三世识相应？定法持心，名为识定。故知此识定，但有名字，虚诳不实，故名离欲也。

十五、观灭者，此对无所有处。所以者何？此定缘无为法尘，心与无为相应，对无为法尘，发少识故。凡夫得之，谓之心灭，深生爱着，不能舍为之所缚。今言观灭者，得此定时，即觉有少识，此识虽少，亦有四阴和合，无常无我虚诳，譬如粪秽，多少俱臭，不可染着，是名观灭。

十六、观弃舍者，此对非想。所以者何？非想是两舍之对治，从初禅以来，但有偏舍，无有两舍，故未与弃舍之名。今此非想，既有双舍有无，故名弃舍。亦以此定，是舍中之极，故最后受名。若凡夫得此定时，谓为涅槃，无有观慧觉了，不能舍离。今明弃舍者，得此定时，即知四阴、十二入、三界及十种细心数等，和合所成。当知此定，无常、苦、空、无我，虚诳不实，不应计为涅槃生安乐想。既知空寂，即不受着，是名观弃舍。虽求定相，而亦成就此定，尔时即具二种弃舍：一者根本弃舍。二者涅槃弃舍，永弃生死，故云观弃舍。

行者尔时深观弃舍，即便得悟三乘涅槃。此事如须跋陀罗，佛令观非想中细想，即便获得阿罗汉果。

今明悟道，未必应须具十六，或得三二特胜，即便得悟。又利根者，初随息时，觉悟无常，即便悟道，此随人不定也。从初以来，俱发根本定故，名亦有漏。于中观行，破析不着，名亦无漏，故云特胜是亦有漏亦无漏禅。此竖对三界诸禅者，则一一观法相，至义可见也。（卷七完）

注释

① **三种：** 原文作“三种”，然而文句上下不通，笔者疑为“三禅”的刊误，因此改作“三禅”，就符合前后文的脉络意义。

译文

十二、观照无常的特胜法门，这是针对破除四禅不动心的情况。原因是什么呢？像是在世间法中，有运动与不运动的境界，三禅尚且被快乐所动摇，还是被称为“动法”（运动的境界）。如今这项四禅，称为“不动定”（不会动摇或运动的禅定）。凡夫得到这项禅定的时候，多半会生起常住不变的想象，心中生起贪爱执着。如今若是观照这项禅定，生灭一代一代转变，生、住、异三种相貌的变化，知道是破坏不安的相貌。因此佛经说：一切世间运动或不运动的境界，都是败坏不安的相貌，因此称为观照无常的特胜法门。

十三、观照禅定出离散失的特胜法门，这是针对破除空处定所说的。原因是什么呢？所谓的“出”，就是指出离色界的意思。所谓的“散”，就是散失三种物质的色法。还有，所谓的“出散”，是指出离色界物质的心，依据虚空消散而自在，不被色法物质所绑缚，因此称为出散。凡夫得到这项禅定的时候，说是真正空宁安定稳靠，心中生起爱取执着。如今说观照出离散失的情况，修行者刚开始进入虚空处禅定的时候，就知道受、想、行、识四蕴和合因此才有的，没有永远不变本性，无法执取贪着。原因是什么呢？若是说有出离散失的情况，是虚空的出离散失呢，还是心的出离散失呢？若是心的出离散失，心被过去、现在、未来三种相貌所迁变，过去的已经消失，未来的尚未到达，现在又无法停止，如何能够出离呢？若虚空是出离散失的，然而虚空是无知的，无知的境界，有什么样的出离散失的情形呢？既然没有得到空处的禅定，则是心中没有感受与执着，是称为观照出离散失的特胜法门。

十四、观照离欲的特胜法门，这是针对识处定而说的。原因是什么呢？一切贪爱执着外在的境界，都称为

“欲”。从欲界定乃至于空处定，都是心外的境界，若是虚空也是外境的话，意识来领受这视以外境的虚空，就是以“虚空”为爱恋贪着的对象。然而，此处的识处定，是系缘于内心的意识，能够离开外在虚空的贪着，因此离欲。若是凡夫得到此项禅定，没有智慧法眼观照明了，说是心与意识境界相应，是真实存在安定稳靠的，就会生起烦恼执着。在此说观照离欲的情况，得到这项禅定的时候，就观照破除分析，若是说是以心系缘意识，心与意识相应，得以进入这项禅定的情况，这实际上不是如此的！什么原因呢？过去、未来、现在三世的意识，都不会与现在的心相应的缘故，如何说心与三世的意识相应呢？禅定的境界持心，称为识处定。因此知道这项识处定，只是有名字，虚诳不实际存在，因此称为离欲的特胜法门。

十五、观照寂灭的特胜法门，这是针对无所有处定所说的。原因是什么呢？这项禅定系缘无为的法尘境界，心与无为法相应，相对于无为法尘，发起少量意识的缘故。凡夫得到这项禅定，说是心停灭，深刻地生起贪爱执着，不能够舍弃被它所绑缚。在此说的“观灭”，是说得到这项禅定的时候，就觉察到有少量的意识，这项的意识虽然很少，也有受、想、行、识四蕴的和合，是无常的是无我的是虚诳的，就好像粪便臭秽，不管是多量还是少量都是臭的，不可以沾染执着，是称为观照寂灭。

十六、观照放弃与舍离的特胜法门，这是针对非想非非想处定所说的。原因是什么呢？非想是两种舍离（舍离空有与舍离识无）的对治，从初禅以来的禅定，只是有所偏舍，是没有两种舍离的，因此没有给它“弃舍”的名称。如今在此的非想，既是双双舍离有与无，因此称为“弃舍”。也是因为这项禅定，是舍离中的极处，所以最后接受这样的名称。若是凡夫得到这项禅定的时候，说是涅槃，没有观照的智慧觉悟明了，不能够舍离。在此说明“弃舍”的情况，得到这项禅定的时候，就知道四蕴（受、想、行、识）、十二入、三界及十种细致的心所有法等，是和合所成的。应当知道这项禅定，是“无常”的，是“苦”的，是“空”的，是“无我”的，是虚诳不实际存在的，不应该说是涅槃而因此生起安乐的想法。既然知道是空寂的，就不会接受而执着，是称为观照放弃与舍离。虽然追求禅定的相貌，而且也成就这项禅定，这个时候就具备两种的弃舍：第一种是根本的放弃与舍离。第二种是涅槃的放弃与舍离，永远地放弃生死，因此说是观照放弃与舍离。修行者这个时候深入地观照弃舍，就会觉悟证得菩萨、声闻、缘觉三乘的涅槃。这件事像是须跋陀罗，佛陀让他观照非想中的细微的意想，就因此获得阿罗汉的果位。

在此说明觉悟的道路，未必应该必须具备十六种特胜法门，有些修行者得到两三种特胜法门，就能够得到证悟。又有利根的人，刚开始随息的时候，就已经觉悟到无常，就能够悟道，这是随着不同根性的人的情况。从刚开始修习禅定以来，同时发起根本禅定的情形，称为“亦有漏”的禅定。在中观的修行中，破除分析而不执着，称为“亦无漏”的禅定，因此称为特胜法门，也是亦有漏亦无漏的禅定。这是针对三界中各种禅定的情况，则是一一地观照各种境界的相貌，究竟的意义是可以看见的。（卷七完）

4 卷八

修证通明观

原典

今辨此禅，大意为三：一者，释名；二者，辨次位；三者，明修证。

第一，释名者。所以此禅名为通明观者，此观方法出《大集经》文，无别名目。北国诸禅师修得此禅，欲以授人，既不知名字，正欲安根本禅里，而法相迴殊。若对十六特胜，则名目全不相关。若安之背舍、胜处，观行方法条然别异。既进退并不相应，所以诸师别作名目，名为通明观禅。或有说言《华严经》有此名目。所言通者，谓从初修习，即通观三事[1]。若观息时，即通照色心；若观色乃至心亦如是。此法明净，能开心眼无诸暗蔽，既观一达三，彻见无阂，故名通明。

复次，善修此禅必定能发六通、三明，故《大集经》[②]明：法行比丘修此禅时，欲得神通即能得之。今言通者，即是能得六通；明者，即是能生三明。此因中说果，故言通明观。

问曰：余禅亦能发六通、三明，何故独此禅说为通明？答曰：余禅虽有发通明之义，不如此禅利疾，故名通明。

问曰：如《大集经》亦有别释此禅名义，故经言[③]：所言禅者，疾故名禅。疾大疾、住大住、寂静观、灭达离，是名为禅。今何故别立名耶？答曰：彼经虽有此释，于义乃显，而名犹漫，既不的有名目，故复更立通明之名。

第二，明次位者。此禅无别次位，犹是约根本四禅、四空立次位。但于一一禅内更有增胜出世间观定之法，能发无漏及三明、六通疾利。亦于非想后心，灭诸心数入灭受想定，故不同根本。暗证取着，无有神智功能，是故虽复次位同于根本，而观慧殊别，恐人谬解，故立别名。虽名有异，而次位无差。

问曰：若此禅得入灭定，与九次第定[④]有何异耶？答曰：修此定时，心心无间，亦得说为九次第定。然终非是具足九次第定法，是事在下自当可见。若比准《成实论》解，九定、八解亦是具足。

第三，明修证。此禅既无别次位，还约根本次位辨修证也。

先明修证初禅之相。如《大集经》说：言初禅者，亦名为具，亦名为离。离者，谓离五盖；具者，谓具五支。五支者，谓觉、观、喜、安、定。云何为觉？如心觉大觉，思惟大思惟，观于心性，是名为觉。云何为观？观心行大行、遍行随意，是名为观。云何为喜？如真实知、大知，心动至心，是名为喜。云何为安？谓心安、身安、受安，受于乐触，是名为安。云何为定？谓心住大住不乱，于缘起不谬，无有颠倒，是名为定。即是彼经略释修证通明初禅之相。推此经文所明五支，则与余经论所明大异，故须别释。

今先释如心。如心者，即是初禅前方便定发也，亦即是未到地。但证不孤发，要由修习。云何修习？行者从初安心，即观于息、色、心三事，俱无分别。观三事者，必须先观息道。云何观息？谓摄心静坐，调和气息，一心谛观息想，遍身出入。若慧心明利，即觉息入无积聚，出无分散，来无所经由，去无所履涉。虽复明觉息入出遍身，如空中风，性无所有，是则略说观息如心相。

次观色如。行者既知息依于身，离身无息，即应谛观身色如。此色本自不有，皆是先世妄想因缘，招感今世四大造色围虚空故，假名为身。一心谛观，头等六分、三十六物及四大、四微，一一非身，四微、四大亦各非实，尚不自有，何能生六分之身、三十六物？无身色可得，尔时心无分别即达色如。

次观心如。行者当知，由有心故，则有身色，去来动转。若无此心，谁分别色？色因谁生？谛观此心借缘而有，生灭迅速，不见住处，亦无相貌，但有名字，名字亦空，即达心如。行者若不得三性别异，名为如心。

复次，行者若观息时，既不得息，即达色心空寂。何以故？三法不相离故，色心亦尔。若不得色心三事，即不得一切法。所以者何？由此三事和合，能生一切阴、入、界，众苦烦恼，善恶行业，往来五道流转不息。若了三事无生，则一切诸法本来空寂，是则略说修习如心之相。

注释

① **三事**：色法的物质身体、息法的呼吸气息、心法的心念意识，这三项是通明观禅法修习的对象。

② 参见《大集经》卷二十二，《大正藏》第十三册，页一六〇下。

③ 参见《大集经》卷二十二，《大正藏》第十三册，页一六一上。

④ **九次第定：**梵语 Navānupūrva-samāpattayaḥ，是指依照次第无间断所修的九项禅定，又称为炼禅或无间禅，包括了色界的根本四禅、无色界的四空定与灭受想定九种禅定。

译文

在此辨别说这项禅法，大意有三项：第一项是解释名词，第二项是辨别说明次第与位置，第三项是说明修证的方法与境界。

第一，解释名词。为什么这项禅法称为“通明观”呢？这项禅观的方法出自于《大集经》的经文，没有其他的名称。北方国家（北传佛教）的各位禅师修习得到这项禅法，希望来教授别人，既是不知道名称，本来想安放在根本禅里面，然而法相决然不同。若是相对十六特胜法门，则是名称标目完全没有关系。若是安放在背舍或胜处的禅法中，观照修行的方法每一条目都不同。既然进步或退步并不能相应，所以各禅师另外安列名称标目，称为通明观禅。有的人说《华严经》中有这项名称标目。所谓的“通”，是从刚开始修习这项法门的时候，就通达观照三件事情（色、息、心）。若是观照呼吸气息的时候，就通达观照色法物质与心法意念；若是观照色法物质的身相乃至于心法的意识也是如此的。这项禅法明澈清净，能够开发心眼没有各种暗昧障蔽的事情，既是观照一项而因此通达三项，彻底照见诸法而没有隔阂，因此称为“通明”。

接着，善于修习这项禅定必定能够发起六项神通与三明，因此在《大集经》说明：法行比丘修习这项禅法的时候，希望得到神通就能得到。在此所谓的“通”，就是能够得到六通；所谓的“明”，就是能够生出三明。这是从因位说到果位，因此称为“通明观”。

有人问说：其他的禅法也能够发起六通、三明，什么原因唯独这项禅法说是“通明”（通达明照）呢？回答说：其他的禅法虽然有发起通明的意义，但是不如这项禅法明利快速，因此称为“通明”。

有人问说：像是《大集经》中也有其他的解释这项禅法的名称与意义，因此佛经（《大集经》）中说：所谓的“禅”，快速因此称为“禅”。快速中很大的快速、安住中很大的安住、寂静的观照、寂灭通达而舍离，是称为“禅”。在此什么原因另外建立名称呢？回答说：那部经典虽然有如此的解释，其意义虽然显明，然而名称犹然散漫不清楚，既是不能明确地说明这项名称标目，因此再另外建立通明的名称。

第二，辨别说明次第与位置。这项禅法没有其他的次第位置，犹然是以根本四禅、四空定来建立次第位置。但是在每一项禅定内部更有增加殊胜的出世间观定的方法，能够快速明利地发起无漏智慧以及三明、六通的境界。也在非想非非想之后的心法中，停灭各种心所有法而进入灭受想定，因此不同于根本禅。暗昧证得而执着，没有神通与智慧的功能，因此虽然其位置次第相同于根本禅，然而观照的智慧特殊不一样，恐怕一般人错误地解释，因此建立其他的名称。虽然名称有差别，然而次第位置是没有差别的。

有人问说：若是这项禅法能够进入灭受想定，如此与九次第定有什么差别呢？回答说：修习这项禅定的时候，前心与后心之间是没有间断的，也可以说是九次第定。然而终究不是具足九次第定的所有历程，这件事情在下文中自然是可以看见说明的。若是比照《成实论》的解释，九次第定与八解脱的境界，通明观也是具足的。

第三，说明修证的方法与境界。这项禅法既然没有其他的次第位置，还是以根本禅的次第位置说明辨别修证的方法与位置。

第一项，首先说明修证初禅的相貌。像是《大集经》中说：所谓的“初禅”，也称为“具”（具足），也称为“离”（舍离）。所谓的“离”，是说离开五盖的烦恼；所谓的“具”，是说具备初禅的五支。所谓的五支，就是觉支、观支、喜支、安（乐）支与定（一心支）支。什么是“觉”（支）呢？像是心里觉察中很大的觉察，思惟中很大的思惟，以此来观照心性，是称为“觉”。什么是“观”（支）呢？观照心行中很特殊的大行、遍行而能随意，是称为“观”。什么是“喜”（支）呢？像是真实的知道、很特殊的知道而动心到达心里，是称为喜。什么是“安”（乐支）呢？是指心理安稳、身体安稳、感受安稳，感受到快乐的接触，是称为安。什么是“定”（一心支）呢？是指心安住中很大的安住而不散乱，在缘起法中没有错谬，没有颠倒，是称为定。这就是那部佛经（《大集经》）简略地解释修证通明观的初禅的相貌。推论这部佛经经文中所说明的五支，则是与其他的佛教经论所说明的有很大的差异，因此必须另外解释。

在此首先解释“如心”（如同心相）。所谓的“如心”，就是初禅前方便的禅定发起，也就是未到地定。只是证得不能单独发起，要经过修行学习。什么是“修习”呢？修行者从最初的安心，就要观照“息”（呼吸气息）、“色”（色法物质的身体）、“心”（心法意识）三件事情，都是没有分别的。观照三件事情的情形，首先必须观照呼吸气息的道路。如何是观照呼吸气息呢？说是摄持心念静坐，调和呼吸的气息，专一心志如实地观察想象呼吸气息，遍满全身地排除进入。若是心性有智慧明白快利的话，就会觉察呼吸气息进入的时候没有积存聚集，排出的时候没有分开散漫，进来的时候没有所经过的道路，出去的时候没有所经过的交涉。虽然也是明了觉照呼吸气息的进入排除遍满全身，像是空中的风，本性是什么都没有，因此则是简略地说明观照呼吸气息如同心的相貌。

接着观照“色如”（如同色法物质身体的相貌）。修行者既然知道呼吸气息是依随着身体，离开身体就没有呼吸气息，就应该观照身体如同色法的物质。这项色法本来自己是没有的，都是过去生的妄想因缘，招感今天这一世地、水、火、风四大创造物质围住虚空的缘故，假名称为“身”（身体）。专一心志如实地观察，身体可以分为六部分（头、胸腹、两手、两足），内部有三十六种东西，以及四大与四微（色、香、味、触），每一项都不是身体，四微与四大也是各自不是实际存在的，尚且不是自己本来就有的，如何能够生出六部分的身体与三十六种内部的东西呢？没有身体色法物质的身体可以得到，这个时候心中没有分别就通达色法物质本来的相貌。

接着再观照“心如”（心的真实相貌）。修行者应当知道，由于有心的缘故，才有身体的色法物质，出去进来动摇转变。若是没有这项心，谁去分别色法物质呢？色法物质因为谁而生起呢？如实深入地观照此心是凭借因缘才有的，生起消灭得很快速，没有看见安住的地方，也没相貌，只是有名字，名字也是空幻的，就通达了“心如”。修行者若是没有去分别三种（色、息、心）性质的差异，称为“如心”（如同心的相貌）。

还有，修行者若观照呼吸气息，即是没有得到呼吸气息，就通达色法物质与心法意识的空寂。什么原因呢？是三种境界（色、息、心）不会相互分离的缘故，色法、心法也是如此的。若是没有得到色法、心法等三件事项，就不能够得到一切的境界。原因是什么呢？由这三件事情和合，能够生出一切蕴、入、界等众多的烦恼，善恶的行为业力，往来五道轮回而流转不停止。若是明了这三件事情是无生的，则是一切诸法本来就是空寂的，因此则是简略地说明修习如同心的相貌之法门的状况。

原典

第二，明证相。此亦具有证欲界、未到地相。行者如上观察三性，悉不可得，其心任运，自住真如，其心泯然明净，名欲界定。于此定后心，依真如法心，泯然入定，与如相应，如法持心，心定不动，泯然不见身、息、心三法异相，一往犹如虚空，故名如心，即是通明未到地也。

次，释初禅发相。如前引经说，此应具释五支证相。今先据觉支为本，觉义既成，释余四支则从可见。所以经言：觉大觉。觉者，觉根本禅觉触发相，故名为觉。此事如前说，但轻重有异。大觉者，豁然心目开明，明见三事发相，名为大觉。此傍释未是正意。

复次，今当分别觉、大觉义。所言觉者，觉世间相也。大觉，出世间也。此即对真俗二谛释之，亦有漏、无漏义意在此。今明世间，则有三种：一、根本世间，一期正报五阴是也。二、义世间者，知根本之法与外一切法，义理相关也。三、事世间者，发五通时，悉见一切众生种类及世间事也。世间既有三种，出世间对世间亦为三。所以者何？众生根有下、中、上利钝不等，是故虽同证此初禅，境界浅深其实有异，故须约三义，分别证初禅不同。

第一，先释约根本世间、出世间，明觉、大觉五支，成初禅之相。即为二意：第一，先明初禅发相。第二，即释成觉、大觉五支差别之相。

第一，先明初禅发之相，即为三意，品次不同：一、初发。二、次。三、后。

一、初发相。行者发初禅时，即豁然见自身

九万九千毛孔空疏，气息遍身毛孔出入，虽心眼明见遍身出入，而入无积聚，出无分散，来无所经由，去无所履涉，即见身内三十六物，一一分明。三十六物者，诸发毛、爪齿、薄皮厚皮、筋肉、骨髓、脾肾、心肝肺、小肠大肠、胃胞胆、屎尿垢汗、泪涕、唾脓、血脉、黄痰白痰、癊肪删、脑膜。此三十六物，十是外物，二十六是内物；二十二是地物，十四是水物。已见风、水、地相分明，复觉诸物各有热气煎煮，火相分明。观此四大犹如四蛇，同处一箧，四大蚖蛇其性各异，亦如屠牛之人分肉为四分，谛观四分各不相关，行者亦尔，心大惊悟。

复次，行者非但见身三十六物，四大假合不净可恶，亦觉知五种不净之相。何等为五？一者，见外十物相不净，心生厌患，是名自相不净。二者，见身内二十六物，内性不净，是名自性不净。三者，自觉此身从歌罗逻①时，父母精血和合以为身种，是名种子不净。四者，此身处胎之时，在生熟二脏之间，是名生处不净。五者，及其此身死后，捐弃冢间，坏烂臭秽，是名究竟不净。当知此身，从始至终，不净所成，无一可乐，甚可厌恶。我为无目，忽于昔来，着此不净臭烂之身，造生死业，于无量劫，今始觉悟，悲喜交怀。五种不净，如《摩诃衍论》广说。复觉定内心识，缘诸境界，念念不停，诸心数法相续而起，所念相异，亦复非一，是名初禅初证之相。

二、次明中证相。行者住此定内，三昧渐深，觉息后五脏内生息相各异，所谓青、黄、赤、白、黑等，随脏色别，出至毛孔，若从根入，色相亦不同，如是分别气相非一。复见此身薄皮、厚皮膜肉各有九十九重，大骨、小骨三百六十及髓各有九十八重。于此骨肉之间有诸虫，四头四口、九十九尾，如是形相非一，乃至出入来去，音声言语亦悉觉知。唯脑有四分，分有十四重，身内五脏，叶叶相覆，犹如莲华，孔窍空疏，内外相通，亦各有九十九重。诸物之间，亦各有八十户虫，于内住止，互相役使。

若行者心静细时，亦于定内闻诸虫语言音声，或时因此发解众生言语三昧。身内诸脉，心脉为主。复从心脉内生四大之脉，一大各十脉，十脉之内，一一复各九脉，合成四百脉。从头至足四百四脉内，悉有风气，血流相注，此脉血之内亦有诸细微之虫，依脉而住。行者如是知身内外不实，犹如芭蕉。复观心数，随所缘时，悉有受、想、行、识四心差别不同。

三、明后证之相。行者三昧智慧转深净明利，复见气息调和，同为一相，如琉璃器，非青、黄、赤、白，亦见息之出入无常生灭，悉皆空寂。复见身相，新新无常代谢。所以者何？饮食是外四大，入腹资身时，新四大既生，当知故身随灭。譬如草木，新叶既生，故叶便落，身亦如是。愚夫不了谓是惜身，智者于三昧内，觉此身相，无常所迁，新新生灭，空无自性，色不可得。复各一念心生之时，即有六十刹那生灭，或有人言六百刹那。生灭迅速，空无自性，心不可得。

注释

① **歌罗逻：**歌罗，梵语 Kalā，乃是指极微数量的名称。歌罗逻，即歌罗分，是指极微小的物质。

译文

第二，说明证入的相貌。这项也是具备有证得欲界定、未到地定的状况。修行者如果以上观察色、息、心等三种性质，都是不可得的，他的心境任运，自己安住真如，其心境泯然光明清净，称为欲界定。在这项禅定以后的心，依据真如相应于心，泯然进入禅定，与“如”（如相）相应，如实的境界受持在心，心安定不动摇，泯然没有看见身体、气息、心法等三种境界差别的相貌，一直有如虚空一般，因此称为“如心”，也就是通明观未到地定的情况。

其次，解释初禅发起的相貌。如同前面所引用的经文所说，这里应该具备解释初禅五支证得的相貌。在此首先依据觉支为根本，觉察的意义既已成立，解释其他四支则是从此支可以看见。所以佛经说：觉察中很大的觉悟。所谓的“觉”，是觉察根本禅中觉触发起的相貌，因此称为“觉”。这件事情如同前文所说，但是有轻重的差别。所谓的“大觉”，是指豁然心眼开启光明，明白地看见色、息、心三事发起的相貌，称为“大觉”。这项其他的解释不是正中的意义。

还有，在此应当分别“觉”与“大觉”的意义。所谓的“觉”，是察觉世间的相貌。所谓的“大觉”，是指觉悟出世间法。这就是相对真俗二谛来解释它，也是相对于亦有漏亦无漏的意义。在此说明所谓的“世间”，则是有三种境界：一、根本的世间，一期生命正报的身体的五蕴就是。二、意义的世间，知道根本的境界与外在境界的一切法，是意义理论互相关联的。三、事物的世间，发起五种的时候，全部看见一切众生的种类及世间的事物。世间既然是有三种，出世间法相对于世间也是有三种。原因是什么呢？因为众生的根性有下、中、上与明利愚钝的不同，所以虽然是相同证得这项初禅，境界的深浅其实是有差别的，所以必须以三种意义，分别说明证入初禅的不同情况。

第一，首先解释以根本世间、出世间，以及明白觉察与大觉悟等五支，成就初禅的相貌。就有两项意义：第一，首先说明初禅发起的相貌。第二，解释成立觉察与觉悟五支的差别的相貌。

第一，首先说明初禅发起的相貌，就有三项意义，不同的品位次第：第一种是初次发起。第二种是接着中间发起。第三种是最后发起。

一、最初发起的相貌。修行者发起初禅的时候，就豁然看见自己身体九万九千毛孔的空疏，身体的气息遍满全身毛孔地排出进入，虽然心眼明白看见遍及全身的出入，然而进入是没有积累聚集，排出是没有分离散开，进来没有所经过的道路，出去没有所走过的交涉，就看见身体内部的三十六种东西，每一种都非常清楚。所谓的“三十六物”，是指各种毛发、指爪牙齿、薄的皮厚的皮、筋与肉、骨头与骨髓、脾脏与肾脏、心脏与肝脏肺脏、小肠与大肠、胃胞与胆囊、屎尿与污垢汗水、眼泪与鼻涕、唾液与脓汁、血液与脉络、黄痰与白痰、癊肪删、脑膜等。这三十六种东西，十种是外在的东西，二十六种是内在的东西；二十二种是地大的东西，十四种是水大的东西。已经看见风大、水大、地大的相貌分明，再觉察到各种东西各有热气在煎煮，火大的相貌也分明。观察这里的四大有如四条蛇，共同相处在一个竹篓子里面，四大的蚖蛇其性质各自不同，也像杀牛的人分肉成四份，如实深刻地观照四份各自不相关联，修行者也是如此的，心中有很大的惊讶觉悟。

还有，修行者不是只有看见身体的三十六种东西，以及四大假合的身体的不干净令人厌恶而已，也觉察知道五种不清净的相貌。这五项是什么呢？第一种，是看见外在十种东西相貌的不干净，心中生起厌离，是称为“自相不净”（自己身体相貌的不清净）。第二种，看见身体内部二十六种东西，内在的性质不干净，是称为“自性不净”（自己身内性质的不清净）。第三种，自己觉察这个身体从极微小的物质的时候，由父精母血和合成为身体的种子，是称为“种子不净”（自己种子的不清净）。第四种，这个身体处在母胎的时候，在生与熟两种内脏之间，是称为“生处不净”（生住的环境不清净）。第五种，等到这个身体死亡之后，抛弃在坟墓之间，破坏烂掉发臭污秽，是称为“究竟不净”（人的身体死亡后的究竟不清净）。应当知道这个身体，从开始到结束，是不清净所构成的，没有一项是可以快乐的，非常令人厌恶。我没有智慧的眼目，忽然从过去以来，执着这个不干净又臭又烂的身体，造作身体的业障，在无量劫的轮回中，如今才开始觉悟，悲哀与欢喜的心情同时在心怀。五种不清净的情形，正如在《摩诃衍论》（《大智度论》）中广泛说明的那样。再觉察到禅定内的心识，系缘各种境界，念念没有停留，各种心所有法互相继续而生起，所系念的互相不同，也不再是同一个，是称为初禅最初证入的相貌。

二、接着说明初禅中间发起的相貌。修行者安住在这项禅定之内，三昧力逐渐深入，觉察到呼吸气息后面五脏内部生起气息的相貌各有差别，所谓青色、黄色、红色、白色、黑色等，随着内脏颜色的分别，出来到达毛孔，若是从六根进入，物质的相貌也是不一样的，如此分别气息的相貌并非一种。再看见这个身体的薄皮、厚皮的膜肉各自有九十九重，大骨头、小骨头三百六十块与骨髓各有九十八重。在这些骨头与肌肉之间有各种虫子，四个头四个嘴巴与九十九个尾巴，如此的形相不是只有一种，乃至于出入或是去来，这些虫子的声音语言也都能觉察知道。只有脑有四个部分，分成十四重层次，身体内部的五脏，每一叶互相覆盖，好像莲花一般，孔窍是相通与空疏的，内外都是互相通达，也各自有九十九重层次。各种东西之间，也各自有八十种不同的虫子，在内部安住止留，互相驱使对方。

若是修行者的心安静细致的时候，也会在禅定中听到内脏中各种虫子的语言和声音，有的时候因此发起了解众生言语的三昧禅定。身体内部的各种脉络，是以心脉为主的。再从心脉内生出四大脉络，每一大脉络各有十条脉络，十条脉络之内，每一脉络又各自有九条脉络，总合成为四百条脉络的脉网。从头到脚四百四的脉络中，都有风大的气息，血流互相注引，在这脉络血管的内部也有各种细微的虫子，依附脉络而安住。修行者如此知道身体内外是不实在的，有如芭蕉一般。再观察心所有法，随着所系缘的时候，都有受、想、行、识等四蕴不同的差别。

三、说明最后证入的相貌。修行者的三昧智慧转变为深入清净明白快利，再看见气息的调和，同为一种相貌，有如玻璃的器具，不是青色、黄色、红色、白色，也看见气息的排出进入是无常生灭的，全部都是空幻寂灭。再看见身体的相貌，新的又换新的而无常更替旧的。原因是什么呢？饮食是外面的四大，进入胃肠滋养身体的时候，新的四大就会生起，应当知道旧的身体随之消灭。好像草木一样，新的叶子既然生出，旧的叶子就会掉落，身体也是如此的。愚笨的凡夫不明这个道理说是珍惜身体，智慧的修行者在三昧的禅定中，觉察到这个身体的相貌，是无常所迁变的，新的又换新的生灭，空幻而没有自己的本性，色法物质是无法得到的。还有各自一念心生起的时候，就有六十刹那的生灭，或是有人说的六百刹那。生灭是非常快速的，空幻而没有永远不变的本性，心也是无法得到的。

原典

第二，明释成觉观五支之相，即为五：第一，释觉支。经说觉支云：觉、大觉，思惟、大思惟，大思惟观于心性。约此五句以明觉相。今先释觉、大觉二句，此约世间、出世间境界分别，故有此二觉之异。世间境即是异相，出世间境即是如相。此之如异，即是真俗二谛之别名也。今约观门浅深易见，今当具依《摩诃衍》分别论云：有三种上、中、下如，异既有三种，觉、大觉亦应为三也。论意分别假名为异；分别四大实法同体，名为下如。分别地大，异余三大，名为异；同一无常生灭不异，名次如。无常生灭，名为异；生灭即空无异，名上如。今即约禅为下、中、上品，明观门浅深之相。

第一，先明下品觉相，觉气息入出，青、黄、赤、白诸色隔别，名为觉；觉此诸息同一风大无异，名大觉。次觉三十六物隔别，名为觉；觉余三大无有别异，名大觉。觉于心数非一，名为觉；同是四心[①]无异，名大觉。

第二，明中品觉者。息是风大，名为觉；觉息生灭无常，名大觉。觉余三大各别，名为觉；觉同一无常生灭不异，名大觉。觉四心差别不同，名为觉；觉无常生灭不异，名大觉。

第三，明上品觉者。觉息无常为异者，此息为八相所迁，故无常。何等为八相？一、生；二、住；三、异；四、灭；五、生生；六、住住；七、异异；八、灭灭。此八种相迁，法体别异非一，名为觉。觉息本空寂，无八相之异，名大觉。觉余三大各有八相别异，名为觉；觉余三大本来空寂，无八相之异，名大觉。觉心八相所迁，别异非一，名为觉；觉心本来空寂，无八相之异，名大觉。所以者何？若心即是八相，八相即是心者，则坏有余相。所以者何？今息色亦即是八相，八相亦即是息色。八相无异故，息、色、心三事亦应无异。若尔，说心时，即应是说息色。今实不尔，坏乱世谛相故，如人唤火，应得水来，说心一向即是息色，过同于此。

复次，若离心有八相，离八相有心者，此则心非八相，八相非心；若心非八相，则心但有名无相，无相之法，是不名心。若八相离心，八相则无所迁，即不名八相。八相无所相故，如是审谛求之，则心与八相本自不有，亦不依他有性，性如虚空，无一异相，故名大觉。觉前息色，一一亦当如是分别。此则略说上品觉、大觉之相。

次，释思惟、大思惟二句。此还约前觉大觉说。所以者何？初心觉悟真俗之相，名觉、大觉；后心重虑观察，名思惟、大思惟。对小觉后说思惟，大觉后说大思惟，此义易见，不烦多释。

次，释观于心性者，即是返观能思惟大思惟之心也。所以者何？行者虽能了于前境，而不能返达观心，则不会实道。今即返照能观之心，为从观心生？为从非观心生？若从观心生，若从非观心生，二俱有过。当知观心毕竟空寂。五句释觉支竟。

注释

①**四心：**肉团心（血肉的心脏）、缘虑心（就是眼耳等八识，具有缘虑的作用）、集起心（是指第八识，因为能积集种子而生起现行）与坚实心（真如心）。

译文

第二，说明解释成就觉支、观支等五支的相貌，就有五项：第一项，解释觉支。佛经说“觉支”是：觉察中很大的觉悟，思惟中很大的思惟，很大的思惟观照心性。以此五句来说明觉察的相貌。在此先解释“觉”与“大觉”两句，这是以世间与出世间的境界来分别的，因此有这两种觉的差别。世间的境界就是不同的相貌，出世间的境界就是如如实相的相貌。这项的如相与异相的情形，就是真俗二谛的别名。在此以观门的深浅容易看见，在此应当都依照《摩诃衍》分别地论述说明：有三种如的上如、中如与下如，异相也是有三种，“觉”与“大觉”也应该有三种。论述的意义分别假名是不同的，分别四大的实法是同体的，称为“下如”。分别地大的情形，不同于其他的三大，称为“异”；同是一种无常生灭没有差别，称为“次如”。无常生灭的情形，称为“异”；生灭就是空幻没有差别，称为“上如”。在此就是以禅法为下品、中品与上品，说明观门浅深的相貌。

第一，先说明下品觉支的相貌，察觉到气息的进入排出，青色、黄色、红色、白色各种色法的分别，称为“觉”（觉察）；觉悟到这各项气息同是一种风大没有差别，称为“大觉”（觉悟）。接着觉察到三十六物的隔离分别，称为“觉”；觉悟其余的三大没有其他的差别，称为“大觉”。觉察到心所有法并不是一种，称为“觉”；同样是四心（肉团心、缘虑心、集起心与坚实心）没有差别，称为“大觉”。

第二，说明中品觉支的情形。察觉气息是风大，称为“觉”；觉悟气息是生灭无常的，称为“大觉”。觉察其他三大各自有差别，称为“觉”；觉悟同是一种无常生灭没有差别，称为“大觉”。觉察四种心有不同的差别，称为“觉”；觉悟到无常生灭是没有不同的，称为

“大觉”。

第三，说明上品觉支的情形。觉察气息无常是不相同的，这项气息被八种相貌所迁变，因此是无常的。哪些是八相呢？一、生（生起）；二、住（安住）；三、异（变化）；四、灭（消失）；五、生生（生起中生起）；六、住住（安住中安住）；七、异异（变化中变化）；八、灭灭（消失中消失）。这八种相貌的变迁，境界的本体分别差异并非一种，称为“觉”。觉悟气息本来是空寂的，没有八种相貌的差别，称为“大觉”。觉察其余三大各自有八种相貌的分别差异，称为“觉”；觉悟其他三大本来空寂，没有八种相貌的差别，称为“大觉”。觉察到心被八种相貌所迁变，分别差异并非一种，称为“觉”；觉悟心是本来空幻寂灭的，没有八种相貌的差别，称为“大觉”。原因是什么呢？若是心就是八种相貌，八种相貌就是心，则是破坏有其他的相貌。原因是什么呢？在此气息与色法也就是八种相貌，八种相貌也就是气息与色法。八种相貌没有差别的缘故，气息、色法、心法三件事物也应该是没有差异的。若是如此的，说到心的时候，就应该说是气息与色法。如今实际上不是如此的，破坏世俗谛相貌的缘故，像是人叫唤“火”，应该得到“水”到来，说心一直就是气息与色法，过错相同于此。

还有，若是离开心有八种相貌，离开八种相貌有心的情况，这里则是心不是八种相貌，八种相貌也不是心；若是心不是八种相貌，则是心只有名称而没有相貌，没有相貌的境界，是不称为心的。若是八种相貌离开了心，八种相貌没有可以迁变的，就不被称为八种相貌。八种相貌没有可以互相存在的缘故，如此精审地追求它，则是心与八种相貌本来自身是没有的，亦不依照他有的性质，本性如同虚空一般，没有任何一种差别的相貌，因此称为“大觉”。觉悟前面所说的气息与色法，每一项也应该是如此的分别。在此则是简略地说明上品的“觉”与“大觉”的相貌。

接着，解释“思惟”与“大思惟”两句的意义。在此还是以前文说的“觉”与“大觉”的说法。原因是什么呢？初心觉悟真谛与俗谛的相貌，称为“觉”与“大觉”；后心重新考虑观察，称为“思惟”与“大思惟”。相对于小的觉察后说“思惟”的境界，相对于大的觉悟后说“大思惟”，这样的意义是容易看见的，不需多加解释。

接着，解释观照心性的情况，就是反观能够“思惟”与“大思惟”的心。原因是什么呢？修行者虽然能够明了前面的境界，然而不能反照通达观照的心，则是不能领会真实的实相道理。如今就反照能够观察的心，是从观察的心所生的呢，还是从不是观察的心所生的呢？若是从观察的心所生起，若是从不是观察的心所生起，两种都有过失。应当知道观察（观照）的心毕竟是空幻寂灭的。五项句子解释觉支完毕。

原典

第二，次释观支。经云：若观心行大行、遍行、随意。观心者，即是前观于心性也。行大行者，声闻之人以四谛为大行，当观心时，即具四谛正观。所以者何？若人不了心故，无明不了，造诸结业，名为集谛。集谛因缘，必招未来名色苦果，是名苦谛。若观心性，即是具足戒、定、智慧、行三十七品故，名道谛。若有正道，则现在烦恼不生，未来苦果亦灭，名为灭谛，是名声闻大行。若缘觉人以十二因缘为大行。若是菩萨即入无生正道正观，证于寂定琉璃三昧，毛孔见佛，入菩萨位也。则略明三乘大行之道相也。

遍行者，观行未利，亦并约心而观四谛，名为大行，今观道稍利，能遍历诸缘，观于四谛，出十六行观，故名遍行。随意者，若是遍行，虽在定内得见诸缘，出禅定时，则观不相应。今随意者，随出入定，观一切法，任运自成，不由作意，是名随意。此则略释观支相也。

第三，明喜支。喜支者，经言：如真实知、大知，心动至心，是名为喜。如真实知者，即是上来观于心性，四谛真理也。大知者，如上观行，若心审谛，停住缘内称观而知，故言如真实知；若豁然开悟，称理而知，心生法喜，故名大知。心动至心者，既得法喜心动，若随此喜则为颠倒，今了此喜无即得喜性，即得喜性，故名至心，是名为喜。

第四，次明安支。安支者，经言：若身安、心安、受安，受于乐触，是名为安。身安者，了达身性故，不为身业所动，即得身安，故名身安。心安者，了达心性故，不为心业所动，即得心乐，故名心安。受安者，能观之心，名之为受，知受非受，断诸受故，名之为乐，故名受安。受于乐触者，世间、出世间二种乐法成就，乐法对心故受于乐。

第五，次明定支者。经言：若心住、大住，不乱于缘，不谬，无有颠倒，是名为定。心住者，住世间定法，持心不散，故名住。大住者，住真如定法，持心不散故。不乱于缘者，虽住一心，而分别世间之相不乱也。不谬者，谬名妄谬，谛了真如，妄取不起，故言不谬。不颠倒者，若心偏取世间相，即随有见沉没生死，不得解脱。若心偏取如相，即随空见，破世间因果，不修善法，是大可畏处。行者善达真俗，离此二种邪命，名不颠倒。

复次，若二乘之人得此心破四倒，名不颠倒。若是菩萨得此一心，能破八倒[1]，名不颠倒。行者初得觉支成就，即觉身息不实，犹如芭蕉。今得住此一心，定支成就，心既寂静，于后泯然微细，即觉身息之相不实，犹如聚沫。是则略明下根行者证通明初禅之相。

注释

① **八倒：** 前文的注释已经解释，请参阅“四倒”条。

译文

第二，接着解释观支。佛经说：若是观照心的“行大行”、遍行（遍一切行）、随意（随着心意）。所谓的“观心”，就是前文所说观照于心性的情况。所谓的“行大行”，是指声闻的修行人以四圣谛为大行，当观照心念的时候，就具备四圣谛的正确如实的观照。原因是什么呢？若是人不能明了心的缘故，就不能了解无明，造作各种烦恼业障，称为“集谛”。集谛的因缘，必定招致未来名称色法的苦果，是称为“苦谛”。若是观照心性，就是具足戒律、禅定、智慧与修行三十七道品的缘故，称为“道谛”。若是有正确的涅槃道路，则是现在不会生起烦恼，未来痛苦的果报也会消灭，称为“灭谛”，是称为声闻的大行。若是缘觉的修行人，他是以十二因缘为大行。若是菩萨就进入无生法的正确涅槃道路正确如实地观照，证得寂灭禅定的琉璃三昧，从毛孔中见到诸佛，进入菩萨的位次。因此简略地说明三乘大行的修行道路的相貌。

所谓的“遍行”，是指观照修行尚未明利，也同是以心而观行四圣谛，称为“大行”，如今观行的方法境界稍为明利，能够遍照经历各种因缘，观照四圣谛，生出十六种观行的法门，因此称为“遍行”。所谓的“随意”，若是遍一切行，虽然在禅定中得以看见各种因缘，出离禅定的时候，则是与观照不相应。在此所谓的“随意”，是依随出入的禅定，观照一切的境界，任运自然成就，不是经由作意（观想），是称为“随意”。在此则是简略地解释观支的相貌。

第三，说明喜支的情形。所谓的“喜支”，佛经说：如同真实的知道、大知（很大的智觉），动心到心底，是称为“喜”。像是真实的知道，就是前文所说的观照于心性与了解四圣谛的真理。所谓的“大知”，如同前文所说的观照修行，若是心能够精审如实地观察，停止安住因缘而往内心反观所知道觉悟的，因此说是如实的知道；若是豁然开发觉悟，相称于法理而知道，心中生起法喜，因此称为“大知”。所谓的“心动至心”，既然是得到法喜而心动，若是追随这个喜心则是颠倒的，如今明了这个欢喜心是空无的就得到欢喜的本性，即是得到欢喜的本性，因此称为“至心”，是称为“喜”（喜支）。

第四，接着说明“安支”（乐支）的情形。所谓的“安支”，佛经说：若是身体安住、心里安住、感受安住，感受于快乐的触觉，是称为“安”。所谓的“身安”，是了达身体性质的缘故，不被身体的业力所摇动，就能够得到身体的安住，因此称为“身安”。所谓的“心安”，是指明了通达心性的缘故，不被心的业力所摇动，就得到心的快乐，因此称为“心安”。所谓的“受安”，是指能够观照的心，称之为“受”（感受），知道感受并非真的感受，断除各种感受的缘故，名称为“乐”，因此称为“受安”。感受快乐接触的情形，是世间快乐与出世间快乐两种快乐境界的成就，快乐的境界相对应于心因此感受到快乐。

第五，接着说明“定支”（一心支）的情形。佛经说：若是心安住、很大的实相安住，不会散乱在因缘法中，不会错谬，没有颠倒，是称为“定”。所谓的“心住”，是安住世间禅定的境界，守持心境不散乱，因此称为“住”。所谓的“大住”，是指安住真如禅定的境界，守持心境不会散乱的缘故。所谓的“不乱于缘”，是指虽然安住在一心之中，然而分别世间的相貌不会错乱。所谓的“不谬”，“谬”称为虚妄错谬，真实地明了真如，虚妄的执着不会生起，因此称为“不谬”。所谓的“不颠倒”，是指若是偏颇地执取世间的相貌，就跟随执着有的见解沉没在生死轮回，不能得到解脱。若是偏颇执取如同虚空的相貌，就跟随执着空无的见解，破除世间的因果，不去修行好的方法（佛法），是让人觉得非常恐怖的地方。修行者善于通达真谛与俗谛，离开这两种错误的生活方式，称为“不颠倒”。

还有，若是二乘（声闻、缘觉）的修行者得到没有错谬的心破除四种颠倒，称为“不颠倒”。若是菩萨得这项一心支，能够破除八种颠倒，称为“不颠倒”。修行者刚开始得到觉支的成就，就觉察到身体的气息不真实，有如芭蕉一般。如今可以安住在这一心的境界中，“定支”是成就了，心既是寂灭宁静，之后泯然轻微细致，就觉察到身体气息的相貌是不真实的，有如聚集的泡沫。这是简略地说明低下根性的修行者证得通明观初禅的相貌。

原典

第二，次释约义世间明中次根行者，进证初禅五支之相，即为二：一者，正明义世间相；二者，即释成觉义。就第一释义世间为二意：一、明外义世间；二、明内义世间。今释外义世间，复为三意：一、正明根本世间因缘；二、明根本与外世间相关；三、明王道治正。

第一，释觉知根本世间因缘生义。行者初得初禅，既已证见根本世间，尔时或见道，或未见道，今欲深知此根本世间，一期果报因何而生。尔时于三昧内，心慧明利，谛观身内三十六物，四大五阴，以愿知心，愿知此身何因缘有。三昧智慧福德善根力故，即便觉知如是身命，皆由先世五戒业力持于中阴，不断不灭，于父母交会之时，业力变识，即计父母身分，精血二渧[1]，大如豆子，以为己有，识托其间，尔时即有身根、命根，识心具足。

识在其间，具有五识[2]之性，七日一变，如薄酪凝酥，于后渐大，如鸡子黄，业力因缘变此一身。内先为者五脏，安置五识，尔时即知，不杀戒力，变此身内以为肝脏，则魂依之；不盗戒力，变此身内以为肾脏，则志依之；不淫戒力，变此身内为肺脏，则魄依之；不妄语戒力，变此身内以为脾脏，则意依之；不饮酒戒力，即变身内以为心脏，则神依之。此魂、志、魄、意、神五神，即是五识之异名也。

五脏宫室既成，则神识则有所栖，既有栖托，便须资养。五戒业力，复变身内以为六府[3]，神气府养五脏，及与一身。府者，胆为肝府，盛水为气合润于肝。小肠为心府，心赤小肠亦赤，心为血气，小肠亦通血气，主润于心，入一身故。大肠为肺府，肺白大肠亦白，主杀物益肺，成化一身。胃为脾府，胃黄脾亦黄，胃亦动作，黄间通理脾脏，气入四支。膀胱为肾府，肾府黑膀胱亦黑，通湿气润肾，利小行肠故。

三焦[4]合为一府分，各有所主：上焦主通津液清温之气，中焦主通血脉精神之气，下焦主通大便之物。三焦主利上下，五脏之神，分治六府。六府之气，以成五官之神，主治一身义，府脏相资，出生七体[5]。肾生二体：一骨二髓。肾属于水，以水内有砂石故，即骨之义也。肝生二体：一筋二肠。肝为木，木为地筋，故生筋肠也。心生血脉，心色赤属血，以通神气，其道自然。脾生肌肤，脾为土，肌肤亦土。肺生于皮，肺在众脏之上，故皮亦是一身之上。是为五脏能生七体，亦名七支。肺为大夫[6]，在上下舍不义；肝为尉[7]；仁心在中央禀种类；脾在其间平五味；肾在下，冲四气，增长七体成身。

骨以柱之，髓以膏之，筋以缝之，脉以通之，血以润之，肉以裹之，皮以覆之，以是因缘，则有头身手足，大分之躯。余骨为齿，余肉为舌，余筋为爪，余血为发，余皮为耳。识神在内，戒力因缘，则五胞开张，四大造色清净，变为五情，是以对尘则依情，以识知五色因缘，则生意识，尘谢则识归五脏。一期果报，四大、五阴、十二入、十八界具足成就。此则略说一期果报，根本世间义所因由。

问曰：若言识从内出，在五根间识别五尘，与外道义有何异耶？答曰：如《净名经》说：不舍八邪而入八正，亦云六十二见是如来种。此言何谓？如是等义皆出《提谓经》⑧明，非人所作，若于此义不了，在下自当可见。

注释

① **精血二渧：** 渧，是“滴”的俗字。精血二渧，又作白赤二渧，以男精为白渧，女精为赤渧。

② **五识：** 梵语 Pañca Vijñānāni，是指五种心识：眼识、耳识、鼻识、舌识、身识。乃是六识或八识中的前五识，所以也称为“前五识”。

③ **六府：** 府，通腑，《白虎通·情性篇》说：“六府者何谓也？谓大肠、小肠、胃、膀胱、三焦、胆也。”府，有储藏、掌管与住宅的意思。

④ **三焦：** 中医学的专有名词。是指上焦、中焦与下焦。上焦是胃的上口，中焦是胃的中脘，下焦是膀胱的下口。《难经·三十一难》说：“三焦者，水谷之道路，

气之所终始也。”

⑤ **七体：**本意是指人体的七窍，分别是：双耳、双目、口、鼻（两鼻孔）。在此则是另指骨、髓、筋、肠、血脉、肌肤、皮等七项。

⑥ **大夫：**古代官名，历代职位与性质有很多的出入，在此应是指御史大夫，掌理劝谏之职。

⑦ **尉：**古代官名，一名尉氏，即司寇，是掌理刑狱的官。在此指反映身体的状况，如疲倦、焦虑等。

⑧ **《提谓经》：**凡二卷，是北魏昙靖所撰写的，又称为《提谓波利经》《提谓五戒经》等，此经杂有中国阴阳五行的思想。

译文

第二，接着解释以意义的世间说明中次根机的修行者，进一步证得初禅五支的相貌，在此有两项意义：第一项，正式说明意义世间的相貌；第二项，解释成就觉悟的意义。就第一项解释意义世间有两项意思：一、说明外在的义世间；二、说明内在的义世间。在此解释外在的义世间，又有三项说明：一、正式说明根本世间的因缘；二、说明根本世间与外世间的相关性；三、说明修行王道的治理正法。

第一，解释觉知根本世间的因缘生起的意义。修行者刚开始得到初禅，就已经证入看见根本世间，那个时候有些人悟道，有些人没有悟道，在此希望深入知道这项根本世间，一期生命的果报是因为什么而生起的。这个时候在三昧禅定中，心的智慧明白快利，深入如实地观察身体内部的三十六种东西，以及四大五蕴，发起愿望知道的心，希望知道这个身体是什么因缘才有的。如果是三昧禅定智慧具足福德善根力的缘故，就会觉察知道如此的身心性命，都是由过去生的五戒业力受持于中阴身，没有断除没有消灭，在父母房事交会的时候，业力转变为意识，就审度父母身体的各一部分，看见男精的白渧（精液）与女精的赤渧（卵子），大的像豆子，以为是自己所有，将意识寄托在里面，这个时候就有身根、命根，以及意识心都具足了。

意识在其中间，具有五识（眼、耳、鼻、舌、身识）的性质，七天就会有一变化，像是薄酪逐渐凝结成酥，之后逐渐长大，像鸡蛋的蛋黄，由于业力的因缘变化成这一个身体。内部先形成的是五脏（肝、肾、肺、脾、心），安置五种意识，这个时候就知道，不杀生的持戒功德力，变化成这个身体的内部而形成为肝脏，则是灵魂依附它；不偷盗的持戒功德力，变化成这个身体内部而形成为肾脏，则是心志依附它；不邪淫的持戒功德力，变化成这个身体内部而形成为肺脏，则是气魄依附它；不妄语的持戒功德力，变化成这个身体内部而形成脾脏，则是意念依附它；不饮酒的持戒功德力，就变化成身体内部而形成心脏，则是神识依附它。在此的魂（灵魂）、志（心志）、魄（气魄）、意（意念）、神（神识）等五神，就是五识不同的名称。

五脏的宫廷房室既然形成，则是神识有所栖止，既然有栖止托付，就必须资给营养。五戒持守的业力，又变成身体内部而形成为六个腑院，由神气腑滋养五脏，以及到全身。所谓的“腑”，胆是肝的储藏与住宅，充盛的水大与气合润在肝。小肠为心的储藏与住宅，心红赤的时候小肠也红赤，心是血气聚合的地方，小肠也是通顺于血气，主要是润泽于心，进入一身的缘故。大肠是肺的储藏与住宅，肺白色大肠也白色，主要是杀物滋益肺，化成这一个身体。胃为脾的储藏与住宅，胃黄色脾也变黄，胃也动作，在黄色之间相通的道理于脾脏，气息进入四肢。膀胱为肾的储藏与住宅，如果肾府黑色膀胱也是黑色，相通湿气润泽于肾，利小行肠的缘故。

三焦合起来成为内腑的一部分，各自有所管理的部分：上焦主要是管理通达津液的清凉温热的气息，中焦主要是管理血脉精神的气息，下焦主要是管理通顺大便等东西。三焦主要是有利上下的流通，五脏的神识分别管理六个脏腑。六个脏腑的气息，形成五官的神识，主要管理一身的意义，六腑与五脏互相滋养，生出了七体（骨、髓、筋、肠、血脉、肌肤、皮）。其中肾脏生出二体：第一是骨，第二是髓。肾脏属于水质，因为水质内有砂石的缘故，就是骨头的意义。肝脏生出二体：第一是筋，第二是肠。肝脏是木质，木是大地的筋骨，因此生出筋肠。心脏生出血脉，心脏的颜色是红色属于血液，以此顺通精神气息，这个道理是很自然的。脾脏生出肌肤，脾是土质，肌肤也是属于土质。肺脏生出表皮，肺脏在众（五）脏的上面，因此皮也是在全身的上面。所以五脏能生出身体的七个部分，也称为七个支持的重点。肺脏是御史大夫，在身体的上下舍弃不义的事；肝脏为尉氏（掌管刑狱的官）；仁厚的心脏在中央秉持种类；脾脏在其间评判五种味道；肾脏在下方，冲击四种气息，增长七体成立这个身体。

骨头是用来支持的，骨髓是用来润泽滋养的，筋络是用来连缀的，脉络是用来通顺的，血液是用来润湿的，肉是用来包裹身体的，表皮是用来覆盖的，因为有这样的因缘，则是有头部身体双手双脚，大部分的身躯。其他剩下的骨头形成牙齿，其他剩下的肉形成舌头，其他剩下的筋络形成指爪，其他剩下的血液形成头发，其他剩下的表皮形成耳朵。神识都在这里面，由于持戒力的因缘，则是开张五脏，四大创造清净的物质，转变为五种情识，因此相对于外在的尘境则是依附感情，因为意识知道五种色法物质的因缘，则会生起意识，尘境谢灭的时候则是情识归还于五脏。在一期生命的果报之中，四大、五蕴、十二入、十八界等都具足成就了。在此则是简略地说明一期生命的果报，根本世间的意义所以形成的来由。

有人问说：若是说神识是从内脏生出，在五根之中认识分别五尘，与外道的看法有何差异呢？回答说：如同《净名经》(《维摩诘经》）说：没有舍去八种邪法而进入八种正道，也说六十二见是如来的种性。这句话在说什么？如此等意义（指外道所说）都出自《提谓经》的说明，不是一般所作的，若是在这项意义中不能明了，在下文自然应当可以看见。

原典

第二，释内世间与外国土义相关相。行者三昧智慧愿智之力，谛观身时，即知此身具仿天地一切法俗之事。所以者何？如此身相，头圆象天，足方法地，内有空种，即是虚空。腹温暖法春夏，背刚强法秋冬，四季体法四时。大节十二，法十二月，小节三百六十，法三百六十日。鼻口出气息，法山泽溪谷中之风气；眼目法日月，眼开闭法昼夜；发法星辰，眉为北斗；脉为江河，骨为玉石，皮肉为地土，毛法丛林。

五脏在内，在天法五星，在地法五岳，在阴阳法五行，在世间法五谛[①]，内为五神，修为五德，使者为八卦，治罪为五刑，主领为五官，升为五云，化为五龙。心为朱雀，肾为玄武[②]，肝为青龙，肺为白虎，脾为勾陈[③]，此五种众生，则摄一切世间禽兽悉在其内。亦为五姓，谓宫、商、角、徵、羽，一切万姓并在其内。对书典，则为五经，一切书史并从此出。若对工巧，即是五明、六艺，一切技术悉出其间。当知此身虽小，义与天地相关。如是说身，非但直是五阴世间，亦是国土世间。

注释

① **五谛：** 五种真理，分别是：因、果、智、境、胜，可参见《瑜伽师地论》卷四十六所载。

② **玄武：** 北方太阴之神，形状像龟，有一说是龟蛇合体，谓之龟蛇。

③ **勾陈：** 在此指麒麟或是天马。

译文

第二，解释内在的世间与外在的国土的意义相关相貌。由于修行者三昧智慧与愿心智慧的力量，如实深刻地观照身体的时候，就知道这个身体能模仿天地之间一切境界世俗的事情。原因是什么呢？好像这个身体的相貌，头顶圆的像天，脚底方的像地，内部有空虚的地方，就是虚空。腹部温暖效法春天夏天，背部刚强效法秋冬，四季的制定是效法四个时节。大的节气有十二项，仿效十二个月，小的节气三百六十个，效法三百六十日。鼻子与嘴巴呼出气息，效法山泽溪谷中的风气；眼睛效法日月，眼睛的开启与闭合效法白天与晚上；头发效法星辰，眉毛效法北斗星；脉络像是江河，骨头像是玉石，皮肉像是土地，毛发效法丛林。

五脏在身体内部，在天上效法五星，在地效法五岳，在阴阳效法五行，在世间效法五谛，内在是五种神识，修行是五德，使者是八卦，治罪是五种刑罚，主领是五种官职，升化为五种云彩，变化成五龙。心脏是朱雀，肾脏是玄武（龟蛇），肝脏是青龙，肺脏是白虎，脾脏是麒麟，这五种众生，则是摄持一切世间的禽兽都在这里面。也是五种姓，谓是宫、商、角、徵、羽，一切万姓都在这里面。相对于图书典籍，则是五经，一切书籍历史都从这里展开。若是相对工巧方面，就是佛教的五明与儒家的六艺，一切技术都出现在里面。应当知道这个身体虽然很小，意义是与天地相关联的。如此来说明身体，不仅只是五蕴的世间，也是国土的世间。

原典

第三，释身内王法治正义。行者于三昧内，愿智之力，即复觉知身内，心为大王，上义下仁，故居在百重之内，出则有前后左右官属侍卫，肺为司马，肝为司徒，脾为司空，肾为大海，中有神龟，呼吸元气，行风致雨，通气四支。四支为民子，左为司命[①]，右为司录[②]，主录人命。斋中太一[③]君亦人之主，柱天大将军，特进君王，主身内万二千大神。太一有八使者，八卦是也。合为九卿，三焦、关元[④]，为左社右稷，主奸贼；上焦通气，入头中为宗庙，王者于间治化。若心行正法，群下皆随，则治正清夷。故五脏调和，六府通适，四大安乐，无诸疾恼，终保年寿。若心行非法，则群僚作乱，互相残害，故四大不调，诸根暗塞，因此抱患致终，皆由行心恶法故。经言："失魂即乱，失魄则狂，失意则惑，失志则忘，失神则死。"当知外立王道治化，皆身内之法，如是等义具如《提谓经》说。

注释

① **司命：** 山神的名称，俗称灶神。也是星宿名，主生杀。

② **司录：** 星名，在司命星北方，主增年延德与功赏。

③ **太一：**太乙星，在紫微宫阊阖门之中。

④ **关元：**肚脐。

译文

第三，解释身体内部国王法治正确的意义。修行者在三昧中，愿心智慧的力量，就再度觉察身体内部，心脏是大王，在上讲义在下施仁，因此居住百重层次的内部，出去有前后左右的官吏属下与侍卫，肺脏是司马（宰相），肝脏是司徒（国防军事），脾脏是司空（监察刑狱），肾脏像是大海，中间有神龟，呼吸根元的气息，招风唤雨，通顺气息到四肢。四肢为百姓，左边的是司命，右边的是司录，主要记录人的命运。斋中太乙星君也是人的主人，支柱的天大将军，特别进谒君王，掌理身体内部一万两千大神。太乙星君有八位使者，就是八卦。总合是九位卿相，三焦与关元（肚脐），是左社右稷的关系，掌理管辖奸贼的事情；上焦顺通气息，进入头部中成为宗庙的地位，君王在其中治理教化。若是心中实行正法，群臣属下都会跟随，则是治理正确四境平和。因此五脏都调和了，六腑通顺适意，四大安定和乐，没有各种疾病烦恼，终究能够保有生命与高寿。若是心行非法，则会让群臣僚属作乱，发生互相残害的情形，因此四大不调和，诸根（眼、耳、鼻、舌、身、意六根）黑暗闭塞，因此怀抱着病痛到死亡，都是心行恶法的缘故。佛经说：“失去灵魂就会散乱，失去气魄则会发狂，失去意念则会迷惑，失去心志则会昏忘，失去神识则会死亡。”应当知道外在建立王道的治理教化，都是身体内部的境界，像这样的意义具体的有如《提谓经》中所说的。

原典

第二，明内义世间相关者。上来所说，并与外义相关。所以者何？佛未出时，诸神仙世智等亦达此法，名义相对，故说前为外世间义也。是诸神仙虽复世智辩聪，能通达世间。若住此分别，终是心行理外，未见真实，于佛法不名圣人，犹是凡夫，轮回三界二十五有，未出生死。若化众生，名为旧医，亦名世医。故《涅槃经》云：“世医所疗治，差已还复发；若是如来疗治者，差已不复发。”此如下说。

今言内义世间者，即是如来出世，广说一切教门、名义之相，以化众生。行者于定心内，意欲得知佛法教门主对之相，三昧智慧善根力故，即便觉知。云何知？如佛说五戒义为对五脏，已如前说。若四大、五阴、十二入、十八界、四谛、十二因缘悉人身内也。即知四大，此义为对五脏，风对肝，火对心，水对肾，地对肺脾。若闻五阴之名，寻即觉知对身五脏，色对肝，识对脾，想对心，受对肾，行对肺，名虽不次，而义相关。若闻十二入、十八界，亦复即知对内五脏。十入、十五界，义自可见。二入三界，今当分别。五识悉为意入界，外五尘、内法尘，以为法入界，此即二十三界相关。

意识界者，初生五识为根，对外法尘，即生意识，名意识界。若闻五根，亦知对内五脏，忧根对肝，苦根对心，喜根对肺，乐根对肾，舍根对脾，五根因缘则具有三界。所以者何？忧根对欲界，苦根对初禅，喜根对二禅，乐根对三禅，舍根对四禅乃至四空定，皆名舍俱禅。当知三界亦为五脏，其义相关；闻说四生，亦觉知此义关五脏。所以者何？欲界具五根，五根关五脏，五脏关四大，四大对四生：一切卵生多是风大性，身能轻举故；一切湿生多是水大性，因湿而生故；一切胎生多属地大性，其身重钝故；一切化生多属火大性，火体无而忽有故，亦有光明故。如来为化三界四生，故说四谛、十二因缘、六波罗蜜。当知此三法药神丹，悉是对治众生五脏、五根阴故说。所以者何？如佛说一心四谛义：当知集谛对肝，因属初生故；苦谛对心，果是成就故；道谛对肺，金能断截故；灭谛对肾，冬藏之法已有还无故；一心已对脾，开通四谛故。乃至十二因缘、六波罗蜜，类此可知也。此三种法藏，则广摄如来一切教门。是故行者，若心明利，谛观身相，即便觉了一切佛法名义。故《华严经》言："明了此身者，即是达一切。"是则说内义、世间义相关之相，意在幽微，非悟勿述。

译文

第二，说明内在的义世间相关联的情况。前文所说的，都与外在的意义相关联。原因是什么呢？佛陀没有出现的时候，各种神仙与世间有智慧的人等也是通达这样的境界，称为意义的相对，因此说是前面为外在世间的意义。这些神仙虽然也具有世俗的智慧辩解聪明，能够通达世间法。若是安住这项分别，终究是心修行在道理之外，没有看见真正的实相，在佛法中不称为圣人，犹然是凡夫，轮回在三界二十五有之中，没有出离生死。若是教化众生，称为"旧医"（传统的医生），也称为"世医"（世俗的医生）。所以《涅槃经》说："世俗医生所治疗的，病好了之后还会复发；若是佛陀所治疗的，病好了之后不会再复发。"在此如同下文所说。

在此所说的内在意义的世间，就是如来的出现世间之后，广泛地说明一切教理的法门与佛法名称意义的相貌，以此教化众生。修行者在禅定的心中，意念希望得知佛法中教理门主要与相对的相貌，三昧智慧善根力的缘故，就会觉察知道。如何知道呢？像是佛陀说五戒的意义是相对于五脏，已经如同前文所说。若是四大、五蕴、十二入、十八界、四圣谛与十二因缘都是人的身体内在的意义。就知道四大，这项意义是相对于五脏，风大相对于肝脏，火大相对于心脏，水大相对于肾脏，地大相对于肺脏与脾脏。若是听闻到五蕴的名称，追寻就会觉察知道相对于身体的五脏，色法相对肝脏，意识相对于脾脏，想象相对于心脏，感受相对于肾脏，行动相对于肺脏，名称虽然没有按照次第，然而意义是相关联的。若是听到十二入、十八界等，也会知道是相对于内在的五脏。至于十入、十五界，其意义自然可以看见。另外的二入与剩下的三界，在此应当分别解释。五识都是意入与意界，外在的五尘、内在的法尘，以此为法入与法界，这就是二十三界相互关联的情形。

所谓的“意识界”，是指刚开始生起的五识为根源，相对于外在的法尘，就会生出意识，称为“意识界”。若是听闻到五根，也知道是相对于内在的五脏，忧根是相对于肝脏，苦根是相对于心脏，喜根是相对于肺脏，乐根是相对于肾脏，舍根是相对于脾脏，五根的因缘则是具备三界的相对因缘。原因是什么呢？忧根是相对于欲界，苦根是相对于初禅，喜根是相对于二禅，乐根是相对于三禅，舍根是相对于四禅乃至于四空定，都称为“舍俱禅”（具备舍心的禅定）。应当知道三界也是相对于五脏，其意义是关联的；听闻说到四生（卵生、胎生、湿生、化生），也是觉察知道如此的意义是关系到五脏。原因是什么呢？欲界具有五根，五根关联到五脏，五脏关联到四大，四大相对于四生：一切的卵生多半是风大的性质，其身体能够轻盈飞举的缘故；一切的湿生多半是水大的性质，湿润而生出的缘故；一切的胎生多半属于地大的性质，其身体沉重粗钝的缘故；一切的化生多半是属于火大的性质，火的体性是没有而忽然有的缘故，也有光明的缘故。佛陀为了教化三界的四生，因此说四谛、十二因缘、六波罗蜜。应当知道这项法药如神丹一般，都是对治众生五脏、五根、五蕴的缘故所说。原因是什么呢？如同佛陀说一心四谛的意义：应当知道集谛是相对于肝脏所说的，属于刚开始生起的缘故；苦谛是相对心脏所说的，果报是成就的缘故；道谛是相对于肺脏所说的，金性能够断截的缘故；灭谛是相对于肾脏所说的，冬天贮藏的方法已经拥返还成没有的缘故；一心已经相对于脾脏，开启通达四谛的缘故。乃至于十二因缘、六波罗蜜，类似如此可以知道。以上三种法藏，则是广泛地摄取如来一切的教理门。因此修行者，若是心明白快利，如实深入地观照身体的相貌，就会觉悟了知一切佛法的名称与意义。因此

《华严经》说："明白了知这个身体的人，就是通达了一切。"如此则是说内在的意义、世间的意义互相关联的相貌，意义在彰显幽深微妙的道理，不是觉悟的人是无法说明的。

原典

第二，次释成觉五支义者，亦为三义：一、下；二、次；三、上。今先释觉支三义：

一、下觉大觉者。行者于静心内悉觉上来所说，内外二种世间之相，分别名义不同，即是隔别之相，故名觉义世间，觉义世间，故名觉。大觉者，觉一切外名义，虽别而无实体，但依五脏，如因肝说不杀戒、岁星[①]、太山[②]、青帝[③]、木、魂、眼识、仁、毛、诗、角、性、震等诸法，此诸法不异肝，肝义不异不杀戒等，即是如，故名大觉。觉余一切法，如四脏亦如是。

二、次明次觉大觉者。行者觉知肝虽如不杀戒等一切法，而肝非肺、脾、心、肾等一切法，了知别异，名为觉。觉肝等诸法，无常生灭，不异四脏等，诸法无常，名大觉。

三、次明上觉大觉者。行者觉知肝等诸法，八相别异，名为觉。觉此肝等诸法本来空寂，无有异相，名大觉。如此分别觉、大觉，及世间、出世间相，虽与前同而亦有异，深思自当可见。

次，释思惟大思惟者，观于心性之义，类如前说。是则略明约义世谛中，辩初禅觉支之相。余观、喜、安、定等，亦当如是一一分别。

第三，释事世间者。此据得初禅时，获六神通，见世谛事，了了分明，如观掌内庵摩勒果④，此则现睹众事，不同上说。以义比类，惟忖分别世事也。今就明事世间内，亦为二意：第一，正见事世间相。第二，释成觉观五支义。

今释第一事世谛相者。上根行人，福德智慧利故，证初禅时，有二因缘得五神通：一者，自发；二者，修得。

一、自发者。是人入初禅时，深观根本世间三事，即能通达义世间相。觉义世谛时，三昧智慧转更深利，神通即发。更得色界四大清净造色眼成就，以此净色之心眼，彻见十方一切之色，事相分明，分别不乱，名天眼通。所余天耳、他心、宿命、神通亦复如是。得五通故，明见十方三世色心，境界差别不同。众生种类、国土相貌一一有异，是为异见事世间也。故经言："深修禅定，得五神通。"

二、修得五通，见事世间者，如《大集经》言：法行比丘获得初禅，入禅已，欲得神通，系心鼻端观息入出，深见九万九千毛孔息之出入，见身悉空，乃至四大亦复如是。如是观已，远离色相，获得神通，乃至四禅，亦复如是。云何法行比丘获得眼通？若有比丘得初禅，观息出入，真实见色，既见色已，作是思惟：如我所见三世诸色，意欲得见，随意即见。乃至四禅亦复如是。云何法行比丘得天耳通？憍陈如！若有比丘得初禅，观息出入，次第观声，乃至四禅，亦复如是。云何法行比丘得他心智通？若有比丘观息出入，得初禅时，修奢摩他[⑤]、毗婆舍那[⑥]，是名他心智，乃至四禅，亦复如是。云何法行比丘得宿命智？憍陈如！若有比丘观息出入，得初禅时，即获眼通，获眼通已，观于初有歌罗逻时，乃至五阴生灭，乃至四禅亦复如是。既得五通，即能见十方三世九道圣凡众生，种类国土，所有一一相貌，差别不同，是名修得神通，见事世间通达无碍。

第二，次释成觉观五支义，今先释觉亦为三义：一、下；二、中；三、上。

一、下觉大觉者。用天眼通，彻见诸色，分别众生种类非一，国土所有差别不同，名字亦异，故名为觉也。大觉者，即觉世间所有，但假施设，谛观四大，即不见有世间差别之异，了了分明，故名大觉，余四通亦尔。

二、明次品觉大觉者。用天眼通见四大色，即知其性各异，故名为觉。知四大无常生灭，性无差别，故名大觉。余四通亦尔。

三、明上品觉大觉者。用天眼通明见无常之法，八相有异，是名为觉。觉知八相之法本来空寂，一相无相，故名大觉。余四通亦尔。此则略说用五神通见事世间觉大觉相。思惟大思惟，观于心性，成就觉支之相，类如前说。余观支、喜、安、定等亦当如是，一一分别。行者当知，若声闻、缘觉得此禅故，依定获得不坏解脱、无碍解脱、三明、六通，故名通明观。若菩萨大士住此禅时，即得无碍大陀罗尼，乃至四禅，亦复如是。

注释

① **岁星：**木星的旧称，配属于肝脏。

② **太山：**泰山，又作泰岳、岱岳、岱山、岱宗，是五岳中的东岳，配属肝脏。

③ **青帝：**春神，是五天帝之一，又称东帝、苍帝，配属肝脏。

④ **庵摩勒果：**印度水果名，形状像我国台湾地区所生产的杧果、百香果或芭乐。

⑤ **奢摩他：**梵语 Samādhi，音译为舍摩他等，意译

为止、止寂、等观，是禅定的别名。方法是止息一切的思虑与想念，将心归于专注一境的状态。

⑥ **毗婆舍那：**梵语 Vipaśyanā，音译作毗婆遮那等，意译为观、内观、观法、正观。方法是向内观照。

译文

第二，接着解释成就觉悟五支的意义，也有三项分类的说明：一、下品觉悟；二、次品觉悟；三、上品觉悟。在此先解释觉支的三项意义：

一、下品觉悟大觉的情形。修行者在安静的心中都能觉察前文所说的，内在外在两种世间的相貌，分别名称意义的不同，就是间隔分别的相貌，因此称为觉悟意义的世间，觉悟意义的世间，因此称为“觉”。所谓的“大觉”，是觉悟一切外在名称意义，虽有分别而没有实体，只是依附五脏，像是依附肝而说不杀的戒律、岁星（木星）、太山（泰山）、青帝（春神）、木、魂、眼识、仁、毛、诗、角、性、震等诸法，如此诸法是与肝脏不相异的，肝脏的意义相同于不杀戒等，就是如相，因此称为“大觉”。觉察到其他一切法，像是四脏也是如此的。

二、接着说明次品觉悟大觉的情形。修行者觉察肝脏虽然像是不杀生戒等同一切法，然而肝脏并非肺脏、脾脏、心脏与肾脏等一切法，明了知道分别差异，称为“觉”。觉悟肝脏等各种境界，是无常生灭的，不相异于四脏等，是诸法无常的，称为“大觉”。

三、接着说明上品觉悟大觉的情形。修行者觉察知道肝脏等诸法，八种相貌（生、住、异、灭、生生、住住、异异、灭灭），称为“觉”。觉悟这个肝脏等诸法本来是空寂的，没有不同的相貌，称为“大觉”。如此去分别“觉”与“大觉”，以及“世间”与“出世间”的相貌，虽然与前面是相同的也有差异，深入思惟自然应当可以看见。

接着，解释“思惟”与“大思惟”的情形，观照于心性的意义，类似前文的说法。因此则是简略地说明以意义世间真实道理中，辨明初禅觉支的相貌。其余的观支、喜支、安支、定支等，也应当如此一一加以分别。

第三，解释事世间的情形。这是依据得到初禅的时候，获得六种神通，看见世俗谛的事相，是了了分明的，如同观看手掌上的庵摩勒果，如此则是现观睹见众多的事相，不同上文所说。以这样的意义类比，只有忖度思量分别世间的事相。在此就说明事世间中的意义，也有两项说明：第一项，正确地看见说明事世间的相貌。第二项，解释成就觉观等五支的意义。

在此解释第一项事世间真实相貌的情形。上根的修行者，福德智慧明利的缘故，证入初禅的时候，有两种因缘得五神通：第一种是自然发起的，第二种是修行得到的。

一、自然发起五神通的情形。这位修行的人进入初禅的时候，深入地观照根本世间的三件事（色、息、心），就能通达意义世间的相貌。觉悟义世间真实道理的时候，三昧禅定的智慧转化得更为深入明利，神通就会发起。再得到色界的四大清净创造物质所以眼识成就，以如此清净色法物质的心眼，彻底看见十方世界一切的色法物质，事物的相貌是分明的，能够分别而不散乱，称为“天眼通”。其他的所谓的“天耳通”“他心通”“宿命通”“神足通”也是如此的。得到五种神通的缘故，明白地看见十方世界与过去、现在、未来三世的色法与心识，境界是有差别的不同。各种众生的种类、国土的相貌每一种都有差别，是看见不同事世间的情形。因此佛经说：“深入地修习禅定，获得五种神通。”

二、修行得到五种神通之后，看见事世间的事情，如同《大集经》说：法行比丘获得初禅的时候，已经进入禅定之后，希望得到神通，系住心念在鼻端观察呼吸气息的进入排出，深入地看见九万九千的毛孔气息的出入，看见身体的相貌都是空幻的，乃至于四大也是如此。如此观照之后，远离色法物质的相貌，获得了神通，乃至于到四禅，也是如此的。如何是法行比丘获得天眼通的情形呢？若是有比丘得到初禅，观照呼吸气息的出入，真实地看见色法物质的相貌，既然看见色法相貌之后，作如此的思惟：我希望看见过去、现在、未来三世各种色法的相貌，意念希望得以看见，随意念就能看见。乃至于四禅也是如此的。如何是法行比丘得到天耳通的情形呢？憍陈如（佛最初度化的五弟子之一）！若是有比丘得到初禅，观照呼吸气息的出入，依循次第观听声音，乃至于四禅，也是如此的。如何是法行比丘得到他心智通的情形呢？若是有比丘观照呼吸气息的出入，得到初禅的时候，修习奢摩他（止）与毗婆舍那（观），是称为“他心智”（他心通），乃至于四禅，也是如此的。如何是法行比丘得到“宿命智”（宿命通）的情形呢？憍陈如！若是有比丘观照呼吸气息的出入，得到初禅的时候，就获得天眼通，获得天眼通之后，观照最初有歌罗逻（最小的物质）的时候，乃至于五蕴的生灭，乃至于四禅也是如此的。既已得到五神通，就能看见十方三世中九道（佛道除外）圣贤凡人的众生，各种不同类别的国土，所有每一种的相貌，不同的差别，是称为修得神通，看见事世间是通达无碍的。

第二，接着解释成就觉观五支的意义，在此首先解释觉支也有三项说明：一、下品；二、中品；三、上品。

一、下品觉支与大觉的情形。使用天眼通，彻底看见各种色法，分别众生的种类不是只有一种，国土所拥有的有不同差别，名称也不同，因此称为“觉”。所谓的“大觉”，就是觉悟世间的所有，只是假名的施设，如实深入地观照四大，就不会看见有世间差别的不同，了了而且分明，因此称为“大觉”，其余的四项神通也是如此的。

二、说明次品觉支与大觉的情形。使用天眼通看见四大的色法相貌，就知道其性质各自有差异，因此称为“觉”。知道四大是无常生灭的，性质上是没有差别的，因此称为“大觉”。其余四项神通也是如此的。

三、说明上品觉支与大觉的情形。使用天眼通明白地看见无常之法，八种相貌是有差别的，是称为“觉”。觉悟知道八种相貌的境界是本来空幻寂灭的，一味的相貌是无相的，因此称为“大觉”。其余四项神通也是如此的。在此则是简略地说明使用五项神通看见事世间“觉”与“大觉”的相貌。至于“思惟”与“大思惟”，观照于心性，成就觉支的相貌，类似的意义如同前文所说。其余的观支、喜支、安支、定支等也应当是如此，一一加以分别。修行者应当知道，若是声闻、缘觉得到这项禅法（通明观）的缘故，依靠禅定获得不坏（不变易）的解脱、无碍的解脱、三明（天眼明、宿命明、漏尽明）、六通，因此称为“通明观”。若是菩萨法身大士安住在此禅法的时候，就获得无碍大陀罗尼，乃至于四禅，也是如此的。

原典

次明二禅。自此已下，乃至非想灭定禅门，转复深妙，事相非一，宁可具辩？今但别出经文，略释正意而已。所言二禅者，经云：二禅者，亦名为离，亦名为具。离者，同离五盖；具者，具足三支，谓喜、安、定。释曰：行者于初禅后，心患初禅觉观动散，摄心在定，不受觉观，亦知上地不实，谛观息、色、心三性，一心缘内，觉观即灭，则发内净大喜三昧，于定内，见身如泡，具二禅行。

次明三禅。经云：三禅者，亦名为离，名亦为具。离者，同离五盖；具者，具足五支，谓念、舍、慧、安、定。释曰：行者于二禅后，心患厌大喜动散，摄心不受，亦知上地不实，摄心谛观，喜法即谢，发身乐，即于定内见身如云，成三禅行。

次明四禅相。经云：四禅者，亦名为离，亦名为具。离者，谓同离五盖；具者，具足四支，谓念、舍、不苦不乐、定。释曰：行者于三禅后，心厌患乐法，一心不受，亦知四禅非实，谛观三性，即豁然明净，三昧智慧与舍俱发，心不依善，亦不附恶，正住其中，即于定内见身如影，具四禅行。

译文

接下来说明二禅。从这里以下的部分，乃至于非想非非想定、灭受想定的禅门，转化更为深入微妙，事相不是只有一种，如何可以具体地辩说呢？在此只是另外节录出佛经的经文，简略地解释正确的意义而已。所谓的“二禅”，也称为“离”（舍离），也称为“具”（具足）。所谓的“离”，同样是离开五盖的烦恼；所谓的“具”，是指具足了三禅支，是喜支、安支与定支。解释说：修行者在初禅之后，心中感受忧虑初禅的觉观动摇散乱，摄持心念在禅定，不接受觉支与观支，也知道上地禅定的不实在，如实深入地观照呼吸气息（息）、色法身相（色）、心法（心）三种性质，专一心志系缘在内，觉支与观支就消灭了，则会发起内心清净的大喜三昧，在禅定中，看见身相如同泡沫，具备二禅行。

接着，说明三禅。佛经说：所谓的“三禅”，也称为“离”（舍离），也称为“具”（具足）。所谓的“离”，同样是离开五盖烦恼；所谓的“具”，是指具足五支，分别是念支、舍支、慧支、安支、定支。解释说：修行者在二禅之后，心中感受忧虑而厌离很大的欢喜动摇散乱，摄持心念不接受，也知道上地禅定的不实在，摄持心念如实深入地观照，欢喜的境界就会谢灭，发起身体的快乐，就在禅定中看见身相像云一般，成就三禅行。

接着，说明四禅的相貌。佛经说：所谓的“四禅”，也称为“离”，也称为“具”。所谓的“离”，是指同样是离开五盖的烦恼；所谓的“具”，是指具足四支，分别是念支、舍支、不苦不乐支、定支。解释说：修行者在三禅之后，心中感受忧虑而厌离快乐的境界，专一心志不接受，也知道四禅不是实际存在的，如实深入地观照色、息、心三种性质，就豁然开朗光明清净，三昧的智慧与舍心支同时发起，心中不依附善法，也不依附恶法，正确安住在其中，就在禅定中看见身相如同影子一般，具足了四禅行。

原典

次，明空处。经言：观身厌患远离身相、一切身触、喜触、乐触、分别色相，远离色阴，一心观无量空处，是名比丘得空处定。释曰：此可为二义：一者，通观上下；二者，但约自地及以上。通上下者，经观身厌患，远离身相者，深知欲界之身，过罪非一，身分[①]皆不可得也。身等三触，对初禅、二禅、三禅对可见。分别色相者，分别欲界色身，乃至四禅色，一一别异不实，亦知空处未离色法也。远离色阴及观无量空处者，并如前根本禅内，灭三种色法与虚空相应也。

二、并约自他释者。观身厌患，远离身相者，厌患如影之色，覆蔽于心，观此影色亦不可得也。身等三触者，别喜根前已坏，此是四禅色起触，心生三触也。分别色相者，分别四禅喜乐，及如影之色，皆虚诳也，远离色阴及观无量空处，不异前说。

次，明识处定相者。经言：若有比丘修奢摩他、毗婆舍那，观心意识，自知此身不受三受，以得远离是三种受，是名比丘得识处定。释曰：心意识者，心者，即是舍空定，缘三性入识处定，行者用三昧摄智慧，虽知三性不实，为免空难，一心缘识，即入识处定也。自知此身不受三受者，缘色四句，空处虽离初句，而犹受后三句。今识处缘识入定，则迥离色界四句、所有四受，悉属于识，故云：自知此身不受三受，亦得言不受苦乐等三受也。已得远离是三种受，名识处定相。

次，明少识处定相者。经言：若有比丘观三世空，知一切行亦生亦灭，空处、识处亦生亦灭。作是观已，次第观识，我今此识，亦非识非非识。若非识者，是名寂静，我今云何求断此识？是名得少识处定。释曰：观三世空，一切诸行亦生亦灭者，深观自地及上下心数，悉是有为之相，虚诳不实。次第观识者，是观识处。亦识非识，非非识者，即通知所有法不可得也。若非识者，是名寂静，我今云何求断此识者，即是念灭识之方便，缘非识之法，入少识处定也。

次，明非想定者。经言：若有比丘有非心想，作是思惟：我今此想，是苦是漏，是疮是痈，是不寂静，若我能断如是非想及非非想，是名寂静。若有比丘，能断如是非想非非想者，是名获得无想解脱门。何以故？法行比丘作是思惟：若有受想，若有识想，若有触想，若有空想，若非想非非想，是等皆名粗想，我今若修无想三昧，则能永断如是等想，是故见于非想非非想为寂静处。如是见已，入非非想定，已不受不着，即破无明，破无明已，名获阿罗汉果。释曰：有非心想者，即无想定也，是苦是漏等，即是观无想定过罪也。若我能断如是非想及非非想，是名寂静。非想者，即是无想定也，及非非想者已逆见上地之过，应断除。是寂静者，破非想定，故获涅槃之寂静也。若有比丘能断如是非想，获得无想解脱门者，一切三界之定，皆名为想。今断此想，获得无想三昧，即能于非想定破无明，发无漏，得阿罗汉果，证涅槃也。法行比丘若有受想已下，即是重释出上意，义可见也。

又经言：前三种定，二道所断，后第四定，终不可以世俗道断。凡夫于非想处，虽离粗烦恼，而亦具有十种细法，以其无粗烦恼故，一切凡夫谓是涅槃，广说如经。释曰：此明凡夫等智，于非想不能发无漏也。

次，经云：憍陈如！若比丘修习圣道，厌离四禅、四空处，观于灭庄严之道者。释曰：此明通明观，于想后得入灭尽也。此义，下背舍中当具说。行者入此法门，不取实际作证，具足大悲方便，一切佛法起六神通，度脱众生，即是约一种法门明摩诃衍也。（卷八完）

注释

①**身分：** 身体的一部分或是身体的全部。可参阅《大悲空智金刚大教王仪轨经》卷二，《大正藏》第十八册，页五九二中。

译文

接着，说明空处定的情形。佛经说：观照身体令人厌恶而远离身相，远离一切身体的触受、欢喜的触受、快乐的触受，远离分别的色法相貌，远离色蕴，专一心志观照无量的虚空处所，是称为比丘得到空处定。解释说：在此可以分成两种意义：第一种是通达观照上下，第二种是本身的空处定及以上的禅定。所谓通观上下的情况，是经过观照身体障碍的厌离，远离身体相貌的情形，深入地知道欲界的身体，过失与障碍并不只是一种，身体的各部分都是不可得的。身体的三种触受（身触、喜触、乐触），是针对初禅、二禅、三禅相对可以看见。所谓分别的色法相貌，分别欲界的色法相貌，乃至于四禅的色法，一一分别差异而不实在，也知道空处定没有离开色法。远离色蕴，以及观照无量虚空处所的情形，都如同前文说明根本禅之中，灭除三种色法而与虚空处定是相应的。

二、并以自己与他人来解释的情形。观照这个身体厌离其障碍，所谓远离身体相貌的情形，厌恶如影随形的色法，覆盖障蔽于心，观照如此的影像与色法也是不可得的。身触等三种触受，分别喜根前面已经破坏了，这是四禅的色法生起的触受，心中生起三种触受的情况。所谓的“分别色相”，是分别四禅的喜与乐，以及如影子般的色法，都是虚诳的，远离色蕴及观照无量虚空处定，与前面的说法是没有不同的。

接着，说明识处定的相貌。佛经说：若是有比丘修习奢摩他（止）、毗婆舍那（观），观照心法意识，自己知道这个身体不接受三种触受，以此可以远离这三种触受，是称为比丘得识处定。解释说：所谓的“心意识”，所谓的心，就是舍空定，系缘三性（遍计所执、依他起、圆成实性）进入识处定，修行者用三昧摄持智慧，虽然知道三性是不实的，为免除执空的障碍，专一心志系缘意识，就进入识处定。自己知道这个身体不会接受三种触受，系缘色法的四句，空处定虽然离开第一句（远离身相），然而犹然接受后面三句。如今识处定系缘意识进入禅定，则完全离开色界的四句与所有的四种感受，都属于意识，因此说是：自己知道这个身体不接受三种触受，也可以说是不接受痛苦与快乐等三种感受。已经远离这三种触受（身体触受、欢喜触受、快乐触受），称为识处定的相貌。

接着，说明少识处定（无所有处定）的相貌的情形。佛经说：若是有比丘观照三世的空相，知道一切行也有生也有灭，空处（定）与识处（定）也是生也是灭。作如此的观照之后，依照次第观照意识，我现在这个意识，也不是意识非非识。若是说“非识”（不是意识）的话，是称为寂灭安静，我现在如何追求断灭这个意识呢？是称为得到少识处定。解释说：观照三世的空相，一切诸行也有生也有灭的情况，深入地观照当下这个禅定与上下定的心所有法，都是有为的相貌，是虚诳不实的。次第观照意识的情况，是观照识处（定）。亦有识亦无识，也不是没有意识，就能够通达知道所有的法是不可得的。若是“非识”（没有意识），是称为“寂静”，我现在如何追求断灭这项意识的情况，就是心念灭除意识的方便，系缘非识的方法，进入少识处定（无所有处定）。

接着，说明“非想定”（非想非非想处定）的情形。佛经说：若是比丘有非心的想法，作如此的思惟：我现在这个想法，是痛苦的是有漏的，是长疮是生病的，是不寂灭安静的，若是我能够断除如此的“非想”与“非非想”，是称为“寂静”。若是有比丘，能够断除如此的非想与非非想，是称为获得“无想解脱门”。原因是什么呢？法行比丘作如此的思惟：若是有感受的意想，若是有意识的意想，若是有触受的意想，若是有空无的意想，若是有“非想非非想”的意想，这些都叫作粗糙的意想，我现在若是修持无想三昧，则是能够永远断除如此等意想，因此看见“非想非非想”是寂静的处所。如此看见之后，进入非非想定，已经不接受不执着，就破除了无明，破除了无明之后，称为获得阿罗汉的果位。解释说：有非心想的情况，就是无想定（灭受想定），是痛苦的是有漏的，就是观照无想定的过失与障碍。若是我能够断除如此的非想与非非想，是称为寂静。所谓的“非想”，就是无想定，以及非非想的情况已经反过来看见上界禅定的过失，应该断除。如此禅定的寂静，是破除非想定，因此获得涅槃的寂静。若是有比丘能够断除如此的非想，获得无想解脱门的情况，一切在三界的禅定，都称为“想”。如今断除这些意想，获得无想三昧，就能够在非想定中破除无明，发起无漏的智慧，证得阿罗汉的果位，证入涅槃的境界。法行比丘若是有受想以下的，就是重复解释上文的意义，其意义是可以了解的。

又有佛经说：前面三种定（空处定、识处定、无所有处定），两种修行方法可以断除，后面的第四定（非想非非想处定），终究是无法以世俗的方法断除的。凡夫在非想非非想处定，虽然离开粗糙的烦恼，然而也具有十种细法，它没有粗糙烦恼的缘故，一切凡夫以为是涅槃，广泛的说法如同佛经所言。解释说：在此说明凡夫的智慧，在非想定是不能发起无漏智慧的。

接着，佛经说：憍陈如！若是有比丘修习佛法的圣道，厌弃离开四禅与四空定，观照在寂灭庄严的道路。解释说：这是说明通明观的禅法，在意想之后得以进入灭尽定。这项意义，下文八背舍中当会具体说明。修行者进入这项法门，不执取实际作为证悟，具足大悲的方便法门，在一切佛法中生起六种神通，度化众生解脱，就是以一种法门来说明大乘佛法的妙谛。（卷八完）

源流

《释禅波罗蜜》的学术源流，可以分为上承与下传两项。关于下传的部分，由于受到《摩诃止观》光芒的覆盖，所以没有受到后世天台学人太多关注的眼光，因此在注释方面便乏善可陈，但是对修学禅定的行者而言，此书依然是叙述禅定学与实修的宝典。至于上承的部分，可以分成两方面来叙述：第一，天台宗本身的宗派立场与传承。第二，本书内容所引用的佛教经论部分。兹分述如下：

第一，天台宗的宗派立场与传承方面。天台宗开宗立派，是以《妙法莲华经》为根本圣典，以《大智度论》为思想指南，以《大般涅槃经》为扶疏，以《大品般若经》为观法。因此，从本书《释禅波罗蜜次第法门》的书名看来，无疑是以“禅波罗蜜”为主题，再加以解释辩证与说明次第，所以在源流上是以《摩诃般若波罗蜜经》为根本的经典，然后采酌龙树菩萨的《大智度论》中禅波罗蜜部分为思想的依归及素材。如此为主要的思想脉络，然后再参酌其他大小乘的经论，因此本书的源流上承应如下图所示：

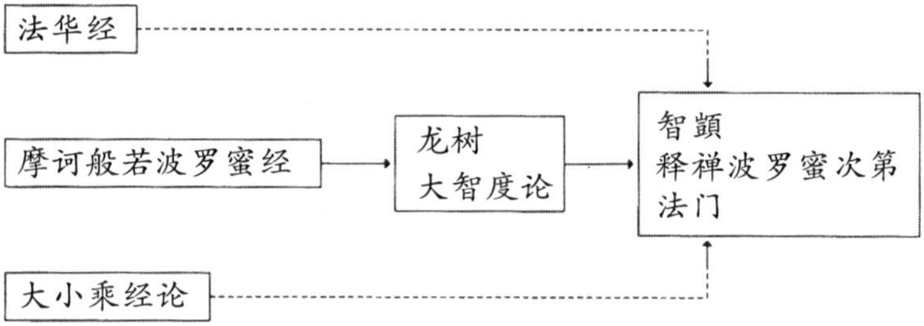

上图中有关于大小经论部分，正是源流上承的第二项。

第二，本书内容所引用的佛教经论部分。关于此点可以分成四项性质的类别：

其一，根本思想的脉络部分。如前文所说的《大品般若经》与《大智度论》等。

其二，大乘佛教经论部分。包括了《维摩诘经》、《大方等大集经》（大集部）、《大般涅槃经》（涅槃部）、《菩萨缨络本业经》（律部）、《华严经》等。

其三，小乘及论部部分。包括了《佛说太子瑞应本起经》（本缘部）、《杂阿含经》（阿含部）、《成实论》

（论集部）、《阿毗昙》等。

其四，兼有外道思想的佛教论述，主要是指《提谓波利经》（凡二卷，北魏昙靖撰），此书杂有中国阴阳五行的思想，为智者大师说明通明观禅法时所引用。本经早已佚失不传，现藏经亦不存，20 世纪初敦煌发现抄本。

从以上天台宗的本宗立场，以及《释禅波罗蜜》所引用的佛教经论看来，智者大师不仅以一经一论的思想作为建立系统的骨干主轴，同时更广泛地旁参大小乘的佛教经论，作为系统的旁证血肉，由此建构其所谓的“次第法门”。

此外，特别值得注意的是：本书虽然是以三项主要内容——世间禅、出世间禅与亦世间亦出世间禅为重点，但是在传统的禅定学中融摄了这三大系统的禅学，尤其是“通明观”禅法的提出，显然是智者大师独具慧眼，依于《大集经》的经文与北地诸禅师所修得而列名。由此可见，智者大师虽然参酌了佛教经论中禅定学的叙述，也留心田野调查各地禅师实修的禅法体验，然后再熔铸一炉，成为智者大师自己的一套禅定学思想体系。其不拘泥格套，兼容并蓄，以及强调实修实证的修禅学风，所以终究能够吸收与改造印度佛教大小乘佛教思想，开展出中国佛教禅定学光辉灿烂的一页。

解说

从原始佛教禅定学到天台止观的现代意义

所谓的“禅定学”，狭义上可称为“增上心学”（梵语 Adhicitta-siksa），是戒、定、慧三学中具有势力之定学，主要是佛教有关禅定之理论与实践的一门专业学问；广义的禅定学，除了涵盖佛教理论之外，遍指世间一切相关于收摄心志的理论方法、技术、意志训练、科学实验等。当然，学术的分科与研究方法论的建立，还是需要长时期的分析探讨，此处只作概略的分别，以方便本文的说明与解释。

从原始佛教到小乘佛教再到大乘佛教的修行重心，都是以禅定为修道的根本核心。离开了禅定的修行，解脱道就失去了依持的基磐，佛教也将丧失生命力，所以佛教特别重视禅定，自然有其充分的理由。若再从佛教思想史的考察来看，依禅出教而建立了佛教各学派的思想内涵。那么，原始佛教禅定学无疑就是一切学派外究法义时内修禅观的根本内容及精神了。因此，从原始佛教禅定学到天台止观系统的建立，可以看出佛教依禅出教的基本性质，也可以了解佛教禅定学思想的演变及价值意义。

虽然，佛陀并未以学术研究的立场来阐明禅定的系统，但是在其应机开示的说法内容里，却隐然有一完整的禅定修学的系统，不仅涵摄诸法揭显次第，同时更重要的是，建立了一套以“禅定”为修行解脱的重心依据，甚至将禅定与般若无漏智慧融合开展，不但有依禅出教的性质，更有正定解脱系统建立的开创性之成就。之后，时代推移至中国佛教有小释迦之称的智者大师，他建立了一套更完整的禅定学系统，不仅融合了大小乘的思想菁华，同时也建构了具有中国佛教特色的禅定学。因此，在佛教思想史上，将释迦牟尼佛与智者大师来类比，自有其殊胜的时代意义。

因此，探讨原始佛教禅定学的价值就显得格外重要了，除了整理出文献上及系统上的可靠性及周延性之外，更重要的是：正确地了解原始佛教修习禅定法门的方法及次第，抉择其中幽微难显的真义。不仅赋予现代的诠释及修学系统的建立，同时也要能在学术研究的立场及成果之上，进入理论与实践合一的研究层次。若不然，则无法深入了解禅定学中禅定的实际状态及境界，更无法了解及抉择教义上的文字意义。既使纯粹以学术研究的立场而言，放弃主观体验的诠释，纯就文献资料的客观探讨，我们也会觉得十分遗憾。同时，参酌智者大师的禅定学著作，也会带给吾人更为清晰的了解，以及更为深入的启发。

原始佛教禅定学具备了两项十分特殊的意义：其一是宗教上心法保存的传承圣教；其二是思想及学术上启发了大乘禅观的开展，特别是对中国天台止观的思想系统之建立，有莫大的影响与启蒙。

首先就传承圣教的意义而言。佛教之所以异于其他宗教与世间的一切学问，就在于佛陀证悟的实相，以及他所开示超越生死烦恼的教法与教理。这种内证解脱之境界，外阐入道法门的方便，使得圣教能够依靠内证实相的心法与形诸外在的经论文字等得以传承。其中，两者互为表里，互相发明。与此同时，大乘禅观的开展，更加丰富佛教思想的内涵，益添经论思想所开显境界的庄严性。

次就启发大乘禅观方面来说：从阿含的三昧，开展成大乘禅观三昧，也影响了中国天台禅学的发展，冉云华先生的一篇论文《从智顗的〈摩诃止观〉看中华佛教对印度禅学的吸收与改造模式》中提出“综合融会”的观念发展，更是值得吾人注意。因此，从研究禅定学的立场来看，原始佛教禅定学对天台止观思想有下列四项探究与启发的意义：

（一）原始佛教禅定学是一门十分重要的学问，又肩负着圣教传承的使命，非常值得也有必要深入地研究及开发。特别是现代佛教徒普遍缺乏禅定现量的经验，所以无法巩固持戒的功德，更无法开启无漏的智慧。因此，吾人可以从天台止观建立正知见及系统观，再回溯开发原始佛教禅定的实证境界。

（二）从汉译的《杂阿含经》论证原始佛教禅定学的理论根据，不仅可以成立，同时也是重要的线索。除此之外，智者大师的《释禅波罗蜜》，更是研究理论与实践禅修的宝典。

（三）原始佛教禅定学的三大特质，不仅建立了正定解脱的系统，完成了涵摄诸法与增上心学的次第，同时也由真实禅观与胜解禅观法门的开展，启发了大乘禅观的意义，从依禅出教的个性来传承圣教的光辉与内涵。此外，智者大师的《释禅波罗蜜》也有完密的系统，可供吾人依照次第循序渐进地实修禅定学。

（四）“禅定学”是一门理论与实践合一的学问，透过学术研究与宗教实践表里一致的互相发明，更能彰显佛教教义的超越与完美，挺立生命的庄严与涅槃解脱的意义。

佛教是生命体验的宗教，是理论与实践合一的宗教。因此，原始佛教的禅定学不仅是由佛陀内证外弘的一门学问，而且更大的意义，就是其背负着理论及实践同时发明的内涵精神——实证禅定。由实证禅定保住现法乐住的可能，保障戒学的品质，开启慧学的入门途径。换句话说，“禅定学”是传承佛教理论与实践最重要的一环。因此，天台止观中的《释禅波罗蜜》，就是一部兼重理论的系统阐述与实践的次第开显的著作，对于现代佛教日渐衰微的佛教禅定教学与实践而言，无疑是提供及保留了传承圣教可靠又十分重要的文献资料。不仅如此，其中更重要的是实践的精神，因为那是圣教传承中至高无上的一把火炬，照亮一切教义与思想的研究。除此之外，因为禅定的途径而达至四果的解脱与菩萨精神的开展，现代的佛教徒应该自许是传承佛教的实践者与领导者，从禅定的实际修持中，彰显佛教的尊严与光辉。

附录

佛教禅定教学现代化的理论与实践

●论文提要

本文试以“禅定教学”为佛教现代化中的一个讨论课题，探讨佛教的禅定教学在时代及工商社会的需求里，应该做出如何的回应。笔者以为要探究禅定教学如何顺应时代的缘起之前，首先应厘清“禅定教学”的界义及范畴，本文就从此开始，说明禅定教学的现代意义应包含四项要素——理论、机构、师资及对象，然后依此理念开展全文。

本文结构中有两大部分，一是研究禅定教学现代化的理论基础，一是探讨禅定教学现代化的实践进程。二者相辅相成，其中是以理论基础指导实践进程，以实践进程逐渐彰显理论的架构及内容，透过“教观并重”的基本理念来建构理论与实践的融合。在理论基础方面，首先回溯从原始佛教至今，佛教教育中禅定教学的特征究竟为何。由于此项范畴的资料庞大，笔者仅作扼要性的说明，将来另撰论文分析。了解禅定教学的特征之后，便进入理论基础中的最重要的观念——从胜义谛落实到世俗谛的伦理架构，这也可能是佛教现代化中的一个共法，主要的理由有二：一是在功利主义思潮下，人们急进盲目地追求“即刻开悟”“言下见性”乃至各种神异的境界；二是学术理论的不健全，使得佛法在传播过程中逐渐地流俗而失真。因此有重新安立及确定此一架构的必要。

在禅定教学现代化的实践进程方面，为了让禅定的教育与传播能够扎下更深更广的根，笔者以为必须融合现代企管的观念及实际做法，在揭示原则之后，也应该尽可能地将进行程序巨细靡遗地详述。因此，禅定教学组织机构的建立与企业化的经营及管理，当是实践进程的首要任务。在此，笔者绘制了一张禅定教学组织架构图，并依此架构分别说明各部门的工作理念及职掌。接着探讨如何在组织架构与经营管理中建立完善的教学体系，其中分为师资班系统及一般教学系统，教学系统则分初、中、高级班及研究班；师资班系统则致力于培养各级的禅定教师，然后能在行政与教学系统间相互运转而无限开展。

最后，探究禅定教学的时代需求和任务指标，回应前文来说明禅定在现代生活中的价值和功用。并且尝试“以佛法的正知见指导禅定的修学”为修学佛法伦理架构的中心，亦即将戒学与慧学安立在定学上开展，使佛法能在现代社会中透过学术及生命境界圆融地呈现。

一、前言

禅定的起源可以追溯至公元前二千至公元前一千四百年的印度吠陀时代，此后在梵书（Brāhmaṇa）时代末期的森林书中可以发现印度禅定的开端。后来进入奥义书（优波尼沙土 Upaniṣad）时代的婆罗门僧侣将其一生分为四个阶段，最后的林栖期（Vānaprastha），主要在修苦行，锻炼身心，思索奥义，内秘修静入于禅定，凝然沉思冥想，此时确定印度禅定之起源①。

禅定虽然是大小乘佛教乃至外道、凡夫所共修的共法，但是唯有佛教禅定学的系统，才构成一套完整的修学体系，其中释迦牟尼佛就是完成将禅定修学方法与形式系统化的第一人。在佛教创立之前的禅定系统，其坐法、观法以及调身、调息、调心的方法，皆不一致，呈现出支离破碎的现象，但是佛陀以其实际的经验，建构出禅定从预备修行开始到最后的圆满证悟，一套理论与实践融合开展的修学体系。其中佛教禅定教学的方法，就由原始的婆罗门系统，蜕变成以证悟般若智慧为导向的禅观修学。

从历来研究佛教禅定修学系统的方向看来，不论是佛陀的教学方法，原始佛教、南传佛教、中国佛教等，皆偏重于教观的阐述及论证，然而对于禅定教学的实际过程及方法的技术层面，却鲜有具体说明。特别是自从中国禅宗六祖慧能之后，话头禅与默照禅的兴起，更是破斥坐禅姿势的形式意义，因此在禅定教学系统上，就普遍缺乏最基础的史料说明[②]。

时至今日，人类社会状况及生活形式随着物质文明而高度发展，对于心灵压力的释放、生活品质的提升及精神满足的渴求，便会趋向于宗教的诉求上，其中佛教的禅定更是让民众有强烈的好奇心，纷纷愿意尝试学习，但是佛教在回应时代及众生的需求中，笔者认为有两项亟待解决的问题：一是从胜义谛落实到世俗谛的伦理架构，不能够因方便而流俗失真；二是建立一套适合现代社会的组织机构、教学理论及教学体系的禅定修学的实践进程。

笔者试以浅薄的禅定教学的经验及佛教经论的研

究，结合禅定教学实际的运作的架构，期待能建构出佛教禅定教学现代化完整的体系。

二、何谓禅定教学？

禅，为梵语 dhyāna 之音译；定为梵语 samādhi 之意译。禅与定皆为令心专注于某一对象，而达于不散乱之状态。或谓禅为 dhyāna 之音译，定为其意译，梵汉并称作禅定。禅，或音译为禅那，意译定、静虑、思唯修等。如慧远《大乘义章》卷第十三：

> 名别不同，略有七种。一名为禅，二名为定，三名为三昧，四名正受，五名三摩提，六名奢摩他，七名解脱，亦名背舍。[③]

其他对禅的译名或分类，尚有弃恶、功德丛林及所谓世间禅、出世间禅……不胜枚举[④]。

由于禅定是大小乘佛教在修学佛法过程中，所必须修学的共法，其中禅宗道场甚至将禅定教学纳入禅（悟）的教学系统。此项情况在唐代至民国初年，由于社会环境和丛林教学的属性及范畴的单纯和区域性，故未有任何冲突矛盾的地方。然而时至今日，大众传播的高度发展，社会结构重叠密集，社会的伦理架构与价值取向，已大异于过去传统的社会，佛教在弘法利生的事业上，必须对时代的缘起，有所适当的回应，其中禅定教学应给予适切的定位及体制化的建立，以避免将“禅定”的“禅”与“禅悟”的“禅”混淆等类似情况。

“禅定教学”是教授禅定的一门课程及学问，其中又以“坐禅”的理论与实践为主。在理论方面，凡是与戒、定、慧三无漏学中的定学有关的佛教经论思想，包括原始佛教中数息观、不净观等各项禅观理论与大乘佛教禅定波罗蜜、大乘三昧等一切有关理论皆含摄其中；在实践方面，包括三大项：一是结合佛教教育与现代教育的菁华，建立禅定教学的教育理论及方针；二是禅定教学组织机构的建立与企业化的经营及管理；三是教学体系的建立。

禅定教学现代化在理论、机构、师资及对象四项组成因素中，是并行开展、同等重视的，并不是只将重点放在师资方面，或是理论方面，并且期待能够随时因应时代及社会变迁的需求，甚至领导时代的思潮及人类的思潮，朝向稳定和谐与智慧解脱的境域。

三、禅定教学现代化的理论基础

由于禅定教学在原始佛教开始到后期大乘佛教之

间，其教学理论往往随着环境及人为的因素而有所改变。时至今日，由于交通的便利与资讯的快速传播及交流，原先地域的区隔性与特殊性渐渐打破，演变成密切的社会文化普遍状态，禅定教学在此应适合时代的发展，建立普遍性的教学原则。其中，我们不应该完全扬弃过去传统的教学理论，而是从中汲取菁华、寻找灵感，透彻地了解其蕴含的深意，最后以现代的语言配合现代人的生活状态及思想习惯，建构出一套有系统的理论内涵。

历来在禅定教学的论述中，不是过于深奥庞杂，就是过于琐碎片段，为了说明禅定教学现代化的理论基础，笔者就以《天台小止观》为理论中心，其原因有四：

（1）内容完整而有系统次第。

（2）说明详尽而简易，方便初学者阅读。

（3）理论与实践皆能互相发明。

（4）由此可以进而探求天台止观的全貌，建构完整的理论系统⑤。

（一）佛教教育中禅定教学的特征

禅定教学的教学理论方面，笔者以为至少须结合三个范畴，才能交代清楚：一是佛陀的教育理论；二是历史中佛弟子相续发明的教育理论；三是现代的佛教教育理论。在以上三个范畴中，由于资料过于庞大，笔者仅能就相关资料中作重点式的说明。

在佛陀的教育理论部分，从消极方面来说，佛陀教育的目标在于破我执，断无明，去烦恼，消业障。从积极方面来说，佛陀教育目标在于离苦得乐，转迷成智，为善除恶，增长福慧，明心见性，证得涅槃妙境，把人类最伟大的潜能（佛性）发挥出来[6]。佛陀的教育方针在于帮助弟子获得智慧、快乐、美德与健康，使弟子能破自己的执着，断自己的烦恼，去自己的无明，而达到明心见性，证得一切妙智和圆满的德行[7]。

佛陀在世说法四十九年，讲经共三百余会，归摄三藏十二部经中，至于三藏所阐述的内容不外戒、定、慧三无漏学。其中“定学”是下秉戒行上开妙慧的关键。在佛陀时代修习禅定的风气是很普遍的，由于婆罗门僧侣及诸外道皆习禅定，因此佛陀只在观念上为佛弟子作澄清的指引，或说四谛、五蕴、四念处、十二因缘、八正道等，其中有得慧解脱或俱解脱阿罗汉[8]。在佛陀入灭后的第一个五百年，有所谓“解脱坚固”之说[9]，这段时期中得智慧悟道之解脱者为数甚多，因此佛陀在禅定教学上，是直截了当地开启弟子们的无漏般若慧。

后来到了部派佛教及小乘佛教或是大乘佛教，随着各种论述的发明及禅观的理论建构（如《瑜伽师地论》

《俱舍论》《摩诃止观》《释禅波罗蜜》等），我们可以发现有以下几个特色：

（1）将禅定教学的内容组织化、系统化及安排次第。例如《天台小止观》分为十章，有具缘、呵欲、证果等。在《六妙法门》则分为十门大意，分别对诸禅、次第相生……圆观、证相六妙门进行阐释。此中我们可以从《大智度论》中的《释初品中禅波罗蜜》与天台智者大师所作的《释禅波罗蜜次第法门》作一比较，便会明显发现禅定学趋向于组织化、系统化。

（2）历来高僧发明禅定学时，不仅精研经论，在理论上予以架构及安顿，更融入了自己的修持经验，透过丛林教学及道场生活的实际体验，最后定稿完篇。例如天台智者大师的《释禅波罗蜜次第法门》。

（3）禅定教学由过去的师徒之间的口耳相传，开始转变为大众演说，并由弟子记录成篇，其中又以天台教学的教观并重的情形最为明显。

至于到了近代，各种坐禅的理论相继出版问世，不仅教学的内容、方式大异于往昔，甚至连教学的对象也更为普遍化，我们可以发现有以下几项特色：

（1）结合现代学术研究方法，将禅定的理论与实践做更细部的研究⑩。

（2）禅定教学的内容趋向于更为简易与方便，不仅详列各项坐禅的预备工作及注意事项，并且绘制各种坐姿予以说明[11]。

（3）禅定教学的对象更为宽广及普遍，不仅普及一般社会大众，亦有其他宗教教徒来学习佛教禅定。

（4）禅定教学对象的普及，使得禅定教学的方法也结合现代的教育理论。

总体看来，佛教教育中禅定教学的具体特征，有下列四项：

（1）禅定教学的理论是佛教戒、定、慧三无漏学教育理论中的一环，亦即定学是佛法的一部分。

（2）禅定教学者必须具有禅定实际的体验，并且能结合各种坐禅的理论予以发明之，导引学习者由禅定巩固戒行及开启佛法的正见与无漏的般若慧。

（3）禅定教学是教导学习者正确的观念、坐姿及方法，并且辅导学习者调身、调息、调心，解答有关坐禅的各种疑难，甚至为其开导或排遣各种身心上的障碍。

（4）禅定教学的方式及对象，是随时回应时代及众生需求的缘起。至于内容方面，则必须考虑从胜义谛落实到世俗谛的伦理架构。

（二）从胜义谛落实到世俗谛的伦理架构

伦理的理念与范畴，常因时代及地域的不同而有所差异，佛教伦理亦是如此。然而佛教伦理中的胜义谛却是不因时代及地域的差别而有所更易[12]，至于世俗谛则侧重于安顿与回应时代及社会大众需求的缘起，对于禅定教学现代化的理论基础也是如此。

古代禅林侧重于胜义谛的教学原则，使得中国佛教在传统的压力及束缚下，显得较为缺乏扬弃错误传统的智慧及勇气。加上过度地提倡解脱与涅槃，以及高揭令人感到遥不可及的“菩萨道”，使得佛教在弘化的过程中，严重地缺乏形而下及适应世俗的方便智慧，致使近代产生两种严重的后遗症：一是在功利主义思潮下，人们急进盲目地追求“即刻开悟”“言下见性”乃至各种神异的境界；二是学术理论的不健全，使得佛法在传播的过程逐渐流俗而失真。因此，禅定教学现代化在因应之道方面，最重要的就是重新安立从胜义谛落实到世俗谛的伦理架构。

我们若是从《天台小止观》的理论基础来看，可以发现：禅定教学的胜义谛正如智者大师所说：

> 若住此观（中道正观），即是定慧力等，了了见于佛性，即是安住大乘……即自然流入萨婆若海，即是行如来行，即是入如来室……即获得六根清净，即是入佛境界……受持一切诸佛法藏，具足一切诸行波罗蜜，悟入大菩萨位。[13]

智者大师将《天台小止观》的“证果”安立在十

章中的最后一章，在该章中说明了“体真止”的从假入空观、“方便随缘止”的从空入假观及“息二边分别止”的中道正观（第一义观），为了能达到如此境界，智者大师则在“正修行”前安立了“具缘”“呵欲”“弃盖”“调和”“方便行”等许多实际的观念及方法，在“正修行”到“证果”间则安立了“善根发”“觉知魔事”“治病患”等章节，笔者对于这样的安排及次第，认为非常适合沿用至今日禅定学的理论架构上，但是对于禅定教学的教学内容上，则可以加以适当的修订。例如“持戒清净”方面，今日学习佛教禅定的初学者，不一定一开始就必须受三皈五戒；在“衣食具足”方面，则不必以“僧伽本位”的伦理观为主，而修订为正常及规律的饮食；在“闲居静处”与“息诸缘务”方面，则配合现代工商社会及都市文明的生活环境而修订之；在“呵欲”方面，则加以说明今日吸食烟毒及贪恋酒肉声色的害处。诸如此类，皆可同理推之。

禅定教学的教学者与学习者，在从胜义谛落实到世俗谛的伦理架构中扮演着教学相长的角色，不仅从修学佛法的立场应熟读各家经论，以慧学指导定学的开启，在实际的坐禅修行中，更应该注意理论与行证的融合，相应时代及社会的缘起，上求大乘三昧成就菩提佛果，下启后学开创佛法更多的传播空间。

四、禅定教学现代化的实践进程

“禅定教学”是佛法传播及佛教教育中的一部分，在今日工商社会里，也可能是维系佛法的慧命传承中最重要的一个环节，因为如果失去了禅定的定力支持，戒学与持戒在现代社会中则容易被物欲充斥的诱惑所摧毁，人人视持戒为自我束缚的宗教规条，或是意志上无法贯彻的理想境界；如果失去了禅定的定力支持，佛法的慧学与般若将无处着根，原本可证成的佛法即刻贬低为纯粹的佛学学术理论，失去佛法最庄严的价值。因此，宣扬以禅定为中心的佛法修学是有其缘起胜义的，也是当前之急务。

为了让禅定的教育与传播能够在现代社会中扎下更深更广的根，笔者以为必须融合现代企管的观念及实际做法，在揭示原则之后，也应该尽可能地将进行程序巨细靡遗地详述。

（一）禅定教学组织机构的建立与企业化的经营及管理

禅定固然是个人内证的身心境界，在佛教的戒律及修学佛法的原则里，亦不应向他人夸耀及宣说。但是对于禅定的提倡、禅定学的研究及禅定教学的推广，则必须建立专司其职的禅定教学组织机构。在各道场、寺院、居士会、莲社等应在体制内扩充或加重禅定教学的行政组织及任务，由于此处涉及各道场的传统及风格，笔者在此表示尊重及保留的态度。但是对于全国性乃至国际性的教学组织机构及其管理方式，具体的建议如下：（参阅附表）

（1）集合佛教教界各种人力、财力及其他资源组织成佛教禅定学会（名称当另考虑）。首先考察国内外各佛教组织在弘法布教上成功的范例（例如日本的创价学会、立正佼成会，马来西亚的佛青会及中国台湾地区的佛光山等），在失败或是成效不彰的组织亦探求检讨其失败的原因。对于现代经营成功的企业财团，更要考察其组织及管理上的优点[14]。此处应先成立研究发展小组，将整体的理念纳入实际的组织管理中。

（2）成立禅定学的学术研究部门，以具体的学术研究成果来奠定禅定学的学术价值及地位，并且以此指导禅定教学的发展方向，此研究部门尚须包括教学理论及其他宗派禅定的研究。

（3）教学的对象，应视其身份（僧或俗）或程度予以分类，在教理部分是从初级静（禅）坐班到高级班、研究班、师资班，不仅建立形式上的次第进阶，也安排适当的经论及教材研读，期能开展“教观并重”的学习观念及历程。在坐禅技术部分，成立禅修训练班，指导初学者学习静坐。

（4）在平常生活及禅定的修学过程中，可以设立教会的组织，并视需要而设立各地的支部，其中可以分成两大系统交互并存：一是师资与学习者的直属关系，此处偏重于初学或初加入会员者的联络关系；二是依地域中的年龄层，分为壮年、青年及妇女部，对于僧伽则成立僧伽部，以收横向的联络网层的效果。

（5）成立专司出版及文宣的宣传部门，因为在资讯发达的现代社会里，如果没有出版及文宣事业，那就象征一个人失去了言语的表达与沟通的最基本条件。在出版方面，可发行杂志或周报，其中内容应涵盖学术论文、禅修实录、教会通讯、解答疑难及提供各种资讯等。在文宣传播方面，应以专业理念为导向，甚至可以运用企业管理中行销与绩效回馈的模式，做广泛的传播及弘扬。

（6）成立行政事务部门，负责管理对外的交际、对内的人事管理及整体的企划工作。

（7）成立图书部门，管理图书、录音带、录影带、期刊论文等。

（8）成立建设部，统辖禅修道场的兴建、管理及各项例行工作的建设事务。

（9）成立财务部门，统辖各项费用。

（10）应设立研究发展委员会、教学理论委员会、教学事业委员会、建设委员会、翻译出版委员会、行政事务委员会等机构，成员皆是常务理事，负责理念的开发与指导。

为了避免组织架构流于形式，以及随时因应实际的需求与长期发展的企划，此组织结构系属抛砖引玉的建议参考，其中尚存有极大的辩证空间，以供各人共同开拓。

（二）禅定教学师资的培养与教学体系的建立

由于禅定教学在现代化的组织机构中，除了禅定教学师资的培养与教学体系乃属特殊的必要条件外，其他如组织的管理、行政事务、财务及出版事业等皆属企业管理中的共法，因此笔者在此仅针对此两项维系禅定教学组织最重要的支柱予以说明之。

禅定教学师资的培养与教学体系的建立是相辅相成的工作，良好的师资必须通过完整的教学体系方能建立，完善的教学体系也必须依赖优良教师的辛苦耕耘。

首先，我们必须先将禅定学给予理论上的判教，分别安顿适合初、中、高级乃至研究班的课程需求，教学的对象应给予细部的分类，例如僧伽部、大专学生部、高中学生部、初中学生部乃至儿童、妇女、公务员、教师、军人、工商人士等，然后锁定师资来源的主要诉求层次，给予全力的培养及投资。笔者以为其中以大学佛学社团的同学最为适合，因为其素质较高、领悟力强、学习动机较为纯正、可塑性佳及生活作息稳定等。如果能全程地予以辅导，不仅要求其教理的贯通，也要求其实修的经验，两者互相发明，再辅以宗教情操的培养、教学方法的训练，最后接受禅修道场（例如禅七）的磨炼，经过学术规范的层层鉴定考试及临床教学的实际操作后，可以颁发合格的禅定教师的证书。

为了适应更广泛的需求，禅定教师的来源并不限定大学佛学社团出身的大学毕业生，只要其基本的各种素养完备，具有宗教情操及高度热忱者，皆可依教学系统予以培养之。因此，透过教学体系来培养人才，正是当务之急，其具体的建议如下：

1. 初级静（禅）坐班

教学的对象经分类后，依三大共通的原则来介绍教学的内容，此三大原则是正确的观念、正确的姿势及正确的方法。

（1）正确的观念

第一，不得为求神通、感应、灵异、即刻证悟等动机而学习禅定，否则易误入歧途，身心失调。

第二，不应杂用其他宗派的禅定法（例如道教系统），以免有不良的影响。

第三，最好是以佛法的正知见为指导原则，从为了身体的健康或其他不致产生身心障碍的动机出发。

第四，遇一切境界，或发冷、发热、见光等应保持“凡所有相，皆是虚妄”的态度。若是身心感到失调，则应与禅定教师讨论之。

（2）正确的姿势

第一，介绍毗卢遮那七支坐法的双足跏趺，或吉祥坐，或金刚坐。无法双盘者则可采单盘或散盘。

第二，介绍其他的各种坐姿，例如缅甸坐、菩萨坐、跨鹤坐、天神坐、六灶坐等。除此之外，也可以介绍坐姿、立姿及卧姿（吉祥卧）的禅修姿势。

（3）正确的方法

第一，初学者应采用简易有效的数息法，不要控制呼吸，完全地放松，只注意呼吸的出入（或数入息，或数出息）。

第二，静坐前应有辅助的加行，包括全身各部的运动及深呼吸等。

第三，静坐后应有适当的按摩，保持血气的通畅。

其他如静坐的工具（蒲团、方垫、毛巾等）、穿着，环境上的原则，静坐适宜的时间等注意事项，皆属于初级静（禅）坐班的范畴。

2. 中级静（禅）坐班

经过初级班的密集训练后，再经过简单的考核，即可参加中级班。由于初级班在基础的观念、姿势及方法上达到基本的程度，到了中级班则开始侧重于两大方面——禅定的次第及教理的研究。

（1）禅定的次第

此处应了解欲界定、未到地定及四禅八定的各种证相，熟知调身、调息、调心的理论与方法，对于善恶根发相应智鉴分明。遇到因禅定而起的魔事及病患，则以正知见力予以对治。

（2）教理的研究

此处可以《天台小止观》及《六妙法门》为理论基础而熟读之，对于近代有关禅定的基础理论亦可加以涉猎。此时建立“教观并重”的观念，并指导实际的禅定修学。

3. 高级静（禅）坐班

在经过初、中级班的训练后，必须通过教理及初级实修的双重考核，才能加入高级班的训练。此处则亦可分两大部分——教理的研究与禅观的实修。

（1）教理的研究

此时则以《释禅波罗蜜次第法门》为理论中心及指导原则，不仅熟知禅波罗蜜的前方便、内外善根及诸禅行相次第，也了知修证出世间禅相种种方便及禅观法，例如不净观、通明禅等。除此之外，也广泛涉猎各宗经论，期能深入了解。

（2）禅观的实修

此时依《释禅波罗蜜次第法门》的教理，实际地修持各种禅观法门，同时渐渐地抉择自己长期专修的禅观法门，并且以实修的经验及心得启发后学。

4. 研究班

经过初、中、高级班的课程之后，必须通过严格的口试、笔试及研究计划的审核，其中必须确定个人研究的方向，或是禅定学、禅定教学理论、天台教观、华严法界观、首楞严三昧、话头禅、默照禅等大乘三昧或专宗研究方向。此研究班最好也能结合现代学术研究的研究方法及规范，并且以科技整合的方式，跨越更多的学科，建立更为完整的理论体系。

5. 师资班

在中级班结业时遴选观念正确、主动热忱、人格健全及身心稳定者，施以初级禅定教师师资训练班密集的训练，经考核通过后得聘以初级禅定教师；中级禅定教师的师资，则是完成高级班课程训练及初级禅定教师群中遴选之，再施以中级禅定教师师资班密集的训练，经考核通过后得聘以中级禅定教师；高级禅定教师的师资，则是由完成研究班课程及中级禅定教师群中遴选聘任之。至于研究班的指导老师，则由教学部门礼聘国内外专家担任之。

从以上由初级班到研究班的教学体系，希望能不断地培养优良的禅定教师，然后再回馈到体系中开启更多初学者进入禅定之林。此外，为了顺应时代及社会的缘起，教学方法的不断更新与灵活开拓更广阔的禅定教学，正是吾人未来的发展方向。

五、禅定教学的时代需求和任务指标

经由禅定教学现代化的理论与实践进程，笔者最后回应前文，进而探讨禅定在现代生活中究竟有何种价值和功用，借由此尝试重新反省与重建修学佛法的伦理架构。

（一）禅定在现代生活的价值和功用

由于物质文明鼎盛，生活的步骤随着压力的增加而快速地显得焦躁与急促，透过禅定的修学，可以让我们得到以下的成果：

1. 治疗各种过敏性疾病及慢性疾病。
2. 忍耐力的增强、意志力的坚固及思考力的增进。
3. 帮助情绪的安定与圆满人格的形成。
4. 提高工作的兴趣和效率。
5. 释放身心所受到的压力，保持宁静的心境。
6. 建立稳定规律的作息生活，稳固持戒的力量。
7. 开启自发性及自由创作的思考空间。
8. 达到开悟的境界，启发无漏的般若慧。

这些实际的效果，也是给日益受环境污染、生活在紧张压力下或是意志消沉的人类最好的药方和唯一的智慧解脱之道[15]。

（二）修学佛法伦理架构的重建

前文已有提及，在今日工商社会里，“禅定”可能是维系佛法的慧命传承中最重要的一个环节，因为失去禅定的定力支持，戒学则无法巩固，慧学则无法开启，戒、定、慧三无漏学将名存实亡，不是流于一般宗教学的学术研究，就是流于徒具形式意义宗教礼仪，然而禅定本身的现象与境界，更容易被人视为欺骗社会的神秘主义，佛教也将因此而逐渐式微。

为了挽救此一颓势，我们必须大力地提倡“以佛法的正知见指导禅定的修学”，期能回归“禅定坚固”乃至“解脱坚固”的时代。在此所谓“重建”的意义，就是将开启慧学的胜义谛，首先落实到定学的世俗谛上，并由此辅助由形式的戒律进而圆成三聚净戒的实际内涵[16]。

在现代修学佛法的伦理架构，可能必须经由定学来建立戒学与慧学，将原先“摄心为戒，因戒生定，因定发慧”的历程，进一步地发明为“禅定摄心，摄心为戒，因戒生定，因定发慧”。其基本的理由即在于现代人在知识及观念上，皆知许多世间的法律乃至佛法的戒律不可触犯，然而在意志上却无法把持，其根本的原因就是定力的不足。虽然如此，其基本的架构依然是戒、定、慧三无漏学，只是不同的是将戒学与慧学安立在定学上开展。

为了使佛法的理论在外延与内容两部分得到周延的开展，以“禅定”为中心的伦理架构，将使佛法在现代社会中仍然能透过学术及生命境界圆融地呈现。

六、结语

佛教顺应时代的缘起而趋向于现代化的改革是必然的趋势，然而在现代化的实践进程方面，特别需要注意不能因为过度的方便而流俗失真。因此，在精神的领域及胜义谛的指导原则下，应有回归释迦牟尼佛大悲智海的愿行，不仅能由假入空观，深入小乘的各种禅观，也能够从空开假，安立种种善巧方便的法门，最后以中道第一义谛观，深入首楞严三昧、海印三昧乃至一切大乘三昧，依金刚喻定而圆成佛道。

从胜义谛落实到世俗谛的伦理架构，可能是佛教现代化的共通法则，特别是对于禅定教学而言，尚具有教观并重中的理论基础。在这不变的原则下，尽可能地依菩萨道的原则从事利益众生的事业，尽可能地开出无量的方便善巧以回应时代及众生的需求。

扬弃传统固然需要勇气，更需要智慧以融入现代的科技、企业管理及各种资讯的菁华。以佛法正知见指导禅修的禅定，也能够为人类带来多一分的和谐与稳定，当人类普遍在修学佛教的禅定，智慧解脱、三昧坚固的人间净土也将逐渐地成熟展现了！

〔附表〕

禅定教学组织架构图

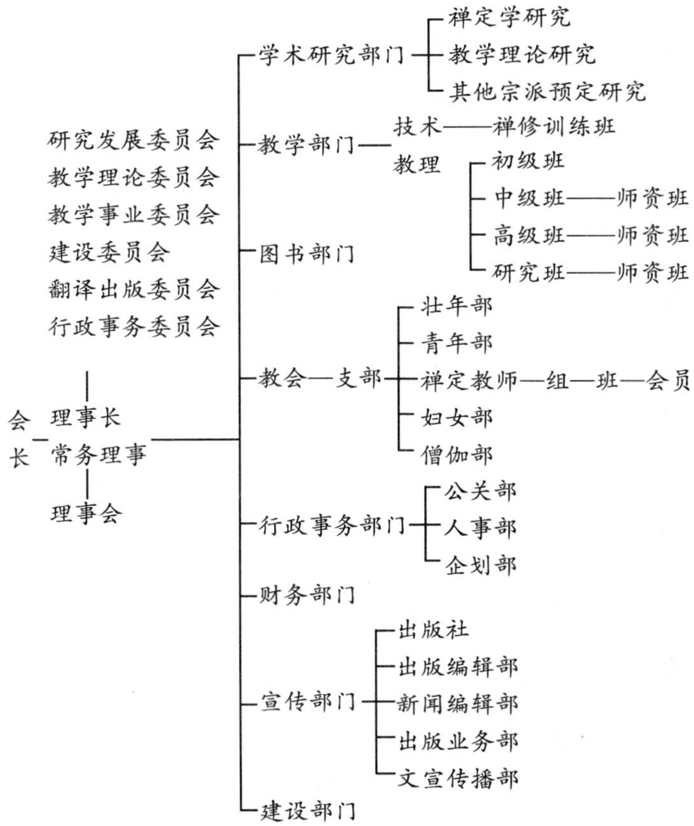

注释：

① 请参阅洪启嵩《坐禅之道——禅定的理论与实践》，台北：文殊出版社，一九九〇年三月六版，页一三～一六。

② 关于坐禅的方法，禅宗是列在清规中说明，例如《敕修百丈清规》卷五坐禅仪条。请参阅《大正藏》第四八册，页一一四二～一一四三。

③《大乘义章》卷第十三，《大正藏》第四四册，页七一八上。

④ 请参阅何国铨《中国禅学思想研究》第二章第一节《禅之原义及其分类》，台北：文津出版社，一九八七年四月出版，页一七～二一。

⑤ 请参阅《天台小止观》，《大正藏》第四六册，页四六二～四七三。《天台小止观》，原名《修习止观坐禅法要》，又名《童蒙止观》。

⑥ 请参阅陈柏达《佛陀与孔子教育思想的比较》，台北：新文丰出版社，一九七三年一月初版，页二〇～二一。

⑦ 同⑥。

⑧ 请参阅《杂阿含经》卷十四，《大正藏》第二册，页九七上。

⑨ 为《大集经》所说的五种坚固之一，原文是："于我灭后后五百年中，诸比丘等犹于我法解脱坚固；次五百年，我之正法禅定三昧，得住坚固。"出自《大集经》卷五五，《大正藏》第十三册，页三六三上。

⑩ 请参阅①，洪启嵩《坐禅之道——禅定的理论与实践》一书。

⑪ 请参阅（日人）关田一喜著、曾桂美译《坐禅的理论与实践》（原名为《坐禅的构造与实践》，日本昭和五十五年木耳社刊行），台北：华宇出版社（世界佛学名著译丛43），一九八七年九月初版，页二～一〇。

⑫ 胜义谛，又作真谛、第一义谛、圣谛、涅槃、真如、实相、中道、法界等，概指深妙无上的真理。

⑬ 请参阅《天台小止观》卷十，《大正藏》第四六册，页四七二下。

⑭ 请参阅释圣严《从东洋到西洋》，台北：东初出版社，一九八七年十一月再版，页一九七～二四一。

⑮ 在《月灯三昧经》卷六中说修菩萨行者，善能修习禅定，则万缘俱息，定性现前，能获十种利益：一、安住仪式；二、行慈境界；三、无诸恼热；四、守护诸根；五、得无食喜乐；六、远离爱欲；七、修禅不空；八、解脱魔罥；九、安住佛境；十、解脱成熟。请参阅《大正藏》第十五册，页五八四下。

⑯ 三聚净戒是指律仪戒、摄善法戒、饶益有情戒。请参阅《瑜伽师地论》,《大正藏》第三十册，页五一一上。

参考书目

（一）《修习止观坐禅法要》（小止观），隋智者大师著，新文丰出版社。

（二）《六妙法门》，隋智者大师著，新文丰出版社。

（三）《释禅波罗蜜次第法门》，隋智者大师著，新文丰出版社。

（四）《摩诃止观》，隋智者大师著，新文丰出版社。

（五）《大乘义章》，隋慧远著，新文丰出版社。

（六）《敕修百丈清规》，元东阳德辉编，新文丰出版社。

（七）《杂阿含经》卷十四，新文丰出版社。

（八）《大集经》，北凉昙无谶译，新文丰出版社。

（九）《月灯三昧经》，高齐天竺三藏那连提耶舍译。

（十）《瑜伽师地论》，高齐天竺三藏那连提耶舍译。

（十一）《坐禅之道——禅定的理论与实践》，洪启嵩著，文殊出版社。

（十二）《禅·禅定与神通》，洪启嵩著，文殊出版社。

（十三）《佛家静坐方法论》，高登海著，商务印书馆。

（十四）《坐禅的理论与实践》，关田一喜著、曾桂美译，华宇出版社。

（十五）《静坐三昧集》，陈慧剑著，天华出版社。

（十六）《禅门修证指要》，释圣严编著，东初出版社。

（十七）《中国禅宗史》，释印顺著，正闻出版社。

（十八）《曲肱斋全集》，陈健民著，文殊印经会。

（十九）《印度之佛教》，释印顺著，正闻出版社。

（二十）《从东洋到西洋》，释圣严著，东初出版社。

（二一）《佛陀与孔子教育思想的比较》，陈柏达著，新文丰出版社。

（二二）《中国禅学思想研究》，何国铨著，文津出版社。

（二三）《天台教学史》，慧岳法师译著，弥勒出版社。

（二四）《佛教的现代智慧》，霍韬晦著，佛教法住学会出版。

（二五）《现代教育思潮》，中国教育学会主编。

（二六）《组织理论与管理》，韦柏原著、罗理平等译，桂冠图书。

参考书目

1.《释禅波罗蜜次第法门》 智顗 《大正藏》第四十六册

2.《释禅波罗蜜》 中华佛教文献编撰社

3.《天台止观成立史の研究》 大野荣人　日本：法藏馆　平成六年七月出版

4.《次第禅门に关する一考察》 末広照纯　日本：天台学报第一四号

5.《次第禅门所出の北国诸禅师の通明观》 多田孝正　日本：宗教研究第二二八号

6.《释禅波罗蜜次第法门に见られる四禅》 坂本広博　日本：睿山学院研究纪要第五号

出版后记

星云大师说："我童年出家的栖霞寺里面，有一座庄严的藏经楼，楼上收藏佛经，楼下是法堂，平常如同圣地一般，戒备森严，不准亲近一步。后来好不容易有机缘进到藏经楼，见到那些经书，大都是木刻本，既没有分段也没有标点，有如天书，当然我是看不懂的。"大师忧心《大藏经》卷帙浩繁，又藏于深山宝刹，平常百姓只能望藏兴叹；藏海无边，文辞古朴，亦让人望文却步。在大师倡导主持下，集合两岸近百位学者，经五年之努力，终于编修了这部多层次、多角度、全面反映佛教文化的白话精华大藏经——《中国佛教经典宝藏》，将佛教深睿的奥义妙法通俗地再现今世，为现代人提供学佛求法的方便途径。

完整地引进《中国佛教经典宝藏》是我们的夙愿，

三年来，我们组织了简体字版的编审委员会，编订了详细精当的《编辑手册》，吸收了近二十年来佛学研究的新成果，对整套丛书重新编审编校。需要说明的是此次出版将丛书名更改为《中国佛学经典宝藏》。

佛曰：一旦起心动念，也就有了因果。三年的不懈努力，终于功德圆满。一百三十二册，精校精勘，美轮美奂。翰墨书香，融入经藏智慧；典雅庄严，裹沁着玄妙法门。我们相信，大师与经藏的智慧一定能普应于世，济助众生。

东方出版社

图书在版编目（CIP）数据

释禅波罗蜜次第法门 / 黄连忠 释译 . —北京：东方出版社，2020.4
（中国佛学经典宝藏）
ISBN 978-7-5060-8646-2

Ⅰ. ①释… Ⅱ. ①黄… Ⅲ. ①大乘—佛经②《释禅波罗蜜次第法门》—注释③《释禅波罗蜜次第法门》—译文 Ⅳ. ① B942.1

中国版本图书馆 CIP 数据核字（2015）第 267832 号

释禅波罗蜜次第法门
（SHICHAN BOLUOMI CIDI FAMEN）

释 译 者：黄连忠
责任编辑：王梦楠 杨 灿
出 版：东方出版社
发 行：人民东方出版传媒有限公司
地 址：北京市朝阳区西坝河北里 51 号
邮 编：100028
印 刷：北京市大兴县新魏印刷厂
版 次：2020 年 4 月第 1 版
印 次：2020 年 4 月第 1 次印刷
开 本：880 毫米 ×1230 毫米 1/32
印 张：12
字 数：186 千字
书 号：ISBN 978-7-5060-8646-2
定 价：75.00 元
发行电话：（010）85924663 85924644 85924641